谷光隆編

東亜同文会
東亜同文書院

阿片資料集成 目次

愛知大学東亜同文書院大学記念センター

本書の構成及び利用について

一、本書は、「阿片資料集成」本文を収録したＣＤ–ＲＯＭ篇と、その解説・解題・資料集成目次を掲載した書籍篇とから成り立っている。ＣＤ–ＲＯＭ篇には、資料のほかに書籍篇の内容もすべてＰＤＦ（Portable Document Format）形式で収録されており、次項に記す閲覧ソフトウェアを使用して単独利用することも可能である。書籍篇は、資料を収録した文献の解題と資料集成目次とによってＣＤ–ＲＯＭの内容を俯瞰可能にするとともに資料検索の手がかりとなるように編集した。

一、ＣＤ–ＲＯＭ篇に収めたファイルはすべてＰＤＦ形式で作成されており、本文の閲覧・検索をするためには、Windows 98以降のWindows OSが動作するパーソナルコンピュータ、Mac OS 8.6以上が動作するMacintosh等において、Acrobat Reader 5.0以降のＰＤＦ閲覧ソフトウェアを使用できる必要がある。コンピュータに同ソフトがインストールされていない場合には、アドビシステムズ株式会社のインターネット・サイトhttp://www.adobe.co.jp/products/acrobat/readstep2.htmlから閲覧ソフトAdobe Readerを無料で入手し使用することができる。

一、添付ＣＤ–ＲＯＭ篇をドライブに挿入すると、**Windowsパソコンの場合にはトップ画面が表示される**ので、それ以降は各ソフトウェアの操作に従っていただきたい。トップ画面が表示されない場合（Macintosh、Unix系ワークステーション等）には、ＣＤ–ＲＯＭ内のファイルを一覧表示し、ahen.pdfというファイルを（一般にはダブルクリックして）開き、以下各ソフトウェアの操作に従っていただきたい。

一、CD-ROM篇に収録したPDFファイル相互のリンク関係は次のようになっている。

『阿片資料集成』解説

収録文献一覧 ―書名・雑誌名でリンク→ 収録文献解題

↓東亜同文会　著録編刊　阿片資料集成　目次 ―資料番号でリンク→ 阿片資料本文（No. 0001～No. 2226）

↓東亜同文書院著録編刊　阿片資料集成　目次 ―資料番号でリンク→ 阿片資料本文（No. 2227～No. 2674）

※　資料本文右下部にある（目次へ）をクリックすれば元のNo. 部分の目次ページへ戻ることができる。

一、資料集成目次は、文字列（部分一致を含む）による検索が可能である。検索の機能はPDF閲覧ソフトのもつ機能に準ずる。なお、資料本文は画像化されているため、印刷は可能であるが検索はできない。

一、CD-ROM篇の一部及び全部の複製は安全のためのバックアップ用途を除き禁ずる。CD-ROM篇の操作等についての情報は以下のサイトに掲載し、読者からのご質問も同サイトからEメール経由で受け付けさせていただくので利用されたい。

『阿片資料集成』サポートサイトのURLは　http://www.arm-p.co.jp/ahen/

阿片資料集成　目次

本書の函の装丁に用いた四隅の花形は『支那省別全誌』のそれを踏襲し、
輪郭の子持罫は『新修支那省別全誌』のそれを踏襲したものである。

『東亜同文会著録編刊阿片資料集成』及び『東亜同文書院著録編刊阿片資料集成』解説

阿片戦争（一八四〇〜四二）は阿片の輸入をめぐる清国とイギリスとの戦争であり、それは中国近代史の出発点としてあまりにも有名である。しかし、いわゆる「阿片問題」はそれで終わったのではなく、その後も存続して清朝の末期にいたり、清朝の滅亡後はさらに中華民国に引き継がれ、それがともかく跡を絶つに至ったのは中華人民共和国の時代に入ってからのことであった。この「阿片問題」は、遠く遡れば明末以来世に現われて来たので、それは実に中国晩近三〇〇年の歴史を貫く重要問題であったのである。

言うまでもなく阿片の吸飲は心身を損ない、家産を破り、国家の富強を妨げるものであるから、それは人道問題であると同時に社会問題、政治問題であるが、また阿片の生産と売買は国民経済と国家財政に至大の関係を有するものであるから、それはすぐれて経済問題、財政問題でもあった。そして、それは中国ばかりでなく、東洋の諸地域すなわちインド、東インド、南洋諸島、台湾などでもほぼ同様であり、これにはまた世界各国が関係しているので、要するに「阿片問題」は実に世界的の大問題であった。そして、その中心となったのが中国における「阿片問題」であったのである。

「阿片問題」はこのように重要な人類史上の大問題であるから、中国においても欧米においても、また、わが国においてもその研究は行われてはいるが、事の重大さに比較すればそれは猶あまりにも少ないと言わなければならぬ。その理由は、これが〝負の歴史〟であり、決して心地よい歴史ではないことと共に、事柄の性質上、問題が多く隠蔽され、依拠すべき確実な情報・資料に乏しいことにある。

もちろん、研究という段になれば、それは可能な限り正確な一次資料に基づいて成さるべきものではあるが、以上のような特殊事情を考慮に入れるとき、暫くそれに近づくための方便として、多岐にわたる問題の諸相を玉石雑陳、これを大観しておくことも決して意味のないことではない。本資料はこうした観点に立ち、東亜同文会および東亜同文書院が著録、編纂もしくは刊行した各種文献の中から、あまねく阿片関係の記事を抽出し、これを集大成したものである。そこで次には、この東亜同文会および東亜同文書院について、若干の説明をしておく必要があろう。

東亜同文会は、日清戦争後の東亜問題に取り組んでいた二つの民間団体、東亜会と同文会が合体することにより成立したもので、明治三十一（一八九八）年十一月二日、その発会式を東京神田淡路町の万世倶楽部で挙行した。それは戦争が終わって三年目のことであるが、このころ西欧列強の中国侵略は真にすさまじく、なかんずくロシアの満洲進出はわが国にとって最大の脅威と考えられた。そこで、この東亜全般の危機的様相を憂えた先覚の士によって、この東亜同文会は結成されたのである。そして、その初代会長に推され盟主となった公爵近衛篤麿（号・霞山、一八六三～一九〇四）は、「支那を保全し」、「支那及び朝鮮の改善を助成し」、「支那及び朝鮮の時事を討究し実行を期」し、「国論を喚起す」ることをもって会の綱領とし活動を開始した。

爾来、昭和二十（一九四五）年の終戦によって同会がついに解散となるまで、前後およそ四七年間にわたるその経営・事業の大体を見ると、一つには該問題に関する調査研究機関（調査編纂部、のち事業部）として月刊・半月刊の機関誌（合計七三〇余冊）を発行し、また幾多の浩瀚な編纂書・翻訳書を出版して情報の提供、世論の形成につとめ、二つには日中提携のために必要な人材を養成することを目的として明治三十四（一九〇一）年、上海に東亜同文書院を開設した。そして、近衛が長逝した後、同会運営の中心となった根津一（号・山洲、一八六〇～一九二七）の時代に入ると、書院の経営を主軸とする教育文化事業は、同会のもっとも力を注ぐ所となったのである。その後、書院は、昭和十四（一九三九）年大学に昇格し、同二十（一九四五）年にはさきの事情によって廃校となったが、この間、五〇〇〇有余の卒業生を送り出し、中国を舞台とする商業、貿易、政治、外交、その他各方面において精力的に活動する多くの人材を供給した。

ところで、この書院には特色ある一つの学内制度があった。それは、学生が最終学年（大学では学部二年）を迎えると、その年の夏休みを返上し、中国政府の執照（許可証）を携えて通常二カ月から三カ月、長きは一五〇余日にもわたって中国の内地を中心に調査旅行――大旅行と称した――を行い、その成果を「調査報告書」として書院に提出するというもので、これは事実上の卒業論文であった。この制度は明治四十（一九〇七）年、第五期生の修学調査大旅行より定例化したもので、当時、商務科教授であった根岸佶が、開校当初から試みられた先例を参考として立案し、以後、同書院独自の伝統行事となったものである。

一方、書院はその生命とする中国研究をさらに一層、積極的、組織的に推進するため、大正七（一九一八）年、教授・助教授・講師を部員とする「支那研究部」（昭和十七＝一九四二年に東亜研究部と改称）を開設したので、以後、その研究成果は機関誌

『支那研究』（のち『東亜研究』と改称）の上に発表され、なおこのほかにも随時、各種図書の刊行となって現われている。

東亜同文会・東亜同文書院（大学）の来歴については大要、以上のごとくであるが、この東亜同文書院大学の衣鉢を受け継ぎ、終戦の翌年、すなわち昭和二十一（一九四六）年、日本内地に再発足したのが愛知大学である。そして、こうした経緯から、愛知大学の附属図書館には霞山文庫と称する特殊文庫が設置されている。霞山とは、前出のとおり東亜同文会の創設者、初代会長近衛篤麿の号であり、霞山文庫は東亜同文会の旧蔵書を保管しているものであるが、そこには東亜同文会・東亜同文書院の著録、編纂もしくは刊行した各種文献が、他のいずれの研究機関よりも大量に収蔵されている。

ところで、編者は晩年の限られた一時期、図らずもこの愛知大学に職を奉ずることとなったので、いわばこれを天与の好機会として捉え、この際、近代中国史上の大問題である「阿片問題」の関係資料を、このもっとも身近な日常の職場――霞山文庫――において収集しようと試みたのである。

さて、その資料収集の基本方針であるが、それには努めて個人的判断による取捨選択をさけ、一見ほとんど資料的価値がないように思われる場合にも、出来うる限り広範囲に、網羅的に収集することをもって方針とした。そのため、「阿片戦争」という名辞や、その戦争の経過を一般的に叙述したような記事は避けたが、そうでなければ単に、「阿片」「鴉片」などの一語がある場合にも、適宜その前後の文章を含めてこれを収録（複写）した。また、「阿片問題」に深い関係のある記事については、「阿片」「鴉片」等の語がなくても、例外的にこれを収録したものがある。そして、これらの記事の原資料における所載の位置も同時に知られるように、例えば当該章・節の題名なども併せてこれを表出した。

なお、資料の収集は前述のように霞山文庫を中心に行ったが、そこに架蔵されている関係の図書・雑誌は、すべてが完全に揃っているわけではない。中には全く所蔵のないものもあり、あってもその一部が欠本・欠号となっているものも少なからず見受けられる。そうしたものについては、愛知大学図書館（霞山文庫以外）、霞山会（東亜同文会の後身）及び滬友会（東亜同文書院大学の同窓会）の図書室のほか、国立国会図書館（東京館）、東京大学経済学部図書館、京都大学経済学部図書館、天理大学附属天理図書館、奈良女子大学図書館、滋賀大学図書館、神戸大学図書館などに赴いてこれを収録した。その収載項目数は総計二、六七四項目である。何分それは大量なものであるから、もちろん、遺漏のあることは免れず、現に『支那郵便制度』のごときも、編集整理の完了した後に偶然知り得たもので、そうした例は他にもあるにせよ、大体のところ、重要なものはほぼ収録し得たかと思う。ただ、『東亜同文会報告』の第一回～第四回は、現在までのところ全国いずれの図書収蔵機関にも収蔵されておらず、将来の発見に期待するほかはない。また、前出、同文書院の「調査報告書」（霞山文庫所蔵）の中には、阿片関係の記事も相当数見受けられるが、それは現在なお未整理の状態にある手書き稿本であるため、今回はその収録を割愛し、他日の刊行を期することとした。

本資料は、玉石を甄別することなく「阿片問題」の全貌をさらけ出し、将来における組織的、本格的研究の一助としようとしたものであるが、その間、自ずから先駆的研究者と目すべき人物も幾人かはあった。とくに根岸佶氏、及び松本忠雄氏の名は逸することができない。前者は東亜同文書院初期の商務科教授であり、後者は同書院の第六期生であるが、ともに後年、東亜同文会調査編纂部の中枢にあって指導的役割を果たした人物である。

そして、前者には機関誌『支那経済報告書』の中に「鴉片問題」（上）（中）（完）の一編があるが、とくに重要なのは同氏編纂の『清国商業綜覧』の中に収められた「鴉片 Opium」の一章（第五巻第六編第四章）である。それは沿革、生産、交易及消費、課税の四節に分かって清末における「阿片問題」の概況を叙述し、その後に結論（第五節）を付したもので、原載九六頁に及ぶ大作である。また、後者が機関誌『支那』に発表した「支那に於ける阿片問題（一〜七）」、その続編「支那に於ける阿片の生産（上）（下）」、「支那近時の阿片問題（上）（下）」、及びこれに関連する「阿片取締の為の国際協力」も原載で総計二二四頁に及ぶ大作であり、すでに早く「阿片問題」の骨格を的確に描いている。

右の両者に代表される「阿片問題」探究の成果、及びその他各種文献の一行また一行、一頁また一頁は、悉く東亜同文会、東亜同文書院の苦心調査の行跡であり、編者はこれを通覧して感慨まことに深いものがあった。今、それを総括し、本資料編集の意義をも代弁するものとして、左に前記、根岸氏の結論を掲げ、この解説の筆を擱くこととする。

初メ支那人ノ鴉片ヲ喫スルヤ其医効アルヲ感ジ謂ヘラク喫後身体爽快ナルヲ覚エ些少ノ疾病亦之ガ為メニ治セリト甲唱乙和遂ニ習俗トナレリ其始メテ之ヲ喫スルモノハ毎日一回三分ニ過キズ身体亦稍ヤ爽快ニシテ些少ノ害アルヲ覚エズ食後又ハ労働後之ヲ喫スルニ最モ妙ナルモノ、如ク然リ是ニ於テカ之ヲ延年寿ト名クルニ至レリ若シ一タビ之ヲ喫シテ快ヲ覚ユレバ再タビ之ヲ廃スル能ハズ三分ヲ喫スルモノハ五分ト為リ五分ヲ喫スルモノハ一銭ト為リ二銭ト為リ三銭ト為リ喫烟ノ回数モ従ツテ増加シ一回ヨリ三回ニ至リ上午十点鐘下午五点鐘晩上八点鐘必ズ之ヲ喫セザルヲ得ザルニ至ル之ヲ成癮ト曰フ癮ハ喫後数十日ニ始マリ喫烟時ニ至レバ必ズ之ヲ喫センコトヲ思ヒ喫セザレバ不快ニシテ耐フベカラズ癮成ルノ後廃烟セバ病ヲ発ス癮ノ甚ダシキモノハ喫烟ノ量毎日一両ノ多キニ達シ日々喫烟是レ耽リ遂ニ死スルニ至ル喫烟ノ害ハ先ヅ身体ニ及ボシ尋イデ精神ニ及ブ之ヲ喫スルモノハ顔色衰ヘ形容枯レ一見シテ其喫烟者タルヲ知ルニ足ル詩アリ証ト為スベシ

誰道延年益寿膏。苦将精髄暗煎熬。倘教対鏡応嗟訝。餒鬼形容類若敖。』

何必怨寒鴉。望昭陽日影斜。容顔消痩難描画。背駝的似蝦。臉黄的似瓜。秋波一転教人怕。可笑他春風人面。掩映墨桃花。』

既ニ鴉片ニ耽レバ琴書ノ快ナク交友ノ懽ナク天倫ノ楽ヲ叙スルヲ思ハズ既ニ鴉片ニ耽レハ心神呆了シ他人ノ辱ヲ甘受シ唯日夜鴉片ヲ喫スルヲ事トスルノミ俗謡アリ証ト為ス

晴雨総相宜。臥連床細々吹。琴棋詩画都無味。冷暖不知。茶飯不思。埋頭没点生人気。太痴迷。昏天黒地。離鬼也幾希。

市井有愚。頼経営把口糊。平空也要尋煩苦。今日錙銖明日錙銖。積来不彀三銭土。太糊塗。本銭吸尽。何以養妻孥。』

半酔眼微餳。指頭禪悟一灯。閒書焼破才警醒。三更四更。鶏鳴鴉鳴。紗窓亮也和衣困。嗽連声。痰涎満地。睡起没精神。』

最怕友朋来。費張羅燈要開。烟希盒小招人怪。我比他乖。他比我呆。幾回吸得儞無偢倸。謝同儕。軽裘可共。此道不通財。』

性格変温柔。輭丟丟。萬念休。諸般苦悩能将就。髪結的似球。衣掛的是油。冷言熱語甘心受。可憂囚。精神抖擻。総在五更頭。』

鴉片ヲ喫スルモノハ之ヲ廃スル能ハズ而シテ鴉片ノ価ハ貴ク内国鴉片ハ毎担三百両外国鴉片ハ六七百両其小売ニ至リテハ更ニ貴ク粗ナルモノモ毎一銭三四十文ニ下ラズ中ナルモノハ七八十文上ナルモノニ至リテハ一百文乃至三百文喫烟ノ量少キ最下等ノ人民モ亦一日四十文以上ヲ費スベシ即チ一個年十二両ヲ費スコト、ナリ其収入ノ一割三分以上ニ当ル其癮ヲ成シ四銭ヲ喫スルモノハ収入ノ二分ノ一以上ヲ鴉片ニ費サヾルベカラズ癮多キニ従ヒ収入ヲ鴉片ニ費スコト多ク遂ニ鴉片ノ為ニ収入ヲ尽スニ至ル喫烟者ノ常トシテ必ズ鴉片ヲ喫セントスルノ望切ニシテ之ヲ得ルノ手段ヲ講セズ昏々トシテ業ヲ採ルヲ欲セズ衣ノアルモノハ衣ヲ典シ田アルモノハ田ヲ売リ自己ハ勿論妻子ヲシテ衣食セシムル能ハズ親戚朋友之ヲ援クルモノナケレバ相率キテ道路ニ食ヲ乞フニ至ル食ヲ乞フニ至ルモ猶ホ鴉片ノ慾切ナレハ鴉片ノ灰ヲ喫シテ食ニ代フルモノアリト云フ豈ニ惆殺ニ耐ユベケンヤ詩アリ証ト為ス

一灯相対思昏々。高臥胡床昼掩門。生計不謀家業替。可憐儋石漸無存。』

祖宗刱業甚艱辛。伝与児孫不慮貧。誰道忍心多典質。癮来無復念先人。』

製得衣衫為禦寒。脱来赴質劇心酸。帰家風雪漫天緊。瑟縮床頭涙暗彈。』

嬌妻掩袖怯衣單。稚子章裾索飯餐。応悔一身受酖害。株連妻子苦飢寒。』

記得当年未吸烟。親朋相見各懽然。如何転眼炎涼異。清夜捫心応自憐。』

酷似餓鴟蹲。不知羞。百結鶉。棲身烟館誰存問。無渣可黐。無灰可呑。袴児剥去真乾浄。莽乾坤。若逢漂母。也要笑王孫。』

鴉片ノ害ハ一人一家ニ止マラズ全郷ニ及ブモノ多シ其害ヲ受クルノ郷ハ之ヲ鴉片村ト名ク鴉片村ノ惨状ハ Francis H. Nichols 氏ノ山西旅行記之ヲ悉セリ試ミニ其大要ヲ抄訳スレバ左ノ如シ

馬車ヲ駆テ山西ノ山岳地方ヨリ太原府ニ向ヘバ数百口ノ村落点々散在セリ邑里観ルベキモノナシト雖ドモ皆部落経済ヲ営ミ人々食足リ衣全ク富メルモノナケレドモ貧シキモノモナク道路一人ノ乞食アルヲ見ズ悉ク撃壌鼓腹ノ民ナラザルハナシ而モ一日ノ内必ズ奇異ノ村落ヲ見ル里門ノ荒廃先ヅ旅客ヲシテ傷心ニ耐ヘザラシム邑ニ入レバ屋ハ弊レテ雨ノ降ルニ任セ窓ハ破レテ風ノ吹クニ従フ路上一人ノ貨ヲ販クモノナク数個ノ商舗アルモ悉ク門ヲ鎖セリ戸々ノ屋裏数口ノ男女横臥シ昏々耽々死セルガ如シ顔青ク百結ノ鶉衣ヲ纏ヒ頭髪蓬ノ如ク乱ル小児モ亦弊衣ヲ被リ面鬼ノ如ク然リ怪ンデ之ヲ御者ニ問ヘバ御者答ヘズ鞭ヲ揚ゲテ疾駆ス強ヒテ問ヘバ則チ曰ク彼等死スベシ如何トモスベカラズ是レ鴉片ノ害ナリト去テ他ニ行キ之ヲ外国宣教師ト地方官ニ質ス皆謂フ是レ所謂鴉片村ナルモノナリト鴉片ノ僻村ニ入ルヤ一人先ヅ喫シテ之ヲ珍トシ隣人之ニ倣ヒ老幼男女亦皆之ニ倣フ故ニ田園荒レテ食ヲ得ンコトヲ力メズ唯鴉片ヲ喫スルコトヲ希ヒ遂ニ一村ヲ挙ゲテ死ニ就カシム山西堯舜太平ノ村落年々歳々鴉片村ニ変ズ嘆スベキナリト

観ルベシ鴉片ノ支那内地ヲ毒スルコトノ甚ダシキヲサレハ其経済上風教上政治上支那ヲ害スルノ状想見スベキナリ

或ハ謂フ雲貴、甘粛、陝西及ビ北部満洲等交通不便ナル所ハ纔カニ鴉片ヲ栽培シテ之ヲ外省ノ綿絲綿布及雑貨ト交易シ以テ生活ノ資トナシ又政府ハ鴉片ヲ専売ニスレバ三千余万両ノ収入アリ以テ陸海軍ノ経費ヲ支弁スベシサレハ鴉片ノ国家経済ニ補ヒアル知ルベキナリ然ルニ其国家経済ニ補ヒアルヲ顧ミズ一モ二モナク之ヲ排斥スルハ不可ナリト思フニ此説必ズシモ当ラズト為サズ然レドモ其国家経済ニ補ヒアルヨリモ其国家経済ヲ害スルノ甚ダシキモノアルヲ如何セン請フ之ヲ述ベン

鴉片ハ南清ニテハ毎畝（二百坪）三斤ヲ産シ北清ニテハ二斤ヲ産スト云ヘバ南方ニ於テ鴉片ノ為メ使用スル田園一千一百七十四万畝北方ニ於テ三百三十万畝合計一千五百四万畝之ヲ我町歩ニ換算スルニ一百万町トナリ優ニ一千万人ヲ養フヲ得ベシ而シテ鴉片ノ耕作ニ従事スルモノ又三百万人ニ下ラザルベシ蓋シ中農ハ一戸三十畝ヲ耕作シ得ベク一戸三十畝ヲ耕作シ得ルトスレバ一千五百万畝ヲ耕作スルニハ五十万戸ヲ要シ一戸ノ口数六人トスレハ五十万戸ニシテ三百万人ニ達スベケレバナリ又鴉片販売店即チ烟館ハ都会ニアリテハ一百人乃至六百人ニツキ一戸ノ比ナリ全国ヲ通ジ一千人ニツキ一戸トスルモ全国人口四億ニ下ラザレバ四十万戸ニ達

スベク一戸毎日四両ヲ販売シ一個年九十斤余ヲ販売スルノ比ナリト云ヘバ全国消費ノ三分ノ二ノミ烟館ニテ販売セラル、トスルモ四十七万三千担ノ三分ノ二即チ三十一万五千担ニ対シ三十五万戸アルベシ平均三十七万五千戸ニシテ一戸六人トスレバ鴉片ノ販売ニ従事スルモノハ二百二十五万人ナリ通ジテ鴉片ノ為メ耕作販売ニ従事スルモノ五百二十五万人其運搬ニ従事スルモノヲ加フレバ六百万人ニ下ラザルベシ而シテ前節述ブル如ク鴉片ヲ喫スルモノハ約一千三百万人ニシテ概ネ壮丁ニ係リ英国ノ就業者ノ数ヨリモ遥カニ多ク鴉片ノ為メ消費スル金額ハ一億六千余万両ニシテ支那全国収入ノ約二倍ニ当レリ支那全国収入ノ二倍ヲ消費シ英国就業者ヨリモ多キ壮丁ヲ癈民トセンガ為メ六百万人ヲ役シ一百万町ノ田ヲ用ユ支那ノ国家経済ヲ害スル豈ニ之レヨリ甚ダシキモノアランヤ其個人経済ニ至リテハ業既ニ述ブル所ノ如シ実ニ言フニ忍ビザルナリ而シテ喫烟ノ風益ス流行シテ止マル所ヲ知ラズ其国家ヲ維持スルコト岌々トシテソレ危イ哉

国民各個ガ勤勉、倹素、剛毅、忠厚、智慮アリテ正義ヲ重ンズルニアラズンバ風教ヲ維持シ政治ヲ施行シ社会ト国家トヲ成スベカラザルナリ支那人ハ利己ヨリ進ンデ我利ト為リ苟モ己ノ慾ヲ充タシ得ベクンバ為サヾル所ナキノ風アリ従ツテ正義ヲ重ンゼズ正義ヲ見テ為スノ勇ナク目前ノ小利ニ迷フテ将来ヲ慮ル能ハズ利ヲ射ランガ為メニハ汲々トシテ日夜休マザルモノアレドモ多クハ是レ労セズシテ奇利ヲ博センコトヲ希ヒ金銭ヲ得ルノ念切ナルモ概ネ皆自己ノ慾ヲ充タサンガ為メニ出デ自ラ奉ズルコト厚ク人ニ施スコト薄シ甚ダシキハ自ラ奉ゼンガ為メニ妻子ヲ売ルニ至ルモノ少ナカラズ嗚呼是レ支那人ノ弊風ナリ而シテ喫烟ハ益ス此弊風ヲシテ盛ンナラシムルモノ、如シ世ニ称ス支那人ハ利己ノ念強ク利益ヲ得ルガ為メニハ如何ナル労苦ヲモ煩ハズ其勤勉ニシテ倹素ナル世界ニ稀ナル所ナリト吾レ此言ノ甚ダ当ラザルヲ見ル彼ノ鴉片ヲ喫スルモノヲ観ルニ喫後必ズ一睡ス一回鴉片ヲ喫スルモノハ二時間睡リ二回ノモノハ四時間三回ノモノハ八時間喫烟絶エザルモノハ終日昏々タリ今ヤ喫烟ノ風各階級ニ亘リ官吏トナク農工商トナク車夫馬丁トナク皆喫烟セザルハナク其ノ喫烟スルモノ、怠惰ナルハ勿論其ノ怠惰ノ風各階級ニ伝染シ労務ヲ忌ムコト蛇蝎ノ如ク労務ニ服セズシテ奇利ヲ得ンコトヲ欲シ賭博富籤大ニ流行シ広東一省挙グル所ノ賭博税三百万両ニ達シ各省富籤ヲ以テ一大財源トセリ支那人ハ物慾多クシテ虚飾ヲ好ミ衣ヲ美ニシ食ヲ美ニシ客室ヲ美ニシ妾ヲ蓄ヘテ人ニ誇ル鴉片ノ如キハ正ニ其嗜好ニ投ズルモノタリ何ントナレバ味美ニシテ値貴ケレバナリ業既ニ鴉片ノ如キ奢侈品一般ニ流行ス勢ヒ奢侈ノ風ヲシテ増長セシメザルヲ得ズ奢侈ト怠惰トハ支那ノ国風ニシテ其勤勉ト倹素トハ山窈谿尾ニ至ラザレバ見ルヲ得ベカラザルナリ支那ハ従来国政宜シキヲ得ズ教育廃レテ民智開発セズ而カモ鴉片ハ人ヲシテ魯鈍ナラシメ益ス支那人ノ疾ヲシテ甚ダシカラシムルモノアリ世ノ伝フル所ニ拠レハ支那人ハ営利ニ長ジ営利事業ハ他国人ノ企テ及ブ所ニアラズト而シ

テ今ヤ則チ如何鉱山、鉄道、航海、製造等凡百ノ事業ハ外国人ノ壟断ニ帰シ外国貿易ハ概ネ外国人ノ左右スル所ト為リ内国貿易モ亦年々外国人ニ侵蝕セラレ遂ニ支那ノ利権ハ悉ク外国人ノ手ニ落チ支那人ハ唯余利ヲ拾フニ過ギザラントスルノ勢ヲ来セリ彼等ノ最モ長ズト称セラルル営利事業スラ斯ノ如シ其他ノ事推シテ知ルベキノミ彼ノ鴉片ヲ喫スルモノ、如キハ年々歳々田ヲ売リ家ヲ売リ衣ヲ売リ妻子ヲ売リ遂ニハ自ラ売ルモノナリ其ノ愚惘ムニ耐フベケンヤ正義ヲ重ンゼズ剛毅ニ缺クルハ因襲スル所遠クシテ誠ニ今日ニ始マレルニアラズ然レドモ喫烟ノ風興ルニ及ビ烟毒ニヨリテ身体衰弱シ気力消耗シ物慾ニ蔽ハレテ正義ヲ行フ能ハズ益ス卑屈不義ノ人民ト為レリ彼等ハ虚飾ヲ好ミ辺幅ヲ修メ『体面ヲ保ツ』コト他国ノ比ニアラズ『体面ヲ保ツ』ノ一事纔カニ社会ト国家トヲ維持シ来リシモ今ヤ国ト民ト共ニ辱シメラル、モ心ニ怒テ之ヲ口ニ発スル能ハズ之ヲ口ニ発スルモ之ヲ行フ能ハズ之ヲ行フモ之ヲ遂グル能ハズ到底外人又ハ外国ニ対シ『体面ヲ保ツ』能ハザルナリ既ニ『体面ヲ保ツ』能ハズ卑屈ニシテ為サヾル所ナキ知ルベキノミ謂フニ従来支那国民ノ弊風誠ニ甚ダシク之ヲ矯正スルニアラザレバ決シテ社会ノ秩序ヲ保チ国家ノ繁栄ヲ期スベカラズ而シテ鴉片ヲ喫スルノ俗ハ益ス其弊風ヲシテ甚ダシカラシム斯ノ如クニシテ止マンニハ支那ノ社会ト国家トハ到底維持スベカラザルベシ之ヲ経済上風教上政治上ヨリ観察スルニ鴉片ノ支那ヲ害スル斯ノ如ク大ナリ必ズヤ之ヲ禁止セザルベカラザルナリ不知此ガ禁止ノ方法果シテ如何

鴉片ノ害ハ清国ニアルモノ何人ト雖ドモ之ヲ認メザルハナク之ヲ禁止センコトヲ欲セザルモノナシ是ニ於テカ外国宣教師及内国有志者ガ禁烟会ヲ興シテ支那人ニ禁烟ヲ勧メ江蘇、浙江、湖北、福建等ノ口岸名邑往々禁烟会ヲ観ル爰ニ上海禁烟会ノ章程ヲ得タレバ左ニ之ヲ掲グベシ希クハ支那ニ於ケル禁烟会ノ一般ノ組織ト勧誘ノ方法トヲ知ルニ足ラン歟

自禁鴉片振武宗社簡章

一宗旨　強種姓。節漏巵居今其急務哉。環顧五大部洲。主人幾尽白種。他種不奴則滅。幸存者惟我黄種亜洲大陸。滅之法不勝書。而鴉片其一也。国豈仍我之国。土豈仍我之土。而直鴉片流毒之区隅。無十室邑不吸此者。無一関市不貨此者。美其名曰洋薬洋薬。謂可治病。誠如是也。是明認通国皆病夫也。立於兵力争存之天下。固非通国民為軍国民不可。而為軍国民非先強種不可。欲強種不首禁鴉片更不可。此固不待智者而後知。鴉片未通商前。綜計海市。皆進口銀多。以故砿不興而足用。自鴉片通商後。即此一項。毎歳浮出之銀。中数常六七千万。現今土産又三四千万。以歳耗万万両之漏巵而不知塞。尚得謂之智乎。天下従無富而売身為奴者。彼欲貧人国者。蓋以是夫。始奴之。終滅之。其幾已兆。而玩視之。如宗社何。

二辦法　辦法無他。求得其実在而已。凡七事。

一凡学界商界同志。各就所居之県。県分東西南北中五郷。（立

憲在能自治、自治首重合羣、羣小則相知易、感情切、故必先合小羣、譬如一県提封万頃、即以二千頃為一郷、県治為中郷。）郷択居中之学校。当衆報名。設誓不吸鴉片。并担任義務。勧戒親友。（親友年過四五旬外、不須勧、勧亦勿庸過激、恐負気而戒、致生他疾。）所有四郷報名之冊。総彙於中郷。是謂某県振武宗士名冊。県名冊総彙於府。是謂某府振武宗士名冊。各郷挙正副社長二人。県挙正副県社長二人。府挙正副府社長二人。癃老者勿挙。各社另挙議事員七十人。或九十人。議勧戒事、又書記員四人。記録名冊。（此数不必拘、当比較社中人数多寡為定。）毎月郷議一次。半年県議一次。一年府議一次。以上人員皆与議。議拡張法。勧戒法。并比較上下年之進歩。

二学校無論官私。学生到学前。須立誓不吸鴉片。在校者雖服役人亦不准吸。

三凡親民如州県。禦侮如営汛等官。有嗜好者。即不足表率士民。捍衛地方。同社亟宜電請大憲。従速撤換。

四凡染此者不得挙為地方董事及議員。

五凡開設煙館。向例以身家不清白論。今特寛限一年。従明年算起。満一年仍不改業者。其本身及子弟。凡学校倶不収容。容庇者公議罰。至開鴉片行種鴉片田者。寛限三年。亦従明年算起。満三年仍然不改業者。是不畏公理。不惜公徳也。雖坐擁厚資仍以身家不清白論。即謀得出身。社会亦不公認。

六多開演説会及刊佈白話説帖。一勧商家不用吸鴉片之傭。二勧工業不用吸鴉片同夥。三勧通国不僱吸鴉片之傭。親朋聚会。不設吸鴉片之具。要知此害不除。廃時失業。財日匱。用日耗。相率而為天演之劣種。天下之僇民而已矣。夫美国貨本非害人之物。但因虐我同胞羣起抵制鴉片者。流毒近百年。伝染遍行省。吾国權国力。民徳民智。有形無形中。所損失者何限。於此而不抵制。失軽重矣。

七今日同胞。於強種争存之義。亦既知之。而学界同胞以明理致用先天下者。更無旁貸矣。天下府州県。有願為発起人者。請速将銜条郵寄上海。暫交曽少卿歓迎登冊。一面就地広勧同胞。凡身家清白者。速仿第一条結成団体。図維自捄。由郷而県而府。平時種種畛域。今須化以同舟之急難。不因禦侮。而反鬩牆。即或鬩牆。仍当禦侮。不見従鴉片開戦以来。不執兵。不与戦。反乎戦之道而見殺者幾何。不在戦之時而見殺者幾何。其在美南北。与非南亜南。不死於戦而死於虐殺者又幾何。嗚呼同胞。欲求不奴不滅。争存於二十世紀者。舎強種姓。結団体。其道末由。

発起人　馬相伯（通告）

曽少卿

賛成者

教育研究会

滬学会
羣学会
商学会

政府モ亦禁烟ノ志アリ今ヤ我ガ台湾ニ倣ヒ鴉片ヲ専売ニシ鴉片ヲ喫スルモノニハ鑑札ヲ与ヘ之ヲ廃民ト名ケ体面ヲ重ンズル支那人ヲシテ喫烟スルニ耐ヘザラシメ漸ヲ以テ喫烟ノ風ヲ絶タンコトヲ企テツヽアリ両広総督岑春煊ノ如キハ管下ニ令シ喫烟者ハ官ヲ為スヲ得ズ官ヲ為スモノハ之ガ官ヲ奪フベシトセリ若シ官民ノ力ニヨリ喫烟ノ風ヲ禁止スルコトヲ得バ支那ノ幸福之ニ如クモノナシト雖モ果シテ能ク其功ヲ奏スルヤ否ヤ疑問ニ属ス謂フニ喫烟ノ風因テ来ルコト久シク既ニ喫烟スルモノハ之ヲ治療スベカラズ未ダ喫烟セザルモノヽ之ニ伝染スル甚ダ速ナリ其伝染ノ迅キハぺすとノ如ク其治療スベカラザルハ肺結核ノ如シ之ヲ誡メテ喫烟ノ風ヲ廃セシムルハ宗教改革ヨリモ難ク之ヲ令シテ喫烟スルコトナカラシムルハ独逸帝国ノ建設ヨリモ難シビスマーク、ルーテル其人ノ如キモノ出ヅルニアラズンバ決シテ功ヲ奏スル能ハザルナリ方今支那政府ニ人ナキコト歴史ノ稀レニ見ル所外国宣教師ノ濁レルコト黄河ノ水ヨリモ甚ダシ而シテ其力ニヨリテ喫烟ノ風ヲ禁ゼンコトハ実ニ泰山ヲ挟ミテ北海ヲ超ユルノ感ナクンバアラザルナリ喫烟ニシテ禁ズル能ハザルモノトセバ支那ノ前途蓋シ知ルベキノミ

＊＊＊

本資料集の刊行は愛知大学教授伊東利勝氏、同藤田佳久氏の斡旋と株式会社あるむ社長川角信夫氏の承諾により実現した。その編集に当たっては後藤和江氏、安田裕氏、吉田玲子氏の労を煩わし、また愛知大学名誉教授今泉潤太郎氏、霞山会特別顧問小崎昌業氏、汲古書院相談役坂本健彦氏、東京女子大学名誉教授山根幸夫氏（五十音順）からはそれぞれ貴重な参考意見をいただいた。茲に記して深甚なる謝意を表する。

二〇〇五年二月

谷　光　隆

《东亚同文会著录编刊鸦片资料集成》和《东亚同文书院著录编刊鸦片资料集成》解说

鸦片战争（一八四〇～四二）是围绕着鸦片的输入，清国同英国之间的战争，它作为中国近代史的出发点是很有名的。但是，〝鸦片问题〟并未因此而结束，其后又继续存在到清国末期，清朝灭亡后又持续到中华民国，进入中华人民共和国时代以后，鸦片才终于断绝了痕迹。〝鸦片问题〟自明朝末年就已在社会上出现，因此它实际是贯穿中国最近三百年历史的重要问题。

众所周知，吸食鸦片会损害身心，破坏家庭，阻碍国家的富强。它既是人道问题，同时也是社会问题、政治问题。另外鸦片的生产和买卖同国民经济和国家财政都有着极大的关系，因而成为特别的经济问题和财政问题。而且，不仅是中国，在东洋的其他地方，即印度、东印度、南洋诸岛、台湾等地也大致同样，这又与世界各国有关，总而言之，〝鸦片问题〟其实是世界的大问题。而其中心则是中国的〝鸦片问题〟。

〝鸦片问题〟是人类史上如此重要的大问题，所以无论中国、欧美、还是我国都在对其进行研究，可是与此事的重要性相比，不能不承认这种研究还是很不够的。其理由在于它是〝负的历史〟，绝非令人愉快的历史，同时此事的性质上有许多问题被隐藏起来，应该作为根据的可靠信息、资料很贫乏。

当然，到了研究阶段就应该尽可能地以正确的第一手资料为基础，但考虑到以上的特殊情况，作为接近问题的权宜之计，把复杂的问题的各方面都罗列出来进行宏观的观察，这决不是没有意义的。本资料就是立足于这种观点，从东亚同文会以及东亚同文书院著录、编纂和刊行的各种文献中，将有关鸦片的记载全部摘出而集其大成。因此，下面有必要对东亚同文会和东亚同文书院作若干说明。

东亚同文会是日清战争后，由两个研究东亚问题的民间团体东亚会和同文会合并而成的，明治三十一年（一八九八）十一月二日，在东京神田淡路町的万世俱乐部举行了成立大会。那是战争结束后的第三年，西欧列强正大肆对中国发动侵略，尤其是俄国在满洲的扩张成为对我国的最大威胁。因此对东亚整体的危机感到忧虑的有识之士组成了这个东亚同文会。而且，被推为第一代会长的近卫笃麿公爵（号霞山，一八六三～一九〇四）以〝保全支那〟、〝帮助改善支那与朝鲜〟、〝期待着研讨支那与朝鲜的时事并付诸实行〟、〝唤起国内舆论〞作为该会的纲领，开始了活动。

从那以后，至昭和二十年（一九四五）战争结束，该会解散，前后约四十七年的主要活动、事业，其一是作为东亚问题的调查研究机关（调查编纂部，后来的事业部）发行了月刊和半月刊的机关杂志（合计七百三十余册），此外还编纂、出版了许多篇幅浩瀚的书籍和译著，提供情报，形成舆论；其二是为了日中协作，以培养必需的人才为目的，于明治三十四年（一九〇一）在上海开设了东亚同文书院。近卫逝世以后，该会进入以根津一（号山洲，一八六〇～一九二七）为运营中心的时代，以书院经营为主干的教育文化事业成为该会最为倾注力量之处。其后，书院于昭和十四年（一九三九）升格为大学，昭和二十年（一九四五）因上述原因学校撤销。其间输送了五千余名毕业生，这些人才以中国为舞台，精力充沛地活跃于商业、贸易、政治、外交和其他各个方面。

这个书院有一个独具特色的校内制度。这就是学生在最后的一年（大学的学部二年）放弃当年的暑假，携带中国政府的执照（许可书）以中国内地为中心进行调查旅行——称为大旅行，通常两个月到三个月，长的有一百五十多天，向书院提出其成果《调查报告书》，这其实是毕业论文。这一制度从明治四十年（一九〇七）第五期学生的修学大旅行开始成为定例，当时商务科教授根岸佶参考学校创立之初实验的先例，制定了计划。其后，成为该书院独有的传统活动。

另外，书院以中国研究作为其生命。为了更积极地有组织地推进研究，大正七年（一九一八），开设了支那研究部（昭和十七年＝一九四二年改称东亚研究部），教授、副教授、讲师为其成员。此后，其研究成果发表于机关杂志《支那研究》（后改称《东亚研究》）上，此外还随时刊行各种图书。

东亚同文会、东亚同文书院（大学）的来历，大概如上所述。继承了这个东亚同文书院大学的，就是战争结束后第二年即昭和二十一年（一九四六）在日本内地重新创办的爱知大学。而且，由于这一经历，爱知大学附属图书馆特别设立了霞山文库。霞山，如上所述是东亚同文会的创设者、第一代会长近卫笃麿的号。霞山文库保存着东亚同文会的原有藏书，那里收藏的东亚同文会、东亚同文书院著录、编纂以及刊行的大量的各种文献，比其他任何研究机关的都要多。

笔者在晚年的有限的一段时间里，出乎意外地供职于爱知大学，于是抓住这个天赐良机，尝试着在日常工作的地方——霞山文库——搜集与近代中国史上的大问题〝鸦片问题〞有关的资料。

这一资料收集的基本方针，是尽量避免以个人判断为取舍选择标准，有些一看上去好像几乎没有资料价值的，也在可能的大范围内予以网罗收集。因此，一方面避免了〝鸦片战争〞这个名词以及关于这次战争的一般叙述记载。另一方面，对仅仅含有〝阿片〞、〝鸦片〞一词的前后文章也适当地进行了收集（复写）。此外，有的记载与〝鸦片问题〞关系密切，即使没有〝阿片〞、〝鸦片〞的字样，也作为例外予以收录。而且，为了表示这些记载在原始资料中的位置，还提示了该章节的题名。

如上所述，资料的收集是霞山文库进行的，但是那里上架的相关图书、杂志也并不完整。其中有的完全失藏，还有不少是散失了某一本、某一期的。关于这一部分，除了到爱知大学图书馆（霞山文库以外）、霞山会（东亚同文会后身）和沪友会（东亚同文书院大学同窗会）的图书室而外，我还前往国立国会图书馆（东京馆）、东京大学经济学部图书馆、京都大学经济学部图书馆、天理大学附属天理图书馆、奈良女子大学图书馆、滋贺大学图书馆、神户大学图书馆等进行收集。其收载项目数总计有二千六百七十四项。无奈其数量太大，不用说难免有所遗漏，比如《支那邮便制度》就是编辑整理结束之后偶然得知的。尽管这样的例子此外还有一些，但是重要的资料几乎都收集到了。只是《东亚同文会报告》的第一回至第四回，现在全国的任何图书收藏机构都无收藏，只好等待将来的发现。此外，前述同文书院的《调查报告书》（霞山文库所藏）中，有相当的部分与鸦片有关，但是现在仍是未经整理的手写稿本，所以这次收录只好将其割爱，期盼今后能够刊行。

本资料并不甄别其好坏，只是为了揭示〝鸦片问题〟的全貌，为将来有组织的真正研究助一臂之力。其间，有若干应该视作先驱研究者的人物，尤其不可遗忘的是根岸佶和松本忠雄的名字。前者是东亚同文书院初期的商务科教授，后者是该书院的第六期毕业生，后来他们都成为东亚同文会调查编纂部的核心，起到了领导作用。

而且，前者在机关杂志《支那经济报告书》中发表了《鸦片问题》（上、中、完），特别重要的是他编纂的《清国商业综览》中所收的〝鸦片 Opium〟一章（第五卷第六编第四章）。此文分沿革、生产、交易及消费、课税四节叙述了清末〝鸦片问题〟的概况，其后附有结论（第五节），是一篇长达九十六页的大作。后者则在机关杂志《支那》上发表了《支那的鸦片问题》（1～7），其续篇《支那的鸦片生产》（上、下）、《支那近期的鸦片问题》（上、下），以及与此相关的《取缔鸦片的国际合作》，原文总计长达二百二十四页，早已准确地勾画了〝鸦片问题〟的构架。

以上述二人为代表的〝鸦片问题〟探讨成果，以及其他各种文献里的一行行、一页页都是东亚同文会、东亚同文书院苦心调查的记录。笔者通览这些材料，感慨甚深。下面引用上述根岸氏的结论，总括这些内容，代为阐述本资料编集的意义，并作为本解说的结束。

起初，支那人吸食鸦片乃是有感于其医疗之效，谓吸后觉身体爽快，小有疾病亦因之而治。此唱彼和，因成习俗。其始吸之者，每日一回，不过三分。身体亦稍爽快，丝毫不觉有害。饭后或劳动后，吸之最妙，由此以至名之为延年寿。吸之一次，若以为快，再次即不能废之。吸三分者变为五分，吸五分者变为一钱、变为二钱、变为三钱。吃烟次数亦随之增加，由一次到三次。上午十点钟、下午五点钟、晚上八点钟，必不能不吃，此曰成瘾。瘾始于吃后数十日，至吃烟时必思吃之，不吃即不快，不可忍耐。瘾成之后，废烟即发病。瘾甚者吃烟量每日达一两多，日日耽于吃烟，以至于死。

吃烟之害，先及身体，寻及精神。吃之者脸色衰老，形容枯槁，一见足知其为吃烟者，有诗为证：

誰道延年益寿膏。苦将精髓暗煎熬。倘教对鏡応嗟訝。餒鬼形容類若敖。』

何必怨寒鴉。望昭陽日影斜。容顔消痩難描画。背駝的似蝦。臉黄的似瓜。秋波一転教人怕。可笑他春風人面。掩映墨桃花。』

既耽鸦片，便无琴书之快，无交友之欢，不思叙天伦之乐。既耽鸦片，心神呆了，甘受他人之辱，日夜唯以吃鸦片为事。有俗谣为证：

晴雨総相宜。臥連床細々吹。琴棋詩画都無味。冷暖不知。茶飯不思。埋頭没点生人気。太痴迷。昏天黒地。離鬼也幾希。

市井有愚。頼経営把口糊。平空也要尋煩苦。今日錙銖明日錙銖。積来不彀三銭土。太糊塗。本銭吸尽。何以養妻孥。』

半醉眼微鍚。指頭禪悟一灯。閒書焼破才警醒。三更四更。鶏鳴鴉鳴。紗窓亮也和衣困。嗽連声。痰涎満地。睡起没精神。』

最怕友朋来。費張羅燈要開。烟希盒小招人怪。我比他乖。他比我呆。幾回吸得儞無偢倸。謝同儕。輕裘可共。此道不通財。』

性格変温柔。輭丢丢。萬念休。諸般苦悩能将就。髮結的似球。衣掛的是油。冷言熱語甘心受。可憂囚。精神抖擻。総在五更頭。』

吃鸦片者不能废之，而鸦片价贵，国内鸦片每担三百两，外国鸦片六七百两。零售更贵，粗下者每钱不下三四十文，中等七八十文，至于上等一百文乃至三百文。吃烟量少之最下等人民亦日费四十文以上，即一年费十二两，相当于其收入之一成三以上。其成瘾吃四钱者，收入之二分之一以上必费于鸦片，瘾愈多，收入费于鸦片者愈多，以至终为鸦片用尽收入。吃烟者之常，必切望吃鸦片，为得鸦片，不择手段。昏昏不欲劳作，有衣者典衣，有田者买田。本人自不待言，亦不能供妻子衣食。若无亲戚朋友援助，至相率乞食于道路。虽乞食而鸦片之欲仍切，有吃鸦片之灰以代食者云云，岂可怜悯。有诗为证：

一灯相対思昏々。高臥胡床昼掩門。生計不謀家業替。可憐儋石漸無存。』

祖宗剏業甚艱辛。伝与児孫不慮貧。誰道忍心多典質。癮来無復念先人。』

製得衣衫為禦寒。脱来赴質劇心酸。帰家風雪漫天緊。瑟縮床頭涙暗彈。』

嬌妻掩袖怯衣單。稚子章裾索飯餐。応悔一身受酖害。株連妻子苦飢寒。』記得当年未吸烟。親朋相見各懽然。如何転眼炎涼異。清夜捫心応自憐。』酷似餓鴟蹲。不知羞。百結鶉。棲身烟館誰存問。無渣可黐。無灰可呑。袴児剥去真乾浄。莽乾坤。若逢漂母。也要笑王孫。』

鸦片之害不止于一人一家，多及于全乡，受害之乡称之为鸦片村。鸦片村之惨状，Francis H. Nichols 氏之山西旅行记所记甚悉，试译其大要如下：

驱马车由山西之山岳地方向太原府，数百口之村落点点散在。邑里虽无可观，皆经营村落经济，人人食足衣全，既无富者，亦无贫者。道路不见一人乞食，悉为击壤鼓腹之人。而一日之内必见奇异之村落，里门之荒废先让旅客伤心，勉强进入村内，房屋弊坏任雨漏，窗棂破败随风吹。路上无一人卖货，虽有数家商铺，亦皆门上挂锁。户户屋里，横卧男女数口，昏昏耽耽如死，颜色青绿，着百结鹑衣，头发蓬乱。小儿亦被弊衣，面如鬼然。心怪之，以问御者，御者不答，扬鞭疾驱。强问之，则曰彼等该死，无可如何，此为鸦片之害。至他处，以之问外国传教士及地方官，皆谓此即所谓鸦片村。鸦片之进入偏僻乡村，率由一人先吃，邻人好奇，乃仿效之，男女老幼亦皆仿效之。故而田园荒芜，无力得食，唯望吃鸦片，终于举村而死。山西尧舜太平之村落，年年岁岁变为鸦片村，可叹可叹。

由此观之，鸦片之毒害支那内地甚烈，其于经济上、风教上、政治上毒害支那之状，可以想见。

或谓云贵、甘肃、陕西以及北部之满洲等交通不便之处，有少量鸦片栽培，以之交易外省之棉丝棉布及杂货，作为生活之资。又政府若以鸦片为专卖，即有三千余万两之收入，以支付陆海军之经费，可知鸦片为国家经济之助。然而不顾其有助于国家经济，立即加以排斥，是为不可。此说非必不当，然而与其有助于国家经济相比，其危害于国家经济更甚。请述其详。

据云鸦片在南清每亩（二百坪）产三斤，北清产二斤。南方因鸦片所使用之田园为一千一百七十四万亩，北方为三百三十万亩，合计一千五百零四万亩，换算为日本之町步，为一百万町，可养一千万人。而从事鸦片耕作制人，又不下三百万人，大概中农一户得耕作三十亩。若一户耕作三十亩，则耕作一千五百万亩需五十万户。若一户口数为六人，五十万户即达三百万人。又鸦片贩卖店即烟馆在都市，其比例为每百人至六百人一店，全国即便按一千人一店计算，全国人口不下四亿，即达四十万户。每店每日贩卖四两，则一年贩卖九十余斤。烟馆所贩卖者仅为全国消费量之三分之二，四十七万三千担之三分之二，即三十一万五千担。与此对应者为三十五万户，平均为三十七万五千户。若一户有六人，则从事鸦片贩卖者为二百二十五万人。合计鸦片耕作与贩卖者为五百二十五万人，再加上搬运者，不下六百万人。而如前节所述，鸦片吸食者约为一千三百万人，概系壮丁，远远超过英国就业者人数。因鸦片所消费之金额为一亿六千余万两，约当支那全国收入之二倍。消费支那全国收入之二倍，使比英国就业者还多之壮丁成废民。为此役使六百万人，占用田园一百万町，为害支那国家经济，岂有甚于此者！至于个人经济，如上所述，实不忍言。而吃烟之风日益流行，不知所止，其国家岌岌可危！

国民若非个个勤勉、俭素、刚毅、忠厚、重正义，即不能维持风教，施行政治，以成社会与国家。支那人由利己进而为私利，苟得满足一己之欲，即无所不为。因此不重正义，无见义而为之勇，迷于眼前小利，不能考虑将来。汲汲于利，日夜不休。皆不以此为劳，希图博得奇利。获得金钱之念迫切，概皆出于满足自己之欲。奉己甚厚，施人甚薄，以至卖妻子以奉己者亦不少。呜呼！是为支那人之弊，而吃烟益使此弊更盛。世称支那人利己之念强，为获利不惮任何劳苦，其勤勉俭素，世界罕见。窃以为此言甚为不当。观其吃鸦片之人，吃后必睡，吃一次鸦片睡两小时，吃两次睡四小时，吃三次睡八小时，吃烟不绝者终日昏昏。如今吃烟之风遍及各阶级，不论官吏，抑或农工商、车夫马丁，皆不能不吃烟。吃烟者自身之怠惰自不必言，其怠惰之风传染各阶级，忌劳作如蛇蝎。欲不劳而获奇利，赌博彩票大为流行，广东一省赌博税达三百万两，各省以彩票为一大财源。支那人多物欲，好虚饰，美其衣，美其食，美其客厅，纳妾以夸人。若鸦片正投其嗜好，略作加工，即可使之味美价高。鸦片之类奢侈品既已流行于一般民众间，其势不能不助长奢侈之风。奢侈与怠惰为支那之国风，其勤勉与俭素不到偏远山乡不可得见。支那自来国政不得其宜，教育荒废，民智未开，且鸦片使人鲁钝，益使支那之疾更甚。世传支那人长于营利，营利事业非他国人所能及。而今则矿山、铁道、航海、制造等凡百事业皆归外国人垄断，外国贸易概为外国人所左右，国内贸易亦年年受外国人侵蚀，最终支那之利权悉落入外国人之手，支那人只不过拾其余利尔。其最称擅长之营利事业如此，其他事可以推知。如其吃鸦片者所为，年年岁岁卖田、卖房、卖衣服、卖妻子，终而卖自己，其愚昧不可怜悯。不重正义，缺乏刚毅，因袭已久，诚非始于今日。然而及吃烟之风兴起，烟毒衰弱身体、消耗气力、遮蔽物欲、无实行正义之能，益成卑屈不义之人民。彼等好虚饰、修边幅、〝保体面〞，非他国可比，仅以〝保体面〞一事维持社会与国家。如今国与民均受辱，亦敢怒而不敢言，即使敢言亦不能行，即使能行亦不能成，最终对外国人或外国仍不能〝保体面〞。既不能〝保体面〞，即卑屈无所不为。所谓自来支那民风甚弊，若不矫正，社会秩序决不可保，国家繁荣亦不可期。而吃鸦片之俗益使其弊风更甚，若不止之，支那之社会与国家终究不可维持。从经济上、风教上、政治上观察，鸦片之危害支那如此之大，必不可不加以禁止，不知禁止之法果然如何？

鸦片之害在清国，人皆承认，无不欲禁止者。于是外国传教士以及国内有志者发起禁烟会，劝支那人禁烟。江苏、浙江、湖北、福建等口岸大邑往往可见禁烟会。爰得上海禁烟会之章程，揭之如下，足知支那禁烟会之一般组织及劝诱方法。

自禁鴉片振武宗社簡章

一宗旨　強種姓。節漏巵居今其急務哉。環顧五大部洲。主人幾尽白種。他種不奴則滅。幸存者惟我黄種亜洲大陸。滅之法不勝書。而鴉片其一也。国豈仍我之国。土豈仍我之土。而直鴉片流毒之区隅。無十室邑不吸此者。無一闤市不貨此者。美其名曰洋薬洋薬。謂可治病。誠如是也。是明認通国皆病夫也。立於兵力争存之天下。固非通国民為軍国民不可。而為軍国民非先強種不可。欲強種不首禁鴉片更不可。此固不待智者而後知。鴉片未通商前。綜計海市。皆進口銀多。以故砿不興而足用。自鴉片通商後。即此一項。毎歳浮出之銀。中数常六七千万。現今土産又三四千万。以歳耗万万両之漏巵而不知塞。尚得謂之智乎。天下従無富而売身為奴者。彼欲貧人国者。蓋以是夫。始奴之。終滅之。其幾已兆。而玩視之。如宗社何。

二辦法　辦法無他。求得其実在而已。凡七事。

一凡学界商界同志。各就所居之県。県分東西南北中五郷。（立憲在能自治、自治首重合羣、羣小則相知易、感情切、故必先合小羣、譬如一県提封万頃、即以二千頃為一郷、県治為中郷。）郷択居中之学校。当衆報名。設誓不吸鴉片。并担任義務。勧戒親友。（親友年過四五旬外、不須勧、勧亦勿庸過激、恐負気而戒、致生他疾、）所有四郷報名之冊。総彙於中郷。是謂某県振武宗士名冊。県名冊総彙於府。是謂某府振武宗士名冊。各郷挙正副社長二人。県挙正副県社長二人。府挙正副府社長二人。癃老者勿挙。各社另挙議事員七十人。或九十人。議勧戒事、又書記員四人。記録名冊。（此数不必拘、当比較社中人数多寡為定、）毎月郷議一次。半年県議一次。一年府議一次。以上人員皆与議。議拡張法。勧戒法。并比較上下年之進歩。

二学校無論官私。学生到学前。須立誓不吸鴉片。在校者雖服役人亦不准吸。

三凡親民如州県。禦侮如営汛等官。有嗜好者。即不足表率士民。捍衛地方。同社亟宜電請大憲。従速撤換。

四凡染此者不得挙為地方董事及議員。

五凡開設煙館。向例以身家不清白論。今特寛限一年。従明年算起。満一年仍不改業者。其本身及子弟。凡学校俱不収容。容庇者公議罰。至開鴉片行種鴉片田者。寛限三年。亦従明年算起。満三年仍然不改業者。是不畏公理。不惜公徳也。雖坐擁厚資仍以身家不清白論。即謀得出身。社会亦不公認。

六多開演説会及刊佈白話説帖。一勧商家不用吸鴉片同事。二勧工業不用吸鴉片同夥。三勧通国不僱吸鴉片之傭。親朋聚会。不設吸鴉片之具。要知此害不除。廃時失業。財日匱。用日耗。

相率而為天演之劣種。天下之僇民而已矣。夫美国貨本非害人之物。但因虐我同胞羣起抵制鴉片者。流毒近百年。伝染遍行省。吾国權国力。民徳民智。有形無形中。所損失者何限。於此而不抵制。失軽重矣。

七今日同胞。於強種争存之義。亦既知之。而学界同胞以明理致用先天下者。更無旁貸矣。天下府州県。有願為発起人者。請速将銜条郵寄上海。暫交曽少卿歓迎登冊。一面就地広勧同胞。凡身家清白者。速仿第一条結成団体。図維自捄。由郷而県而府。平時種種畛域。今須化以同舟之急難。不因禦侮。而反鬩牆。即或鬩牆。仍当禦侮。不見従鴉片開戦以来。不執兵。不与戦。反乎戦之道而見殺者幾何。不在戦之時而見殺者幾何。其在美南北。与非南亜南。不死於戦而死於虐殺者又幾何。嗚呼同胞。欲求不奴不滅。争存於二十世紀者。舍強種姓。結団体。其道末由。

発起人　馬相伯　（通告）

曽少卿

賛成者　教育研究会

滬学会

羣学会

商学会

政府亦有禁烟之志，今仿我台湾实行鸦片专卖，向吃鸦片者发放许可证，名之为废民。使重体面之支那人不耐吸烟，以求渐绝吸烟之风。如两广总督岑春煊命令管下吃烟者不得为官，已为官者夺之。若以官民之力得以禁止吃烟之风，支那之幸福无过之者。然而果能奏其功否，尚属疑问。所谓吃烟之风来之既久，已吃烟者无可治疗，未吃烟者传染甚速。其传染之速如鼠疫，其无可治疗如肺结核。戒烟灭烟之事，难于宗教改革；施行禁烟之令，难于德意志帝国之建设。若无俾斯麦、路德之类人出，决不能奏其功。方今支那政府之无人，古来罕见，外国传教士之恶浊，更甚于黄河水。而欲依其力禁绝吃烟之风，实不能不令人有挟泰山而超北海之感。若不能禁烟，支那之前途盖不可知。

（王　建　訳）

収録文献一覧

〔東亜同文会関係〕

書名・雑誌名	冊数	編著者・発行所	刊行年月
東亜時論	二六	東亜同文会	明治31・12〜32・12
東亜同文会報告	一二八	東亜同文会	明治33・4〜43・6
支那経済報告書	五一	東亜同文会支那経済調査部	明治41・5〜43・6
東亜同文会支那調査報告書	三七	東亜同文会調査編纂部	明治43・7〜44・12
支那	四八七	東亜同文会調査編纂部	明治45・1〜昭和20・1
第一回支那年鑑	一	東亜同文会調査編纂部	明治45・6
第二回支那年鑑	一	東亜同文会調査編纂部	大正6・3
第三回支那年鑑	一	東亜同文会調査編纂部	大正7・9
第四回支那年鑑	一	東亜同文会調査編纂部	大正9・10
新編支那年鑑	一	東亜同文会調査編纂部	昭和2・2
最新支那年鑑	一	東亜同文会調査編纂部	昭和10・6

書名・雑誌名	冊数	編著者・発行所	刊行年月
第七回 支那年鑑	一	東亜同文会調査編纂部	昭和17・4
新支那現勢要覧	一	東亜同文会業務部	昭和13・9
第二回 新支那現勢要覧	一	東亜同文会業務部	昭和15・1
増補 東亜関係 特種条約彙纂	一	東亜同文会編纂	明治41・1 再増補三版
増補 支那関係 特種条約彙纂	一	東亜同文会調査編纂部	大正11・5 増補再版
支那重要法令集	一	東亜同文会調査編纂部	大正4・4
中華民国国民政府 主要法令並条約集〔昭和四年版〕	一	東亜同文会調査編纂部	昭和4・10
日本民・商法令対照 中華民国民・商法	一	川村宗嗣編著 東亜同文会調査編纂部	昭和5・12
清国通商綜覧	三	日清貿易研究所	明治25・8～25・12
清国商業綜覧	五	根岸佶編纂 東亜同文会	明治39・12～41・5
支那経済全書	一二	東亜同文会	明治40・4～41・11
支那省別全誌	一八	東亜同文会	大正6・4～9・9
新修 支那省別全誌	九	東亜同文会	昭和16・8～21・9

満洲通志	一	露国大蔵省編纂 東亜同文会	明治39・4
吉林通覧	一	中西正樹・七里恭三郎著 東亜同文会調査編纂部	明治42・3
蒙古及蒙古人	一	ポズトネエフ原著 東亜同文会	明治41・6
東部蒙古 蒙古及蒙古人続編	一	ポズトネェフ原著 東亜同文会調査編纂部	大正4・10
山東及膠州湾	一	東亜同文会調査編纂部著	大正3・12
支那政治地理誌	二	大村欽一著（東亜同文会）	大正2・11～4・11
最近支那貿易	一	東亜同文会調査編纂部	大正5・3
改版支那貿易	一	東亜同文会調査編纂部	大正9・12
支那開港場誌	二	東亜同文会調査編纂部	大正11・10～13・3
支那之工業	一	東亜同文会調査編纂部	大正6・2
支那工業綜覧 昭和五年版	一	東亜同文会調査編纂部	昭和6・2 再版
支那ノ外交・財政	一	三枝茂智著 東亜同文会調査編纂部	大正10・5
欧米人の支那観	一	東亜同文会調査編纂部	大正7・9
東亜先覚荒尾精	一	小山一郎編著 東亜同文会	昭和13・10

書名・雑誌名	冊数	編著者・発行所	刊行年月
支那之実相	一	大村欣一著 東亜同文会調査編纂部	昭和4・4
支那論	一	井上雅二著 東亜同文会	昭和5・3
支那及満洲の通貨と幣制改革	一	根岸佶・越智元治共著 東亜同文会	昭和12・7
新支那事情普及叢書第五輯 上海租界問題と其の対策	一	植田捷雄著 東亜同文会	昭和14・4
改訂増補 欧米の対支経済侵略史	一	井村薫雄著 （初版）東亜同文会	昭和19・5
改訂増補 最近支那共産党史	一	中保与作著 東亜同文会	昭和19・6 改訂増補
現代支那人名鑑	一	外務省情報部編纂 東亜同文会調査編纂部	大正14・3
改訂 現代支那人名鑑（昭和三年版）	一	外務省情報部編纂 東亜同文会調査編纂部	昭和3・10
現代中華民国満洲国人名鑑（昭和七年版）	一	外務省情報部編纂 東亜同文会調査編纂部	昭和7・12
現代中華民国満洲帝国人名鑑（昭和十二年版）	一	外務省情報部編纂 東亜同文会業務部	昭和12・10
中華民国実業名鑑	一	天海謙三郎編纂 東亜同文会研究編纂部	昭和9・11
対支回顧録	二	東亜同文会内 対支功労者伝記編纂会	昭和11・4
続対支回顧録	二	東亜同文会内 対支功労者伝記編纂会	昭和16・12～17・4

【東亜同文書院関係】

書名・雑誌名	冊数	編著者・発行所	刊行年月
支那研究（東亜研究）	七二	東亜同文書院支那研究部	大正9・8〜昭和19・10
清国商業慣習及金融事情	一	根岸佶等編 東亜同文書院	明治37・6
支那経済地理誌 交通全編	二	馬場鍬太郎著 東亜同文書院内禹域学会	大正14・12 訂正増補五版
支那経済地理誌 制度全編	一	馬場鍬太郎著 東亜同文書院内禹域学会	昭和8・4 四版
支那重要商品誌	一	馬場鍬太郎著 東亜同文書院内禹域学会	昭和3・5 訂正増補四版
新支那の断面	一	清水董三著 東亜同文書院内禹域学会	昭和4・7
支那経済記事解説 (付)金融商業用語	一	彭盛木訳補 東亜同文書院支那研究部	昭和10・8 改訂再版
支那経済の地理的背景	一	馬場鍬太郎著 東亜同文書院支那研究部	昭和11・6
支那水運論付満洲国水運	一	馬場鍬太郎著 東亜同文書院支那研究部	昭和11・12
中国物産ニ関スル資料目録	一	中島靖友編 東亜同文書院物産館	昭和11・9
現代支那講座	六	東亜同文書院支那研究部	昭和14・4〜14・9
北支大饑饉調査報告書	一	東亜同文書院	不明

書名・雑誌名	冊数	編著者・発行所	刊行年月
浙江司法状況視察報告	一	飛石初次著 東亜同文書院大学東亜研究部	昭和18・10
東亜同文書院大学 東亜調査報告書 昭和十四年度	一	東亜同文書院大学	昭和15・7
東亜同文書院大学 東亜調査報告書 昭和十五年度	一	東亜同文書院大学	昭和16・6
東亜同文書院大学 東亜調査報告書 昭和十六年度	一	東亜同文書院大学	昭和17・11
大旅行紀念誌（各書の書名は略す）	三三	東亜同文書院	明治41～昭和18・4
支那郵便制度	一	馬場鍬太郎著 東亜同文書院内禹域学会	大正12・5

収録文献解題

東亜時論

合計　二六冊
東亜同文会発行
明治三一年一二月〜明治三二年一二月

公爵近衛篤麿は、明治二十三年欧米留学より帰朝すると、爾来国政の全般にわたって活動するようになったが、特に東亜の大局については注意を怠らず、二十五年四月「精神社」を興して雑誌『精神』（のち『明治評論』・『中外時論』と改題）を発行、また三十一年五月には精神社を「時論社」に改め、中外時論に代えて週刊誌『時論』を発行し一貫して東亜の時事を論じた。それは翌六月、対華問題をめぐり近衛を中心として結成された民間団体同文会の機関誌とされたものであるが、同年十一月同文会が同じ趣旨の民間団体である東亜会と合体して東亜同文会を結成し近衛がその初代会長となると、東亜同文会はこの時論を譲り受けてその機関誌とした。これが『東亜時論』である。すなわち東亜時論は、東亜同文会が発行した最初の機関誌であり、明治三十一年十二月より毎月二回発行し、翌三十二年十二月をもって廃刊する。その

誌面の記事は概ね時論、論説、雑録、通信、時事、通商貿易、外電日録、会報などの部門に分けて配列されている。

東亜同文会報告

合計　現存一二八冊
東亜同文会発行
現存　明治三三年四月〜明治四三年六月

『東亜時論』を改題し、これに続けて発行した東亜同文会の機関誌である。明治三十二年十二月より月刊として発行されたものと推定されるが、第一回〜第四回の発行誌は、現在までのところ全国いずれの図書収蔵機関にも発見されず詳細は不明である。第五回は明治三十三年四月の発行で、以後、毎月一回（但し第百二十二回〜第百三十一回は毎月二回）発行し、第百三十二回（明治四十三年六月）をもって終刊。記事は論説、講演、雑録、資料、公文、時報、半月政治経済志、通信、統計、東西評論、会報などの部門に分けて収載する。

支那経済報告書

合計　五一冊
東亜同文会支那経済調査部発行
明治四一年五月～明治四三年六月

日露戦争後、欧米列強はいずれもロシアの失敗にかんがみ所謂勢力範囲政策なるものを中止し、専ら中国に対する商権の獲得を目指して争った。わが国に於いても対清貿易の発展は戦後経営の最緊要課題であったから、東亜同文会はこの見地に立ち、さきに『清国商業綜覧』を刊行、引き続き『支那経済全書』を刊行中であったが、さらに実地に就いてこれを指導助成するために明治四十年十一月、同会内に支那経済調査部を置き、実業公共団体及び対清実業に特別の関係ある個人の加入を得てその事業を遂行しようとした。清国重要地の経済事情を加入者に報告することはその最も主要な任務であり、本誌は明治四十一年五月第一号を発行し、以後、『東亜同文会報告』と併行して発行されたが（そのため両者に共通の記事も多い）、四十三年六月に至って両誌同時に廃刊、同七月より新たに『東亜同文会支那調査報告書』を発行し、一年半後には再変して雑誌『支那』の発行となった。

東亜同文会支那調査報告書

合計　三七冊
東亜同文会調査編纂部発行
明治四三年七月～明治四四年一二月

明治四十三年六月（第百三十二回）まで発行された『東亜同文会報告』のあと、これを『東亜同文会支那調査報告書』と改題し、翌七月に第一巻第一号を発行、明治四十四年十二月第二巻第二十四号まで発行された。毎月二回（但し当初のみ三回）。以後は雑誌『支那』に引き継がれる。

支　那

合計　四八七冊
東亜同文会調査編纂部発行
明治四五年一月～昭和二〇年一月

東亜同文会の機関誌。『東亜同文会支那調査報告書』の続刊として同書の巻数を引き継ぐ形をとり、第三巻第一号（明治四十五年一月）をもって始まり第三十六巻第一号（昭和二十年一月）をもって終わる。第十巻第十八号（大正八年九月）までは毎月二回、同巻第十九号（大正八年十月）より後は毎月一回発行されたが、但し第十巻第二十二・二十三・二十四号、第十四巻第十二号、第十八巻第十二号は発行せず、第二十五巻第二・三号は合併号で、総計四八七冊。編集の体裁は時期によって異なるが、概ね論説、資料、研究、雑録、彙録、彙報、時報、通信、半月史、事業界、各地情況、会報などの部門によって区別されている。

因みに、本誌掲載記事の性質については、第四巻第二号（大正二年一月）の特集記事「支那問題の研究」の表紙裏に、

本誌は東亜同文会が隣邦支那に対して有する特別優越なる地位を利用し、現に支那に於て活動せらるゝ会員諸君の実地調査に係る精密なる諸報告を発表するを以て第一の任務とし、併せて其時事を報告し、又は穏健にして而かも卓抜なる意見を紹介せんとするものなり。

とあり、第二十巻第十号（二十周年記念号、昭和四年十月）の巻頭言に、

本誌出生してより今日に至るまで既に二十年を過ぎた。其間支那の国勢幾たびも変遷したので本誌も亦之に伴ふを免れなかつた。回顧すれば日露戦争後列国は何れも露西亜の失敗に鑑み所謂勢力範囲政策なるものを中止し専ら支那に対し通商の投資を試むるやうになり我国も亦対支経済発展を遂げんと企てた。それで我東亜同文会は我国策の万一に資せんことを図り支那調査会なるものを設け其機関として『支那経済調査報告書』なるものを発刊し明治四十一年五月十五日初号を出した。幾何もなく武漢革命乱起り支那の積弊暴露したため列強は茲に再たび勢力範囲政策を採つたので政治外交問題紛起した。従つて本誌も亦経済のみに没頭すること出来ず同四十五年一月五日『支那』と改題し政治外交問題を取扱ふやうになつた。世界大戦後社会主義や民族主義が滔々として支那に入り社会革命や国民革命の諸運動勃興し支那研究の目的物一変したので大正十四年一月から本誌の内容を一新し以て今日に及んだ。国民党は所謂国民革命を標榜し既に軍閥を平定し都を南京に奠め将さに不平等条約を廃止せんと準備中内訌起り支那の前途につき聊か懸念せらるゝやうになつた。本誌も亦如何に変化するか予め測り難い。恐らく二十年後支那や本誌を回顧すれば今日二十年前の支那や本誌を回顧すると同様の感慨あろう。二十週年記念号を出すに臨み一言を題すること誠に已むを得ないのである。

（根岸　佶）

とあり、第二十五巻第十号（二十五周年記念号、昭和九年十月）の巻頭言に、

本会機関誌「支那」の二十五周年に際し記念号を出すことゝなつた。世紀の四半であるから記念に値すると思はれる。本誌の使命は命題の如く支那を対象としての研究であり、報告であり、批判であると共に、支那研究者の綜合的結実であり、其の資料の普遍的拡布の使徒である。東方平和と善隣輯睦を宗旨とする本会の大使命に即して、時には其の鼓吹者となり、助言者となり、時には予言者となり、同じ道を只真直ぐに歩んで来た過去を回想するとき、多くの痕跡印象を留め

ないが、我等は同人が志を合し、気を一にして、一日の如く二十五年を経過したことに、衷心より自ら慰むるものである。

（白岩龍平）

とある。

支那年鑑

前後合計　七冊

東亜同文会調査編纂部（研究編纂部）編纂発行

第一回 支那年鑑	明治四五年六月三〇日発行
第二回 支那年鑑	大正六年三月二一日発行
第三回 支那年鑑	大正七年九月二〇日発行
第四回 支那年鑑	大正九年一〇月二五日発行
新編 支那年鑑	昭和二年二月二五日発行
最新 支那年鑑	昭和一〇年六月二五日発行
第七回 新支那年鑑	昭和一七年四月一五日発行

『支那年鑑』は、面積・人口・政治・政党・財政・経済・外交・軍事・陸軍・海軍・官制・司法・金融・貨幣・保険・関税・銀行・会社・農業・林業・鉱業・工業・漁業・牧畜・商業・貿易・労働・社会・郵便・電信・交通・道路・鉄道・水運・航運・航空・教育・文化・新聞・雑誌、等々、広汎な項目を立てて中国各般の事象を総合的、鳥瞰的に把握させようとする一種の百科事典である。年鑑というからには継続して毎年一回出版するのが本来のあり方であるが、実際にはそれができないで、五年～八年の空白がその間に前後四回ある。それはそれぞれ清朝滅亡後、欧州大戦終結後、国民政府成立後、支那事変勃発後に見られた中国の政治・社会情勢の激変によるもので、新たな資料に基づく諸事項の修訂が困難であったためである。但し、『最新支那年鑑』と『第七回新支那年鑑』の出版される中間の時期（昭和十年～昭和十七年）には年鑑の代わりに『新支那現勢要覧』が出版されている。

新支那現勢要覧

前後合計　二冊

東亜同文会業務部編纂発行

新支那現勢要覧	昭和一三年九月一五日発行
第二回 新支那現勢要覧	昭和一五年一月三〇日発行

前者の凡例には、

昭和十三年は当に其（＝支那年鑑）の更新版を刊行すべき年次に該当せる所、適々支那事変勃発に依り支那の形勢は一大革新期に際会し、今や庶政百般抜本的に更新の途上にあるを以て、「支那年鑑」の改訂に代ふるに本書を刊行し、支那事変後に出現せる新支那の現勢を闡明ならしむることゝした次第である。

とあり、支那事変勃発以来満一カ年間に亘る内外一切の関係事項を網羅することを主眼とする。

第一編　支那事変概史
第二編　支那事変国際関係
第三編　蒙疆諸政府
第四編　中華民国臨時政府
第五編　中華民国維新政府
第六編　蒋政権の現勢

後者は右の続編で、その序文には、

　事変の経過は勿論、事変を繞る内外政局の推移は、悉く収めて本書に在り、事変後の新生諸政権を始め、汪兆銘氏の新政権樹立の経過及び蒋政権の現状等に関し、思想上、政治上、経済上の諸観点から細大洩れなく之を描破したのである。

とある。

第一編　帝国の事変対策
第二編　支那事変国際関係
第三編　蒙古聯合自治政府
第四編　中華民国臨時政府
第五編　中華民国維新政府
第六編　蒋政権の現勢
第七編　新中央政権樹立運動

増補東亜関係 特種条約彙纂　全一冊

東亜同文会編纂
明治三七年五月二五日初版
同　三九年四月一〇日増補再版
同　四一年一月一日再増補三版
丸善株式会社発行

本書は第一編日本之部、第二編清国之部、第三編韓国之部より成り、増補之部も同じく韓国之部、清国之部、日本之部より成る。其の内容を取りまとめて言えば、右の三国の疆土に関係ある古今の条約中より、主として締約当事者間の特種の利害に関するものを択んで収録したのである。但し、当時の国際関係をなるべく網羅的に説明するため、本来は条約の性質を有しない公文、照会文、往復文書、宣言、覚書、勧告、回答、奏疏、詔勅、訓令、章程、規約、規定、契約、協商、協約、協定、議定書、約定書、取極書、報告書、及び事件関係小史等も必要に応じて掲載している。また、重な条約には其の条約の目的、由来、効力等の概要を了解し易からしめるために大抵説明を付している。全編主要題目の合計は二二〇種。

増補 支那関係 特種条約彙纂

全一冊

大正六年一二月一三日初版
同　一一年五月五日増補再版
東亜同文会調査編纂部編纂発行

東亜同文会はさきに『東亜関係特種条約彙纂』を刊行したが、のち又これを中国関係のものに限って本書を刊行した。ただ一、二安南関係のものも含まれているのは、直接中国に関係はないが、この方面に於ける中仏関係を知るのに必要だからである。その内容は第一編支那ト列国間条約、第二編列国相互間条約、第三編通商及居留地関係条約の三編より構成されている。条約・取極の分類は各国別に従い、あるものは更にその中を政治関係、鉄道鉱山関係、経済関係等に分類した。また、本書はその名のごとく主として特種条約を採録したものであるが、第三編では日中間の通商条約及び通商関係に於いてしばしば援用せられる中英間のマッケー条約をも採録した。因みに、本書に収録されたもの以外にも、中国と諸外国間には秘密として発表せられないもの、またその材料はあるが公表することのできないものがある。

支那重要法令集

全一冊

大正四年四月二八日
東亜同文会調査編纂部編纂発行

本書は民国元年五月より同四年一月に至る間に交付せられた法令中、其の重要なものを収集してこれを翻訳し、邦人の参照に便せんとしたもので、原文は凡て中国政府の公報に拠った。内容は大別して憲法及関係法規、官制及処務、地方制度、官吏ニ関スル法規、刑事及警察関係法規、商法及関係法規、財政及税則、実業関係法規、教育宗教其他、の九項に分類されている。しかし、中国の法規は当時、朝令暮改定まりなき状態にあったことを注意する必要がある。

中華民国国民政府 主要法令並条約集〔昭和四年版〕

全一冊

昭和四年一〇月二六日
東亜同文会調査編纂部編纂発行

本書は国民政府成立後、従来北京政府より発布せられた諸法令規則等が全部廃棄無効となったのに鑑み、原則として改組後の国民党並びに国民政府関係の主要法令、規則、宣言書、決議文、覚書並びに参考諸文書等を網羅して収録したものであるが、これに加え国民政府と列国間に新関係を律すべき一切の外交関係文書すなわち条約、協約、協定、議定書、決議文、覚書、声明、取極、交換公文並びに列強の覚書、声明及び参考諸文書等をも併せ収集し、これらを一括して刊行したものである。その内容は、

第一編　国民党関係
第二編　国民政府関係
第三編　司法関係
第四編　財政・経済・実業関係
第五編　国民政府ト列国間条約及協定
増　補　追　加

より成る。

日本民・商法令対照 中華民国国民・商法　全一冊

川村宗嗣編著
昭和五年一二月二五日
東亜同文会調査編纂部発行

国民政府は成立後、新たに民法・商法並びにこれが付属法二千余カ条を公布実施した。本書はその民商関係の法律――民法の総則、債、物権の三編、同施行法、及び公司法（＝会社法）、保険法、票拠法（＝手形法）、同施行法、海商法、同施行法、土地法――の条文を邦訳し且つ逐条我が国の当該法と比較対照したものである。そして、このように民法の中に債、物権などの条文を含むのは、民商法一典主義を採用して民法典中に商法関係の規定の可能な部分をまとめて統一したからである。

清国通商綜覧（一名日清貿易必携）　全三冊

第一編　明治二五年八月二九日出版
第二編　明治二五年一二月二一日出版
清国上海 日清貿易研究所編纂発行

日清貿易研究所は、清国の商業事情に通暁する有為の人材を養成しようとして明治二十三年九月、荒尾精により上海に開設され、同年十一月からは荒尾の盟友根津一が代理所長となって二十六年六月の閉所に至るまで約三年間存続した。本書の編纂は、同所の学生をして将来、日中間の通商舞台に活動せしめる為には、まず我が国人に中国商業社会の概況と其の必要参照事物の一斑を示すことが第一だとして計画されたもので、根津がその編纂の中心となった。そして、その編纂のために引用した書物は数百部に亘るが、基本資料となったのは、荒尾が漢口に在った明治十九年から二十二年に至る間に、荒尾の同志たちが四百余州の山川荒野を命がけで跋渉した際の実態報告であり、中国民衆の赤裸々な生活記録であった。そこには「生きている中国」の姿があり、世界に対して中国と中国人の実像を紹介する最初の文献として高く評価されている。

同書の内容は二編に分かれ、第一編は直接日清貿易業に必要なる事項と間接其の規画運籌に参照すべき素源とを叙するを本とし、

第一門　商業地理　　第二門　庶　制
第三門　運　輸　　第四門　金　融
第五門　交　通　　第六門　生　業
第七門　雑　記

から成り、以上をもって第一冊を構成する。次いで第一編付録は、

第一　支那農工商史
第二　日清貿易沿革略史
第三　上海英米居留地規則
第四　日清修好条規
第五　英清諸締章
第六　清国上流人士の内治外交に関する意見

から成り、以上をもって第二冊を構成する。第二編は明治二十三年六月、同研究所が東京に於いて開催した日清貿易研究会の現品説明筆記を本とし、これに其の際洩らした事物の大要を補足したもので、

第一門　工芸品　　第二門　陸産物
第三門　海産物　　第四門　補欠説明目録　工芸品
第五門　補欠説明目録　陸産物

から成り、以上をもって第三冊を構成する。すなわち第一編は天・地二冊（第一冊・第二冊）、第二編は一冊（第三冊）で本書は合計三冊となる。

清国商業綜覧　　全五冊

根岸　佶編纂
（東亜同文会刊行）
丸善株式会社発行

第一巻　明治三九年一二月五日発行
第二巻　同　右
第三巻　同　右
第四巻　明治四〇年五月七日発行
第五巻　明治四一年五月二五日発行

対清貿易の発展は日露戦争後、わが国にとって最も急を要する問題であったが、清国の商業組織や商慣習は極めて複雑でこれに通暁する者は殆んどなく、又これを解説する良書も殆んどなかった。本書はその欠漏を補い、その要請に対えるものとして当時、東亜同文書院の教授であった根岸佶が編纂したものである。すなわち院長根津一の序文中に、

抑（根岸）学士ハ本院創立以来茲ニ七星霜其情操高潔頭脳明晰ノ資ヲ以テ諸学ヲ教授スルノ間特ニ清国経済実地調査ノ科ヲ担当ス

とあるように、著者は特に清国経済事情の実地調査に従事し、よく該問題の実情に通じていたところから、其の調査の結果を取り

まとめて世に発表したもの即ち本書である。従って本書は、清国の事情に通ぜんとする者、特に清国の内地に入って商業に従事せんとする者にとっては熟読に値する良書であるが、ただこれを現状について縷述するに止まらず、個々の説明に際して其の歴史の梗概をも加えているので、研究者にとっても頗る価値ある文献である。その内容は、

第一巻
　第一編　支那商賈一斑
　第二編　支那商業簿記法一斑
第二巻
　第三編　支那商業地理（上）緒論及水路ノ部
第三巻
　第四編　支那商業地理（下）陸路ノ部
第四巻
　第五編　清国貨幣及銀行
第五巻
　第六編　清国重要商品誌

より成り、ことに第六編第四章　鴉片 Opium は九六頁に及ぶ詳細な記述である。

支那経済全書　全一二冊

自明治四〇年四月三〇日
至明治四一年一一月二八日
東亜同文会編纂発行

本書は清末の複雑な経済事情を部門別に解説したもので、さきに日清貿易研究所が刊行した『清国通商綜覧』の改訂拡大版ともいうべきものである。同文書院初期学生（第一期～第四期）約三〇〇人による現地調査報告の集大成で、その編纂を主宰したのは商務科教授の根岸佶であった。大要次のような項目から成る。

農政、土地の権利移転、労働者、資本家、物価、人民の生活程度、財政、商賈、特許商、買弁、会館と公所、組合規約、家憲、郵便、電信、度量衡、貨幣、銀行、海上保険、商帮、牙行、報関行・滃行及び通関所、招牌、広告、商標、対清貿易、旧関、新関、水運、倉庫業、山西票荘、商政、商品陳列場、商用書式、商用帳簿及び簿記法、鉄道、農業、農産物、油脂、牧畜、畜産品、海産物、林産物、鉱山、一般工業、燐寸、製紙業、精米業、製粉及び製麪、紡績業及び綿糸、綿織物、製糸業、絹織物、陶磁器、出版業、文房具、雑貨

因みに、巻頭にある東亜同文会の緒言には次のようにある。

支那貿易ノ有望ナルハ世人皆之ヲ称ス而モ其成績ノ大ニ見ルヘキモノナキハ何ソヤ他ナシ支那経済事情ノ複雑ニシテ多年

実歴ノ当業者ト雖トモ容易ニ之ヲ知了シ難キニ由ル本会設立在上海東亜同文書院夙ニ茲ニ見ルアリ其真相ヲ条分縷析シ以テ普ク之ヲ世人ニ知ラシメ兼テ在院学生実習検討ノ業ニ資センカ為メ之カ調査ニ従事スルコト六星霜今ヤ其編漸ク成ヲ告クルヲ以テ本会乃チ之ヲ上梓シ聊カ世上対清経営者参考ノ一助トナサントス（中略）該調査ニ従事セル人員ハ総数無慮二百余人其所費ノ時間通計幾百千日其原稿実ニ二万頁以上ノ浩瀚ニ達セリ学生ノ調査ヲ指導シ且ツ其報告書ヲ査覈スルノ担当者ハ教授商学士根岸佶氏ニシテ氏ハ該書院創設以来幾多経済的授業ノ実歴ヲ有シ殊ニ支那経済事情ニ精通シ而シテ本課事業監督ノ如キ其学生ヲ指導スルヤ細心勤苦懇切至ラサルナク其報告書ヲ閲スルヤ日夜淬励取捨詳ヲ極ム故ヲ以テ学生斉シク鋭意奮発熱誠事ニ従ヒ能ク此種空前ノ大編纂ヲ完了スルニ至レリ根岸学士ノ功亦称スルニ余アリ

夫レ本書ヤ世間類例ナキノ方法ヲ以テ亦此類例ナキノ編纂ヲ成スモノ今本会之ヲ出版スルニ方リ特ニ其由来ヲ掲ケテ之ヲ閲覧者諸彦ニ白ス世ノ本書ヲ繙クモノ其数百青衿万里異域脳漿幾斛ノ滴リタルヲ察セラレナハ独リ本会ノ幸ノミナラサルナリ

支那省別全誌

全一八冊

自大正六年四月三〇日
至大正九年九月三〇日
東亜同文会編纂発行

『清国通商綜覧』・『支那経済全書』に次いで刊行された大編纂物で、内容的にも両大著の延長線上にあり、その集大成とも言えるもので、数多い東亜同文会の刊行書の中でもその最も代表的なものである。編纂の基礎資料となったのは、同文書院の学生が明治四十年（第五期生）から大正七年（第十六期生）まで毎年行った中国内地実地調査（大旅行）の報告であり、これに編纂主任（第五巻までは大村欣一、第六巻よりは山崎長吉）以下の各員が多年中国に在って研鑽した所を加えて完成した。

各省ごとに一巻（新疆省は甘粛省に付載）とし、各巻は八編ないし十四編で、通常は十編に分けて叙述している。その編目は各省の特色を反映して必ずしも一様ではないが、だいたい総説、開市場、貿易、都会、交通及び運輸、郵便及び電信、主要物産及び商慣習、工業・鉱業・林業及び畜産、輸移入品、商業機関、金融貨幣及び度量衡などから成っており、直接間接、商業貿易に関するものに重点が置かれている。その出版の趣意については、院長根津一の序文の一節に、

弊院夙ニ焉（国情ノ複雑民物ノ繁錯ナル支那ニ対シ之カ研

鑽ニ資スヘキ良書ノ乏シク、我邦人士ノ支那ノ情偽ニ精通徹底セル者甚タ鮮キコト）ニ慨スルアリ敢テ自ラ揣ラス支那ノ地理気候人情風俗物産ヨリ以テ政治経済教育軍事ニ至リ細大之ヲ討究闡明シ以テ世人ノ対支研究ニ資スルアラント企図シ明治四十年ヨリ起リ茲ニ十星霜毎歳卒業期ニ達セル約百名ノ学生ヲ十数班ニ分チ四月有余ノ日子ヲ費シ如上各項ノ問題ヲ齎ラシテ深ク二十二省及内蒙ノ境域ヲ跋渉シ実地仔細ニ研究セシム其間櫛風沐雨苦心惨怛或ハ数日自炊露宿シ或ハ幾天更ニ飲料ヲ得ザル或ハ革命ノ戦間ヲ彷徨スルアリ或ハ汎濫淹溺ニ遇フアリ或ハ土匪郷棍ノ包囲スル所トナリ或ハ猛苗瘴癘ノ境ニ陥ルカ如キ其危険辛艱到底世人想像シ能ハサル所而シテ貲ヲ投スルコト約二十万金人ヲ用ユルコト一千人其ノ調査報告書今ヤ積リテ無慮二十余万頁ノ多キニ達スルヲ得タリ茲ニ我同文会ニ於テ之ニ就キ一大編纂ヲ籌画シ其粋ヲ取リ要ヲ抜キ以テ支那省別全誌ト名ケ梓ニ上セテ之ヲ世ニ公ニセントシ大村学士其編纂主任タリ抑学士ハ嘗テ我書院教授ノ職ニ在ルコト十年該調査研究ノ課業ヲ担当主管セルノ人学問該博判断正確殊ニ漢籍ノ造詣深ク最モ支那ノ政治民物地理ニ精通ス其著支那政治地理誌ノ如キ現ニ世評ノ嘖々タルヲ見ル今学士ニシテ其心血を注テ殊ニ本書ノ監修ニ従フ宜ナル哉其ノ編纂ノ宜シキヲ得テ綱挙ノ目張リ条理整然周到詳明小大要ヲ悉セルヤ惟フニ此書一タビ出ヅ其世ノ対支研究者ニ於ケル必ズ霧海ノ南針夜途ノ北斗タルヘキヲ疑ハサル也

とある。

新修 支那省別全誌

全九冊
自昭和一六年八月二〇日
至昭和二一年九月二八日
支那省別全誌刊行会編纂
東亜同文会発行

『支那省別全誌』が刊行されてよりほぼ二十年を経過し、その改訂版として本書が刊行された。それは、引き続き年々実施された大旅行の調査報告書が大量に蓄積されたという事情もあるが、とくに支那事変の勃発以来東亜の情勢に多大の変化を来たし、その実情を明らかにする必要が急激に高まったことによる。このため学生の実地調査のほか、各方面の新資料をも加え、当初の計画では全二十二巻、各巻約一、〇〇〇頁、合計二万二、〇〇〇頁を順次、編纂刊行する予定であった。それが四川省の編纂（第一巻・第二巻）から始められているのも重慶政権の存在を強く意識してのことであり、次いで第三巻雲南省、第四巻・第五巻貴州省、第六巻陜西省、第七巻甘粛省・寧夏省、第八巻新疆省と続くが、第八巻は昭和十九年六月の刊行で、やがて時局は終戦を迎え編纂事業は中断されることになる。しかし、そこで全てが終わったので

はない。実は青海省・西康省が第九巻として昭和二十一年九月に刊行されているのである。この間の事情については同巻の後記に次のように見える。

本第九巻青海・西康省は昨廿年春既に印刷を完了せるが、五月末製本工程中に戦火を蒙り全部消失の厄に遭へり、当時その再刊には著しく困難なる状勢にありたるも本誌の使命に鑑み、総務委員会に於てこれを決行することゝなり、幸ひ本会分室に疎開し安全なるを得たる紙型を活用し、印刷所の機能恢復を待ち、更に聯合軍最高司令部の検閲を経て再印刷に著手し、印刷所の好意的努力により漸く出来するに至れり。

そういうわけで、第九巻のみは戦後の混乱期に印刷され、市場に出廻ることも稀で、いわゆる幻の書となっているのである。

その編集長となったのは、第一巻より第三巻までは米内山庸夫で、その編目は総説、交通、都市、産業、経済、（歴史及び名勝）となっているが、第四巻より第九巻までは馬場鍬太郎で、その編目はたいてい自然環境、人文、都市、産業資源、工業及び商業貿易（経済）、財政・金融及び度量衡、交通運輸付郵政・電政・航空、歴史及び名勝・古跡となっている。ただ本書の場合は、『支那省別全誌』が商業貿易に重点を置いていたのとは異なり、時局の要請を踏まえて地形、道路、交通、都市、民族、産業などに重点が置かれている。

満洲通志

全一冊

露国大蔵省編纂
日本 中野二郎 県 文夫 合訳
明治三九年四月九日
東亜同文会発行

日露戦争に勝利した我が国は爾来、満洲の経営を企図したが、それを成功させるためにはまず其の地に関する精確な知識を得ることが第一である。本訳書はその必要から生まれたものであるが、但し実際には訳者がその翻訳に着手すると同時に日露戦争が始まったのであった。本訳書の原本はもと露国大蔵省の刊行に係り、同国が満洲を経営する上の指針となったものである。即ち本書は大蔵大臣ウィッテがその経営のための参考資料として関係の要人に配ったもので、その編纂は同省第三課事務官ボヅドネーフを主任として行われた。その原序には、

本書ハ其資料ヲ欧羅巴及東洋諸種ノ出版物ニ取リ又我大蔵省ノ調査ニ係ハリ未タ世ニ公ニセサル多クノ材料ヲ加ヘタリ

とあるが、今これを訳書によって見ると、その内容は歴史、地理、地質、気候、動植物、住民、行政、都会、殖民地、道路、物産、鉱業、工業、交通、商業、外国貿易、の各項目に及んでおり、その材料は豊富、その記事は詳細、その叙述は正確で、わが国が日露戦後、満洲経営の一助としてこれを刊行した所以を知ることが

できる。

吉林通覧　全一冊

中西　正樹
七里恭三郎　著
明治四二年三月二五日
東亜同文会調査編纂部発行

日露戦争後、満洲の経営はわが国の重要な国策となったが、当時、この満洲に対する研究調査ははなはだ不十分であり、公刊された著書も多くは南満洲に関するもので、北満洲に関するものは殆んどなかった。しかし満洲の富源は南満洲よりはむしろ北満洲に多く、北満洲の宝庫を閑却して満洲の経営を論ずることはできない。本書はその北満洲の宝庫吉林省（面積一八、二五七方里、人口二五〇〇万）の各種事情を実地の調査に基づいて記述したもので、満洲経営の上に一つの参考資料となるものである。その内容は位置及広袤、地形、気候、人口、交通、政治、租税、教育、商業、工業、農業、林業、砿業、の十三章に分かれ、さらにこれに四種の付録を加えている。著者の中西正樹は東亜同文会評議員・冠東通信社社長。七里恭三郎は吉林日本人協会長。

蒙古及蒙古人　全一冊

蒙古文学博士　ポズトネェフ原著
文学博士　故那珂通世校閲
東亜同文会編纂局翻訳
明治四一年六月二三日
東亜同文会発行

東部蒙古　蒙古及蒙古人続編　全一冊

蒙古文学博士　ポズトネェフ原著
文学博士　内藤虎次郎校閲
東亜同文会調査編纂部訳補
大正四年一〇月一〇日
東亜同文会調査編纂部発行

右の二書は露国の名士ポズトネェフの大著『蒙古及蒙古人』を訳述したもので、原著は当時の蒙古研究に関する著作の中で最も有名なものである。著者のポズトネェフは、かつて探検隊の一員として三年間蒙古に滞在した経験を有し、その後また十余年間、聖彼得堡（ペテルブルヒ）大学に在って蒙古語学・蒙古文学の講座を担当し、なお満洲文学教授をも委託せられていたが、一八九二年、同国外務省は蒙古人民の現状を種々の方面より調査することを彼に委嘱し、勅命によってその派遣が決定された。依ってポズトネェフは同年四月七日、妻を携えて聖彼得堡を出発し、シベリヤを経て恰克図（キャクタ）

に至り、同地でイルクツクの商人フェドロフを旅行の手伝人として雇い蒙古に入った。彼が蒙古の視察旅行を了えて聖彼得堡に帰ったのは翌一八九三年十月一日で、前後通算すれば一年有半、約二二、〇〇〇露里の間を跋渉し、これに要した費用は総額八、七九五留（ルーブル）七八哥（コペーク）であった（一留は当時の約一円、一哥は約一〇銭）。又、その旅行の主旨は、蒙古人の生活情態及び社会構造を政治、経済、軍事、法律、宗教、文化、風俗、習慣等々の関係より仔細に調査するに在り、さらに総体としての外国人に対する関係、露国人に対する関係、蒙古に於ける露国貿易の発達の問題にも亘る広汎なものであった。そして、原著者の計画によれば、こうして獲得した種々の調査の結果を七巻に分かち、著者生涯の事業としてこれを逐次出版せんとしたので、右の二書はその第一巻及び第二巻である。すなわち第一巻は一八九二年の旅行日記で、もっぱら北部蒙古（外蒙古＝喀爾喀（カルカ））の事情を記述したもの、第二巻は翌一八九三年の紀行で、蒙古の南部及び南東部（内蒙古）の事情を詳述したものであり、原著者はその自序において、

> 余は前記二巻の書に於て、日々見聞する所の事件を記したり、記する所、人種学より考古学に移り、又転じて司法事件に及び、或は宗教、社会及び個人の情態より経済商工業に関する事情を記し、而して之を記するや、各我が目に触れたる儘にして、記事に順序なく、単に余が視察の順に依れるのみ、但し本書に記する蒙古音の官名職掌其の他は第三巻以下に記する説明に由りて明かなるべし。

と言っている。因みに、訳書の目次によって両書の章名を列記すれば左の通りである。

蒙古及蒙古人

第一章　恰克図より庫倫に至る
第二章　庫　倫
第三章　庫倫より烏里雅蘇台に至る
第四章　烏里雅蘇台
第五章　烏里雅蘇台より科布多に至る
第六章　科布多
第七章　科布多より庫倫に至る
第八章　哲布尊丹巴呼図克図の呼弼勒罕
第九章　庫倫より張家口に至る
第十章　張家口

東部蒙古（蒙古及蒙古人続篇）

第一章　北京より張家口に至る
第二章　張家口より帰化城に至る
第三章　帰化城
第四章　帰化城より張家口経由承徳府に至る
第五章　承徳府（熱河）
第六章　承徳府より多倫諾爾に至る

第七章　多倫諾爾
第八章　多倫諾爾より経棚に至る
第九章　経棚より庫倫に至る
第十章　庫倫より烏里渾哨所に至る
附　東部蒙古一斑

因みに、右第二巻の題名を「東部蒙古」としたのは、その内容が主として内蒙古東南部地方の調査に係り、これに加うるに巻尾に東亜同文会調査編纂部が各般の調査を綜合した『東部蒙古一斑』を増補したからである。

なお、第一巻の翻訳は上田将、第二巻の翻訳は市川寅次郎の尽力による。

山東及膠州湾　全一冊

東亜同文会調査編纂部著
大正三年一二月二三日
博文館発行

一九一四（大正三）年七月、第一次世界大戦が勃発すると、わが国は日英同盟の誼により八月二十三日ドイツに向かって宣戦を布告し、同国の極東における軍事通商の根拠地である山東省の膠州湾を攻撃、十一月七日にこれを占領した。ここに於いて一世の耳目は山東に集まり、これと共にドイツの山東経営及び山東省の諸事情に関する研究も起こったが、本書は時局に際して東亜同文会が収集していた諸種の材料と東亜同文書院の学生が行った実地調査の報告に依拠し、山東省一般の事情は勿論とくにドイツの経営施設を説くに力を用いたことが多い。目次によってその大要を伺うと、

山東省一斑事情　独逸の経営　膠州湾
山東鉄道会社　津浦鉄道　重要都市
重要物産　鉱　山　工　業
金　融　通　信　大運河
基督教伝導（ママ）

となっており、その編集は松本忠雄が主としてこれに当たった。

支那政治地理誌　全二冊

大村欣一（東亜同文会）著
上巻　大正二年一一月一〇日
下巻　大正四年一一月一日
丸善株式会社発行

本書は、明治四〇年東亜同文書院に来任し、中国外交史、通商史の講義を担当した著者が、就任後六年間に集積した旧稿を整理して出版したものである。院長根津一の序文には、

今ヤ一国ノ盛衰存亡世人主トシテ重キヲ財政経済ノ一張一弛

ニ置クノ時本書ノ能ク其山系水脉利沢ノ由ル所ヲ詳ニシ殊ニ力ヲ経済制度ノ闡明ニ致シ而モ彼国情制度更新ノ際其現勢ヲ叙スルニ方リ実ヲ酌リ名ニ眩セス能ク閲者ノ考察ヲ適実ナラシメント務メタルカ如キ以テ其用意ノ深切ナルヲ見ルヘシ

とあるが、その著作があたかも清朝の滅亡、民国成立の時期に当たっていたことは注意すべきであろう。今、目次によってその大要を示せば左の通りである。

上巻

第一章　位置面積及地図　　第二章　版図沿革畧
第三章　山　系　　第四章　水　系
第五章　歴代の中央地方関係　　第六章　歴代の中央官制
第七章　歴代の地方官制　　第八章　清の中央官制
第九章　清の地方官制　　第十章　裁判制度
第十一章　会審制度　　第十二章　自　治
第十三章　財　政　　第十四章　中央各官府所管収支
第十五章　田　賦　　第十六章　塩　課
第十七章　雑税及雑捐　　第十八章　厘金及統捐
第十九章　関　税　　第二十章　共和政府
附図目録

下　巻

第一章　緒　言　　第二章　中央政府の外債
第三章　内国公債　　第四章　民国の新税
第五章　人口及民族　　第六章　度量衡
第七章　貨幣の一　　第八章　貨幣の二
第九章　支那の金融機関　　第十章　支那に於ける外国銀行
第十一章　支那既成鉄道　　第十二章　支那予定鉄道
第十三章　支那に於ける外国所有鉄道　　第十四章　電　信
第十五章　郵　便

附　録

挿図目録地図
挿図目録写真版

最近支那貿易　全一冊

大正五年三月五日

東亜同文会調査編纂部編纂発行

改版支那貿易　全一冊

大正九年一二月五日

東亜同文会調査編纂部編纂発行

日露戦争後、欧米列強は中国に於ける利権の獲得と通商の拡張に鋭意努力したが、わが国の対外政策上より言えば、中国市場は自国の工業製品の輸出地、及び自国に対する原料品・食料品の供

給地として永くこれを保全しなければならないものであった。そして第一次世界大戦は、こうしたわが国の対中貿易の拡大発展に絶好の機会を与えるものであったにも拘わらず、二十一カ条の要求に基づく日貨排斥運動のためにそれができず、また中国に於いてはこの頃諸種の新式工業が各地に興起してわが国の製品と競争を試みるに至った。ここに於いてわが国は、改めて中国貿易の実情を調査検討する必要に迫られ、そうした要請に応える資料として本書は出版されたのである。次に目次によってその内容を伺うと左の通りである。

最近支那貿易

緒　言

前編

第一章　支那貿易ノ大勢

第一節　貨物ノ輸出入

第二節　金銀ノ輸出入

第三節　船舶ノ出入

第四節　列国ノ支那貿易上ニ於ケル地位

第二章　日本支那間ノ貿易

第一節　概　説

第二節　輸出入ノ趨勢

第三節　輸出重要品ノ現在及将来

第四節　輸入重要品ノ現在及将来

後編

第一章　関　税

第一節　海関税

第二節　常関税

第三節　釐金及貨物税

第四節　関係法規

第二章　金融機関

第一節　支那銀行

第二節　外国銀行

第三章　貨　幣

第一節　概　説

第二節　現在ノ通貨

第三節　幣制改革問題

第四章　度量衡

第一節　前清ノ度量衡制

第二節　海関所有ノ権度

第三節　各地慣用ノ度量衡

第四節　民国ノ新制

改版支那貿易

緒　論

対外貿易ノ沿革

貿易市場概観
貿易ノ趨勢
輸入貿易
輸出貿易
・国別貿易額
金銀ノ輸出入
船舶ノ出入
重要輸入品
重要輸出品
関　税

因みに、『最近支那貿易』は東亜同文会調査編纂部が、農商務省嘱託の吉田虎雄に委嘱して編纂したものである。

支那開港場誌

全二冊

第一巻　中部支那　大正一一年一〇月二三日
第二巻　揚子江流域　大正一三年三月二日

東亜同文会調査編纂部編纂発行

本書は中国の各開港場について、地理・沿革・貿易・商工業・商品・交通・内外人の施設経営等を調査したものである。それは中国に於ける外国人の活動が開港場に限られ、又はこれを中心としてのみ行われつつある状勢より見て、対中企業者、及び中国研究者のための参考資料とする目的であった。当初の計画によれば、

第一巻　中部支那　第二巻　揚子江流域
第三巻　南部支那　第四巻　北部支那
第五巻　満　洲　第六巻　辺　疆

の六冊（五十四開港場）とする予定であったが、実際に刊行されたのは第一巻・第二巻のみで、第一巻は上海、蘇州、杭州、寧波、温州の五開港場、第二巻は重慶、万県、宜昌、沙市、長沙、岳州、漢口、九江、蕪湖、南京、鎮江の十一開港場について記述している。

因みに、記述の一例を上海について見ると概説、沿革、面積人口、気候、上海居留地、領事館、租界外上海、関税、通信機関、電気瓦斯水道、鉄道、海運業、電車、上海港、貿易、通貨、金融機関、為替、上海造幣廠、取引所、銀元及地金銀取引、度量衡、学校、天文台図書館博物館、商業会議所、会館公所、工業、倉庫業、物価、労働者、新聞雑誌、在留外国商などの各項目に及んでいる。

支那之工業

全一冊

大正六年二月二五日

東亜同文会調査編纂部編纂発行

本書は東亜同文会調査編纂部が前農商務省嘱託山田修作に委嘱

して編纂したもので、その内容は著者が前後六年間中国に在って実地に見聞した所を基礎とし、これに内外人の信頼し得べき調査報告を参照して記述したものである。その書名は広く支那之工業となっているが、実際に記述する所は工場制企業で器械力を用いるか又は外国品を模擬せる工業に限り、中国固有の旧式工業については何度言及する所がない。その構成を目次によって伺うと、全体は三十九章に分かれ、第一章より第十一章までは総論で、緒論、原料、資本、労働者、動力、税制、洋式工業の沿革、洋式工業保護奨励策、洋式貨物又は機械製品に対する特典、工業組織、合弁事業について解説し、第十二章綿糸紡績より第三十九章各種精選工業までは各論で、各種工業を業種によって分類し解説している。

支那工業綜覧　昭和五年版　全一冊

井坂秀雄著
昭和六年二月一五日再版
東亜同文会調査編纂部発行

さきに東亜同文会が発行した『支那之工業』は、継続して版を重ね四版に及んだが、第一次世界大戦以来中国各般の様相は急激に変化し、工業の分野においてもそれは同様であった。そこで、これに対応するため従来の旧稿を棄却し、別に新しい資料と新しい研究により、改めて編纂発行したものが本書である。今、目次によってその大綱を見ると、

総　論
(甲)　製造工業総説
(乙)　各種製造工業
(丙)　特種工業
国民政府の産業
第一章　緒　論
第二章　支那産業資源概観
第三章　支那産業革命概観
第四章　社会問題
第五章　国民政府の産業政策
第六章　結　論

となっている。

支那ノ外交・財政　全一冊

三枝茂智著
大正一〇年五月八日
東亜同文会調査編纂部発行

清末、民国初期の外交と財政に関する著者の研究論文を一書に収録したもので、その自序には

余ハ大正六年九月膠州湾新占領地守備軍民政部ニ徴官ヲ帯ビ、洛北ノ寓居ヲ出デテ青島ニ渡レリ。
今日ニ至リテ滞支二年有半余自ラ支那ノ諸重要問題ニ関シ、明解スル所アリ、且ツ又公務ノ参考ニ資スル所アラムガ為ニ努メテ政治経済等ニ関スル著述ヲ渉獵シ、一度満洲ニ遊ビ、再ビ北部及中部支那ニ遊ビ、略研究ヲ竭シ、問題ニ通達スルニ及ビテ試ミニ起草シタルモノ即チ本書ニ収ムル所ノ論文十有余篇ナリ。

とあり、目次によってその内容を見ると次の通りである。

政治編（外交編）
　日本ノ対支外交
英国ノ対支政策
米国対支外交ノ基調
租借地論
支那居留地（制度）概論
支那居留地各論
自開商埠地論
支那ニ於ケル列国ノ文化政策
支那ニ於ケル鉱山利権
阿片問題ノ過去ト現在
財政編
　支那財政ノ外国管理
支那貨幣改革問題ノ研究
支那貨幣及物価論
支那ノ国際貸借

欧米人の支那観

全一冊

大正七年九月二〇日

東亜同文会調査編纂部編纂発行

日本人は日本人として中国問題を見、欧米人は欧米人として中国問題を見る。各その立場が異なるに従って見解も異なるので、中国問題に心を傾けるものは、自分の立場より見る以外に、他人の立場より見た中国問題にも留意する必要がある。こうした観点から過去数年間、外国の有力な新聞雑誌その他識者の中国問題に関する論説記事を収集し、その主要なものを選んで問題別に分類し出版したのが本書で、書名はむしろ「欧米人の見たる支那問題」とするのが相当の所であるが、便宜、表題のように命名されたのである。収録の記事は東亜同文会の調査編纂部において訳出したものが多いが、このほかに大蔵省・外務省等で翻訳し、広く世上に頒布せられていないものの幾分をも含んでいる。その選択配列等はもっぱら松本忠雄が担当した。今、目次によってこれを見ると下記の一七項目で、論説記事の総数は一三八例に及んでいる。

支那と列強の関係　（一二例）
支那の門戸開放　（四例）
支那と欧洲大戦　（四例）
日支両国の関係　（五例）
米国の対支方針　（一三例）
英国の対支策　（六例）
支那と露国　（八例）
日露協約　（六例）
大正四年日支交渉　（二三例）
膠州湾攻陥　（八例）
支那の政治問題　（八例）
支那の革命　（一二例）
満洲問題　（七例）
西蔵問題　（七例）
蒙古問題　（六例）
借款問題　（四例）
鉄道利権問題　（五例）

東亜先覚 荒尾　精

全一冊
小山一郎編著
昭和一三年一〇月二五日
東亜同文会発行

本書は日清貿易研究所を創設しその所長となった荒尾精の伝記で、編著者の自序には

身を草莽より起し、西欧謳歌の時代に際し、独り敢然として時流に抗し、衆に先んじて興亜を叫び、皇道の世界宣布を唱へ、その三拾有八の一生涯を通じて、苦心惨憺、東方振興の大業に従事せられたる先生の如きは、実に東亜第一の先覚である。

一度南台に航して瘴疫にかゝり、志業遂に伸ぶるを得ず、不幸中道にして逝去せられたるとは言へ、その抱懐せられたる日支提携の大抱負は、直ちに以て現在の大陸経営の指導精神たり得べく、その興亜の大理想は、移して以て今日の吾が国民精神たらしめ得るものである。

とある。その内容は

一、荒尾精先生伝
二、先生の人物評
三、先生の理想

の三項目より成り、一が中心で、このほか附録として諸名士回顧

談を加える。

支那之実相

全一冊
大村欣一著
昭和四年四月二〇日
東亜同文会調査編纂部発行

本書は前東亜同文書院教授故大村欣一の遺稿で、先任教授根岸佶の序文には

大村君の書院に教鞭を執るや、凡そ地理歴史より制度文物に至るまで、苟も支那に関する事項は悉く君の指導を待つに至れり。……君又課業の余暇汎く新聞雑誌に投書し、時事を論じ、学芸を説く、間々僻する所なきに非ざるも、因て以て世人の啓発に資する所も亦尠少に非らず。……是に於て同志と相謀り、遺文を蒐集し之を梓に上せ以て追慕の忱を表し、併せて此の益を世に頒たんと欲す。

とある。自著『支那政治地理誌』の序文のほか、内外の新聞雑誌に寄稿した論文合計二十一篇を収め、その内容は政治、外交、経済、教育、歴史の各分野に及ぶ。

支那論

全一冊
井上雅二著
昭和五年三月五日
東亜同文会発行

著者は明治二十九年の秋、政治経済の学を修めるために早稲田専門学校英語政治科に入学したが、三十一年の夏期休暇には上海より南京に遊び、長江を遡って漢口に至り、転じて山東より華北に入り、北京にて康有為の政変を目撃し、十月朝鮮をへて帰朝、その翌三十二年六月に卒業論文として起草したのが本書『支那論』である。本書は第一編内部の情勢、第二編外勢の圧迫、第三編我邦の対支那策より成り、中国の前途を案じ、革命の必ず起こるべきを予言すると共に、ロシアをもって中国侵略の最大有力なる相手方とし、英米と協調してこれに対抗するの必要を力説した。その後三十年余をへて著書は、実業之日本社より「二十歳前後に抱きたる希望」と題し所見を徴せられたが、二十歳前後の希望といえばアジアを興すの希望に燃えていたことであって、本書こそはそれを示す二十二歳の処女作である。そこで、内外の形勢は既に一変しているが、日清戦争後の東方の状勢を知る一材料となることは出来るかも知れないし、明治青年の見た中国問題、興亜の希望、これを文章化した支那論を世に問うのも元気振作のうえに多少の補いがあるかと考えてこれを梓に付したものである。

支那及満洲の通貨と幣制改革　全一冊

根岸佶
越智元治共著
昭和一二年七月二〇日
東亜同文会発行

著者越智元治は東京商科大学において根岸佶の指導の下に中国の経済を調査し、とくに貨幣問題について精深な研究を行った。本書はその努力の結晶で、便宜、目次によって内容を概観すると左の通りである。

第一編　総論
第一章　緒論
第二章　近代的貨幣法規
第三章　造幣制度
第二編　各論
第四章　貨物貨幣
第五章　銅通貨
第六章　銅通貨（続）
第七章　黄金の貨幣的流通史
第八章　現代に於ける黄金の流通
第九章　金塊取引
第十章　銀通貨総説
第十一章　秤量銀通貨
第十二章　新式銀通貨
第十三章　廃両改元問題
第十四章　紙幣
第十五章　振替通貨
第三編　支那及び満洲の幣制改革
第十六章　銀と支那幣制改革
第十七章　支那幣制改革論沿革
第十八章　管理通貨制度
第十九章　満洲国の幣制改革
（付録）参考文献

本書成立の契機となったのは国民政府の通貨改革である。一九二八（民国一七、昭和三）年南京に成立した国民政府は、辛亥革命以来、初めて本格的に全国統一を志向した政権で、貨幣金融の中央統制にもつとめ、三三（民国二二、昭和八）年四月には廃両改元（公私一切の取引にもっぱら銀元＝銀質円形貨幣を使用せしめ、銀両＝銀塊、馬蹄銀の使用を禁ずる）を断行したが、これは秤量貨幣から本位貨幣（ただし銀本位）への画期的前進であった。次いで三五（民国二四、昭和一〇）年十一月にはまた中央・中国・交通の政府系三銀行の発行する銀行券のみを法幣（法貨）とし、現銀の行使をも禁止する紙幣本位制（銀を離れて不換紙幣となる）を確立したが、これがいわゆる幣制改革で、中国は金本位制をへずに近代的な管理通貨に飛躍的な移行を遂げたのである。一方、中国から独立した満洲国においては、これよりさき既に管理通貨が実施されていた。東亜同文会が右両国の通貨に関する一書を刊行したのは、要するにこの一連の通貨改革が動機となったのである。

新支那事情普及叢書第五輯
上海租界問題と其の対策

全一冊
植田捷雄著
昭和一四年四月
東亜同文会業務部発行

本叢書は、支那事変を契機として隣邦中国の情勢が急速に変化しつつあるに鑑み、この新現象を正確に紹介するため、各種の時事問題を取り上げて解説論評し、一般の要望に添うこととしたもので、各冊四六判二〇余頁~五〇余頁、発行の確認されているものは第一輯（昭和一三・一二）より第十四輯（昭和一五・八）までである。

改訂増補
欧米の対支経済侵略史

全一冊
井村薫雄著
昭和一九年五月二〇日
山根書房発行
（初版は東亜同文会業務部発行）

本書巻頭の自序によれば、著者は、支那事変の闘争目標は東亜全民族の生存と繁栄とを永遠に保証する東亜新秩序の確立に在り、それは世界経済の変革によって規定される、とし次のように言う。

> 世界に普遍化した、資本主義的自由主義的経済機構は、金の所有関係を基底として構築され、その国際関係は、また此の金の所有関係を通して、支配するか、支配されるかであり、それは同時に、厳粛にして真剣なる現実である。
>
> 過去一世紀以上に及ぶ、英米の東亜に対する長き侵略の歴史は、またそれ故に、此の金の所有関係による重圧と収奪との記録である。今次支那事変が、今日見る如き、広さと深さとを有するに至つたのは、金の所有関係による英米の重圧から、東亜の内部的相剋、摩擦が生じ、盲目蒋政権の抗日を動機として爆発し、それが更に、外部的圧迫の排除に発展したことによるものである。

と。そして日本の担う歴史的使命は、過去百年の長きに亘って中国を蝕み来たった国際金融資本の排除である、としここに既往の

列国対支投資の諸工作を見極めて本書を上梓したのである。その内容は

第一章　列国競争の標的鉄道投資
第二章　外国船舶の優勢を誇る航業投資
第三章　利権回収熱を唆る近代工業の移植
第四章　欧米依存に狂ふ南京政府の経済建設
第五章　欧米の対支投資を誘ふ中枢機関の創設
第六章　技術合作に名を藉る国際聯盟の対支援助
第七章　支那事変を繞る欧米の新たなる攻勢と援蒋借款

で、増補として

大東亜戦争と新秩序中国の建設

を加えている。

改訂増補 最近支那共産党史　全一冊

中保与作著
昭和一九年六月一五日改訂増補
（初版は昭和一五年二月一五日発行）
東亜同文会発行

昭和初期、中国共産党に対する研究文献で世に公刊されたものは甚だ少なく、非公刊で毎年外務省から出ていたものも「一九三八年＝昭和十三年度」版からは出ていない。本書はその穴を埋める意味で起稿されたもので、ことに支那事変勃発以来、飛躍的に発展した共産党の実体を究め、その全貌を有るがままに示し、共産党が何をなし、何をなさんとするかを知らしめようとした。目次によってその大要を示せば、

第一部　赤色帝国主義の進路
第二部　コミンテルンと支那共産党
第三部　最近支那共産党小史
第四部　支那共産党・政・軍

で、第四部は支那共産党・共産政府・共産軍の本質・機構、及び政策・工作を挙げて、これ等のものに対する認識を深めようとしている。著者は東日編輯局参事。初版は昭和十五年二月十五日の発行であるが、改訂増補版によったのは、これによらなければ得られない阿片記事があるからである。

現代支那人名鑑　全一冊

外務省情報部編纂
大正一四年三月一〇日
東亜同文会調査編纂部発行

本書は大正五年外務省編纂の『現代支那人名鑑』を基礎とし、新たに在中国各公館の報告及び中国政府発行の職員録、その他の資料によりこれを訂正増補したものである。収録した人物は主と

して当代の中国政界に関係あるもの（既に物故したが尚当時の政局と関係を有するものを含む）であるが、このほか各界の名士有力者にも及び総数約五、〇〇〇名で、それぞれその貫籍、雅号、学歴、経歴、その他の特殊事項を網羅して記述している。

改訂 現代支那人名鑑（昭和三年版）　全一冊

外務省情報部編纂
昭和三年一〇月一五日
東亜同文会調査編纂部発行

東亜同文会は前掲のごとく、大正十四年に外務省情報部編纂『現代支那人名鑑』を刊行したが、その後両三年来、国民革命軍の台頭によって中国の政局は急激に変化し政、学、軍、商各界に馳駆する登場人物も殆んど一新せられた。そこで新人材を追加し新時代に適応するため、新たに在中国各公館の報告その他の資料により旧版を大幅に訂正増補したのが本書で、登載人物の総数は約一万余名（前回の倍人数）に及んでいる。因みに、本書は当代の中国政界に関係ある人物を主としたが、既に物故せる者もなお当時の政局と関係を有するものはこれを収録した。

現代中華民国満洲国人名鑑（昭和七年版）　全一冊

外務省情報部編纂
昭和七年一二月二二日
東亜同文会調査編纂部発行

本書は、当時の中華民国及び満洲国の代表的人物約二、五〇〇名につきその氏名、字（とくに著名なる号或いは外国式呼称を有する者はこれを加う）、出身地、生年、現住地、現職及び系統、経歴の大要を記したもので、故人及び現に隠退せる者も著名な者はこれを採録している。採録の標準はだいたい官吏にあっては中央政府の各部司長以上、軍人にあっては師長及び独立旅長級以上であるが、経歴不詳のために割愛したものも間々ある。本書は主として在華、満各公館及び本省において収集した資料、並びに本書の旧版に拠り編纂したが、なお“Who's who in China: Fourth Edition” (Published by the China Weekly Review, Shanghai, 1931)、『当代中国名人録』（一九三一年、上海良友図書印刷公司版）、『東北人物誌』（一九三一年、大連満洲報社版）等をも参考した。

現代中華民国満洲帝国人名鑑（昭和十二年版）

全一冊
外務省情報部編纂
昭和一二年一〇月二五日
東亜同文会業務部発行

本書は、当時の中華民国及び満洲帝国の代表的人物約六、〇〇〇余名につき、その姓名、字（とくに著名なる号或いは外国式呼称を有する者はこれを加う）、出身地、生年、学歴、閲歴を叙述し、故人及び現に隠退せる者も著名な者はこれを採録している。ことに従来やや不備であった各界の新進人材、なかんずく文化人たる著名の学者、評論家、文学者、俳優、映画人等をほとんど漏れなく採択したことは本版の一特徴である。本書は主として在華、満各公館及び本省において収集した資料、並びに本書の旧版に拠り編纂したが、なお“Who's who in China”、『当代中国名人録』、『中日実業家興信録』、『大満洲帝国名鑑』等をも参照した。

中華民国実業名鑑

全一冊
天海謙三郎編纂
昭和九年一一月二九日
東亜同文会研究編纂部発行

本書は、当時の中華民国における金融業、保険業、取引所及倉庫業、交通運輸業、商業、紡染織工業、化学工業、機械工業、電気工業、其他工業、鉱業、農林・水産・畜産業、雑業の各部門に亘り、中外の会社及び個人企業（日本人を除く）六、二〇〇余を選んで、その名称、設立年月日並びに沿革、営業種目、出資の状態、本支店出張所及び代理店の所在地、重役幹部の氏名、事業の盛衰、最近の考課表など、凡そその業績を考えるに足るべき事項を細大洩らさず記載した中国実業家の信用録である。

対支回顧録

全二冊
昭和一一年四月一八日
東亜同文会内
対支功労者伝記編纂会編纂発行

続対支回顧録

全二冊
東亜同文会内
対支功労者伝記編纂会編纂
上巻　昭和一七年四月二五日
下巻　昭和一六年一二月二〇日
大日本教化図書株式会社発行

昭和九年春、東亜同文会内に対支功労者伝記編纂会が設けられ、中島真雄がその統督と監修に任じ、爾来約二カ年にして成ったものが前著『対支回顧録』である。本書は上下二巻に分かれ、上巻を重要記事とし、下巻を列伝とする。すなわち上巻は、明治四年日本が清国と日清修好条規を交換した時より、昭和六年満洲事変の勃発に至るまでに、日中間に生じた幾多の重要事件を記載し、東亜の趨勢を明らかにしたものであり、下巻は、この間に身命を擲ち艱難に処して、国運の発展国力の培養に尽くした対支功労者の事績を収録したものである。後著『続対支回顧録』はその名のごとく『対支回顧録』の続篇で、正篇がその重要記事においては満洲事変の勃発に筆を止め、いまだ同事変の詳細にまでは及ばなかったことから、これを叙述すると共に、その後支那事変に至るまでの梗概を録したもの、また列伝においては前著の遺漏を補うと共に、新たに生存功労者の伝を立てて、生きた史料に拠り前伝の補正に資せんとしたものである。因みに、続篇は昭和十二年に業を起こしてより六年の歳月を閲して成ったもの、また同文書院の出身者に係る伝記は、一切これを省略して別に同文書院史に譲ることとした。

支那研究（東亜研究）

合計　七二冊
東亜同文書院支那研究部発行
大正九年八月～昭和一九年一〇月

大正七年十月、同文書院はその生命とする中国研究をさらに一層積極的、組織的に行うため、教授・助教授・講師を部員とする支那研究部を開設し、研究資料の収集・整理・保存、並びに部員の研究を発表するための雑誌・書籍の刊行をもってその主要な事業とした。『支那研究』はそのための雑誌で、大正九年八月二十日に創刊号を発行し、昭和十九年十月十五日に第七〇号を発行して終刊した。但しこの間、昭和十五年五月、十六年三月、十七年五月には臨時号を出し、一方、昭和十八年八月の第六十六号・六十七号は合併号であったので、その発行総数は合計七二冊となる。因みに、昭和十七年から「支那研究部」は「東亜研究部」と改称され、『支那研究』は『東亜研究』と改題された（同年七月発行の第六十三号より）。本誌でとくに注目されるのは、第十四号（昭和二年七月発行）より、中国の主要雑誌新聞の主要記事を分類整理して「主要中国雑誌新聞記事索引」を作成し、これを毎号の巻末に掲載したことである。但し、第五十七号（昭和十六年一月発行）よりそれは「東亜関係文献目録」と改称された。

清国商業慣習及金融事情

全一冊
根岸　佶等編
明治三七年六月
東亜同文書院

本書成立の事情については、東亜同文書院の初期の調査旅行（のち書院の伝統行事となり大旅行と称された）を指導した商務科教授根岸佶の左記懐古談によってこれを知ることができる。

また院長の立案により毎年蘇州・杭州・漢口・北京・天津を限り修学旅行をしたので、一学級を数班に分け、毎班に特殊の研究題目を課し、まず上海で調査能力を養はしめ、次いで前記の修学旅行の際、実地調査をなし、卒業報告書を作らしめた。試みに諸報告書中秀逸であつた神津・大原両班の提出にかかる『清国商業慣習及金融事情』を出版し、これを有志に頒布したところ、好評を得たので大いに意を強うし、諸報告を編次して十二冊となし、これを『支那経済全書』と題し世に公にした。

右にいう神津・大原は共に書院の第一期生（明治三四年八月入学、同三七年六月卒業）であり、本書は同文書院の調査旅行の最初の成果である。そして、それは同様の企画に成る大著『支那経済全書』の先声を成すものであった。内容は概略左の通りである。

第一巻　清国商業慣習

阪東末三
内藤熊喜
神津助太郎　報告
御園生深造

第一編　総　説
第二編　上海ノ部
第三編　漢口ノ部

第二巻　金融事情

大原　信
片山精一
玉林従純　報告
高橋茂太郎
佐藤恒三

第一編　上海金融事情
第二編　南市金融事情
第三編　漢口之部

支那経済地理誌 交通全編

全二冊
馬場鍬太郎著
大正一一年九月二日初版
大正一四年一二月二五日（訂正増補）五版
東亜同文書院内
禹域学会発行

支那経済地理誌 制度全編

全一冊
馬場鍬太郎著
昭和三年一月一二日初版
昭和八年四月一日四版
東亜同文書院内
禹域学会発行

著者は大正五年東亜同文書院に職を奉じてより、支那経済地理、支那商品学及び支那経済研究等の諸学科を担当したが、その間『支那経済地理誌』の完成を企図し、大正十一年九月まずその第一輯として「交通全編」を、ついで昭和三年一月第二輯として「制度全編」を刊行した。けだし交通は一国経済の大勢を研究する基礎であり、さらに産業貿易の研究にはその国諸般の制度を究明することが先務であると考えたからである。その編纂に当たっては広く内外先学の著書、及び各種機関の調査報告を渉獵すると共に、書院の学生並びに著者自身が親しく中国内地を旅行し調査研究した所を併せて発表した。今、目次によってその内容を概観すると次の通りである。

交通全編目次

第一冊

緒　論

第一編　支那経済の基礎条件
第一章　位置疆域及広袤
第二章　人　口
第三章　山　系
第四章　水　系
第五章　高原及平野
第六章　海岸及島嶼
第七章　気　候

第二編　水　運
第一章　総　説
第二章　水運各論

増補編目次

緒　論

第一編　支那経済の基礎条件
一、在支外国人数
二、高原及平野
三、気　候

第二編　水　運

一、支那河川改修事業の現況
二、支那気船業の現況
三、水運各論

第二冊

第三編　鉄　道
第一章　支那鉄道之沿革
第二章　支那鉄道布設契約及借款契約に対する条件
第三章　列国の在支利権獲得機関
第四章　支那鉄道制度
第五章　支那既設国有鉄道
第六章　民営既成鉄道
第七章　国際鉄道
第八章　支那予定鉄道
第九章　支那鉄道借款契約要項
第四編　鉄道以外の陸上交通 付航空事業
第一章　支那各地電車
第二章　陸路交通
第三章　支那航空事業
第五編　支那郵政 付電政
第一章　支那郵政の沿革
第二章　支那現時の郵政組織
第三章　郵　路
第四章　郵便事務
第五章　財政及営業状況
第六章　国際郵便
第七章　電　政

増補編目次

第三編　鉄　道
第四編　鉄道以外の陸上交通
第五編　支那郵政付電政

制度全編目次

第一編　行　政
第一章　緒　論
第二章　清の中央官制
第三章　清の地方官制
第四章　官吏任用及分限に関する官規
第五章　地方自治制度
第六章　清国行政法の淵源並に支那現行法の範囲及其形式
第七章　民国の中央行政制度
第八章　民国の地方行政制度
第九章　中華民国国民政府
第二編　重要制度各論
第一章　支那司法制度

第二章　支那会審制度
第三章　支那警察制度
第四章　支那の軍制
第五章　支那教育制度
第六章　支那宗教制度
第七章　支那の種族
第三編　支那財政及特種商業制度
第一章　支那財政制度
第二章　支那企業組織
第三章　支那特種商事行政機関
第四章　支那特種商業機関
第五章　支那特種金融制度
第六章　支那度量衡制度
第七章　支那貨幣制度

支那重要商品誌　全一冊

馬場鍬太郎著
大正一三年七月三〇日初版
昭和三年五月三〇日（訂正増補）四版
東亜同文書院内
禹域学会発行

著者はさきに禹域学会叢書第二編として『支那の綿業付各種商品概説』を刊行したが、その後これを二つに分け本書を第三編として訂正刊行し、その第四版においてはさらに「最近貿易」の一編を増加すると共に、各論に亘って再び増補訂正を施した。今、目次によってその大概を見ると次の通りである。

第一　繊維及繊維製品　（一七項目）
第二　農林産品　（七六項目）
第三　鉱産品　（二二項目）
第四　水産品　（七項目）
第五　製作工芸品　（二〇項目）
第六　畜産品其他　（二一項目）
第七　最近貿易
　一、繊維及繊維製品
　二、農林産品
　三、鉱産品
　四、水産品
　五、製作工芸品
　六、畜産品其他

新支那の断面

全一冊
清水董三著
昭和四年七月一〇日
東亜同文書院内
禹域学会発行

本書は著者が東亜同文書院を離任するに際し、在職中（大正八年～昭和四年、中国語担当）、新聞雑誌に寄稿した支那論を一冊に纏めて知友に頒ったもので、文学（二篇）、思想（三篇）、家庭（二篇）、社会（五篇）、政治（一四篇）の計二六篇よりなる。

支那経済記事解説

（付）金融商業用語

全一冊
彭盛木訳補
昭和九年五月三〇日初版
昭和一〇年八月一日改訂再版
東亜同文書院支那研究部発行

本書は当時、中国金融界の権威であった楊蔭溥（上海浙江興業銀行総務部長）の編著『経済新聞読法』（前編　金融市況、後編　商品市場）を日訳し、これにその後の推移に基づき、若干の添削を加えたものである。記事の取材は概ね上海を中心としているが、上海は中国の金融商業の中枢であるから、これを知れば自ずから中国全土の概況を知ることができる。よってこれを『支那経済記事解説』と名づけた。本書中、難解のところには括弧内に簡単な注釈を加えているが、更にその詳細な説明及び一般慣用語の解釈は、巻尾に付した「支那金融商業用語」の部分に於いてこれを行っている。

支那経済の地理的背景

全一冊
馬場鍬太郎著
昭和一一年六月一日
東亜同文書院支那研究部発行

経済地理学は自然界と人類の経済的活動との関係を研究する学問であるが、ことに中国のようにその地域が広大でその地勢が複雑であり、各地気候、風土、習俗を異にし、且つ交通も不便なことなど、地理的要因によって極度に地方的特異性が顕われている国においては、その地理を研究することが緊要である。著者が本書を上梓した目的はそこに在り、要するに中国を見るには、必ずや自然の環境と人間活動とが互いに密接不離の関係にあることを看取せねばならぬ、としたのである。その内容は

第一章　緒論
第二章　支那大陸の広袤及構成

第三章　支那本土の地理的区分
第四章　支那の地理的経済諸相（一）
第五章　支那の地理的経済諸相（二）——天然資源

の五章より成り、その地理的区分はジョージ・バブコック・クレッシーの『支那の地理的基礎』(George Babcock Cressey: China's Geographic Foundations—A Survey of the Land and Its People）に負う所が多い。

支那水運論付満洲国水運　全一冊

馬場鍬太郎著
昭和一一年一二月一五日
東亜同文書院支那研究部発行

前著『支那経済の地理的背景』が中国経済地理の総論とも称すべきものであったのに対し、本書はその各論の一部とも言うべきもので、とくに満洲国水運を付したのは読者の研究に資せんがためである。次に目次によってその大綱を掲げる。

第一章　総　論
第一節　南船北馬
第二節　支那に於ける河川湖沼の価値
第三節　支那水運の地位
第二章　支那河川改修問題
第一節　水利行政
第二節　支那河川改修事業の現況
第三章　汽船会社の水陸設備及貨客吸集機関
第四章　水運各論
第一節　灤河の水運
第二節　白河本支流の水運
第三節　西河の水運
第四節　南運河及衛河の水運
第五節　黄河の水運
第六節　小清河の水運
第七節　淮河本支流の水運
第八節　大運河の水運
第九節　塩運河及灌河の水運
第十節　揚子江本支流の水運
第十一節　洞庭湖水系の水運
第十二節　裡河及両湖運河の水運
第十三節　鄱陽湖水系の水運
第十四節　浙江の水運
第十五節　寧波、西興間運河
第十六節　甬江の水運
第十七節　椒江の水運
第十八節　甌江の水運

第十九節　閩江本支流の水運
第二十節　晋江の水運
第二十一節　長渓の水運
第二十二節　漳江の水運
第二十三節　韓江本支流の水運
第二十四節　粤江の水運
第二十五節　紅河の水運
付、満洲国水運
第一章　満洲河川総論
第一節　満洲の河川系
第二節　満洲河川の特質
第二章　満洲国に於ける河川改修問題
第一節　水利行政
第二節　航業公会
第三節　満洲に於ける河川改修事業の現況
第三章　水運各論
第一節　黒龍江本支流の水運
第二節　鴨緑江本支流の水運
第三節　図們江の水運
第四節　遼河本支流の水運
第五節　大凌河及小凌河の水運
付　図

中国物産ニ関スル資料目録　第一編

全一冊
中馬靖友編
昭和一一年九月三〇日
東亜同文書院物産館発行
（非売品）

本目録は、東亜同文書院物産館研究室が中国の物産及びこれと関連の深い事項について記した雑誌記事を捜索し、これにより作成した資料カードに基づき、その重要な部分を抜萃して編集したものである。但し、収録した資料は、民国十五年一月より民国二十五年三月に至る期間に発表されたものに限る。

現代支那講座

全六冊
自昭和一四年四月五日
至昭和一四年九月一〇日
東亜同文書院支那研究部編輯発行

本講座は、書院研究部のスタッフが現代中国の真相を平易且つ明確に解説し、万人の書とすることを目的に刊行したもので、その内容と執筆者は左記の通りである。

第一講
地理篇（支那地理概説）　上田信三

交通篇（支那交通概説）　馬場鍬太郎
歴史篇（現代支那史）　小竹文夫
第二講
政治篇（現代支那の政治）　春宮千鉄
法制篇（中華民国基本法）　春宮千鉄
同　篇（中華民国刑事法）　松井利明
同　篇（中華民国民事法）　成宮嘉造
同　篇（司法制度）　成宮嘉造
外交篇　重光　蔵
第三講
財政篇（支那財政概説）　太田英一
金融篇（支那の貨幣金融）　宮下忠雄
第四講
産業篇(一)（現代支那経済序説）　穂積文雄
同　篇（支那の農業）　久重福三郎
同　篇（畜産業・漁業・林業）　上田信三
同　篇（支那の鉱業）　久重福三郎
第五講
産業篇(二)（工業）　戸田義郎
同　篇（支那商業機構概説）　久保田正三
貿易篇（支那対外貿易概説）　内田直作
第六講
社会文化篇（教育）　福田勝蔵
同　篇（現代支那社会一面観）　野崎駿平
同　篇（支那民間四季の行事と習俗）　影山　巍
同　篇（現代支那文学）　鈴木択郎
同　篇（言語）　坂本一郎
同　篇（現代支那思想）　熊野正平
同　篇（支那宗教概観）　林　哲夫

北支大饑饉調査報告書　全一冊

東亜同文書院編
刊行年次不明

本書は表紙に「北支大饑饉調査報告書／東亜同文書院」とある三四〇頁の仮綴本であるが、奥付もなく、序文もなく、冒頭直ちに「調査要目」を掲げる。また文中にも「本年」「明年」などとあるのみでその年次も明らかでないが、「民国六年ヨリ引続キ三年間収穫ナク、加フルニ本年六月初疫病発生ス……」とか、「直隷山東河南ノ三省ニ亘ル今回ノ大饑饉ハ実ニ百六十県ニ及ビ……」とかの記事があり、また或る所には大正八年、大正九年の統計を挙げている点などから考えて、これは民国九（一九二〇、大正九）年に発生した華北地域の大饑饉であることが知られる。その調査は第一班（甲・乙・丙・丁・戊・己・庚）、第二班（甲・

乙）、第三班、第四班、第五班（甲・乙・丙・丁・戊）の計五班十六隊を編成し、各々指定された調査項目を分担して行われたものである。

浙江司法状況視察報告

全一冊

飛石初次著

昭和一八年一〇月六日

東亜同文書院大学東亜研究部発行

著者は昭和十四年冬、東亜同文書院大学に赴任以来、もっぱら中国の司法制度ことに刑事制度の研究に携わってきた。そして、その研究の特色とする所は、単に条文解釈による形式的研究に止まらず、むしろ実態を中心として中国の刑事裁判が事実いかに運用せられるかを知ろうとするにあった。本書はこうした観点から、著者が戦時下の昭和十七年九月下旬、約十日間に亘って行った浙江省方面（主として嘉善、嘉興、杭州をつなぐ海杭沿線の限定せられた地帯）の司法状況視察旅行の報告であり、きわめて薄手の仮綴本である。その内容は

一、浙江省の一般的地位

二、事変前における司法状況

三、事変後における裁判機関整備状況

四、監獄および看守所

五、結　論

より成り、四に重点が置かれている。

東亜同文書院 支那調査報告書

合計　約四二〇冊

愛知大学図書館所蔵

東亜同文書院には特色ある一つの学内制度があった。それは、学生が最終学年（大学では学部2年）を迎えると、その年の夏休みを返上し、中国政府の執照（許可証）を携えて通常二カ月から三カ月、時にはほとんど半年にも亘って中国の内地を中心に調査旅行――大旅行と称した――を行い、その成果を「調査報告書」として書院に提出するというもので、これは事実上の卒業論文であった。この制度は明治四〇年、第五期生の修学調査大旅行より定例化したもので、当時、商務科教授であった根岸佶が、開校当初から試みられた先例を参考に立案し、以後、同書院の伝統行事となったものである。

その頃の中国は清末から民国の時代で、政権の交替、軍閥の割拠により、国内は政治的にも社会的にも不安定な状況下にあり、また今日に比べるとはるかに劣悪な交通条件の中にあったが、彼等は若き日のエネルギーを駆って勇躍途につき、汽車、汽船、馬車、自動車、轎子、民船、等々を利用しつつも、主に徒歩――陸行と称した――によって所期の目的を完遂した。それは毎年七〇

名ばかりの学生（のちには一〇〇名余に増加）が数名ずつ班を分かちコースを定めて行うもので、その踏査したコースの総数は前後通算して六〇〇を越え、その足跡は中国内地のみならず、遠く満蒙、青海、東南アジア（仏領印度支那・暹羅・緬甸・英領馬来・蘭領東印度・比律賓・台湾）の地域にまで及んでいる。尤もそれは日中戦争の拡大とともに次第に不如意となったが、それでも終戦の前年（昭和一九年、第四四期生）まで続けられた。

こうして行われた調査旅行の成果である「調査報告書」は、現在、愛知大学の図書館に保存されているが、それは同大学が終戦の翌昭和二一年、上海より引き揚げてきた書院の教職員・学生を中心として新たに発足したというその開学の経緯に由来するもので、現に架蔵されているのは調査開始当初からのものではなく、大正五年度（第十三期生）より昭和一〇年度（第三十二期生）にいたる各年度の手書き稿本、和綴じ合計約四二〇冊である。それはきわめて薄手の「東亜同文会用紙」（朱罫毎半葉一二行）にカーボン紙をあてて数部作成されたものの一部で、東京に本部のあった東亜同文会の旧蔵本である（因みに数部の寄贈先は、参謀本部、外務省、農商務省といわれるが、今その所在は明らかでない）。

さて、その「調査報告書」の内容であるが、調査旅行では予め調査項目と調査要領が指示されていた。それは各年度、各コースによって異なるが、今これを総合していえば、地理、都会、交通、運輸、物産、商業、金融など経済に関するものが大半を占め、これに比すれば政治、軍事、社会、文化などに関するものはさほど多くない。そして、その調査は旅行中の観察と資料の収集であるが、一口に言ってそれは中々困難なものであった。何分、知識・経験の乏しい学生のことであり、それに第一、連日の強行軍による肉体的疲労がある。一日の行程を汗にまみれ重い脚を引き摺ってようやく目的地に到着した時、早速調査に当たる余力などあるものでない。それに滞在の日数も少ない。それでも地理調査のために地図や巻尺を持って街中に出掛けて行く者もあれば、宿屋の掌櫃的に向かって話を聞く者もある。しかしその多くは、公使館、領事館、県署・警察などの官庁、学校、商店、銀行、会社、商会、農会、商工会議所、在留邦人、先輩、等々を訪問して各種資料の提供を求めるのである。そして、それを書き写すこともあれば出来上った印刷物を貰って帰ることもある。しかし、にべもなく門前払いとなるケースも決して少なくなかった。帰学後、書院に提出する「調査報告書」なるものは、こうして得られた観察や資料のほかに、さらに既刊の各種文献を参照しながら、比較的短期間の中に作成された一種の卒業論文である。

そして、その記述の多岐にわたり、また詳細なことは、大いに称賛すべき所であるが、ただこの報告書は実質上、未完成の稿本とも言うべきもので、その中には誤字や誤記、誤脱、文脈の不整頓、記事の重複などがあるほか、とくにその記事の出所が明示されていないことが多く、その取り扱いには十分な注意が必要である。

因みに、本書中に見える阿片関係記事については、後日別途にこれを刊行する予定である。

東亜同文書院大学 東亜調査報告書　合計　三冊

東亜同文書院大学学生調査大旅行指導室編
昭和一四年度　昭和一五年七月三〇日
昭和一五年度　昭和一六年六月五日
昭和一六年度　昭和一七年一一月三〇日
東亜同文書院大学発行

同文書院の学生が、いわゆる大旅行の成果を取りまとめて書院に提出した調査報告書は、前記のごとく『支那経済全書』『支那省別全誌』『新修支那省別全誌』となって結実しているが、右の三大出版のほか、昭和十四、十五、十六年度（第三十六、三十七、三十八期生）の成果については、『東亜同文書院大学東亜調査報告書』と題する一冊本が出版されている。これらは当該年度の調査報告書の中より、一部の優秀作を選んで掲載したものであり、それぞれ個人単位で執筆された二〇編前後の論文を収めている。その発行は東亜同文会ではなく、東亜同文書院大学である。

大旅行紀念誌　合計　三三冊

同文書院が行った大旅行については、その調査結果を取りまとめて書院に提出した「調査報告書」があるが、これと並んでもう一つ各期にそれぞれの「大旅行紀念誌」がある。それは大旅行より帰来した各班の学生達が、その巡歴の途上に見聞し体験した幾多の出来事や感想を虚飾なく書き綴ったもので、こうして提出された原稿を彼等の間で選んだ旅行誌編纂委員が編纂し、自費出版によって関係者の間に頒った一冊本である。その中には日記あり、紀行あり、論説あり、詩歌あり、いずれもその時々の時代背景を写し得て、優に一個の歴史資料としての価値を持ち、自ずから別体の調査報告書となっている。この各期の旅行誌は、第五期生のそれが「踏破録」と題して当時の学友会会報に掲載されたことに始まり、続いて第六期生のそれが「禹域鴻爪」と題して同じく会報に掲載されているが、その後この会報の発行が停止されたことから、七期以降は例年、単行本として学生が自主的に刊行するようになった。今、その期別、旅行年次、題名を掲示すれば次表のごとくである。

期別	旅行年次	題名
5期	明・40	踏破録
6期	明・41	禹域鴻爪
7期	明・42	一日一信

8期	明・43	旅行記念誌
9期	明・44	孤帆雙蹄
10期	明・45	楽此行
11期	大・2	沐雨櫛風
12期	大・3	同舟渡江
13期	大・4	暮雲暁色
14期	大・5	風餐雨宿
15期	大・6	利渉大川
16期	大・7	虎風龍雲
17期	大・8	（刊行中止）
18期	大・9	粤射隴游
19期	大・10	虎穴龍頷
20期	大・11	金声玉振
21期	大・13	彩雲光霞
22期	大・14	乗雲騎月
23期	大・15	黄塵行
24期	昭・2	漢　華
25期	昭・3	線を描く
26期	昭・4	足　跡
27期	昭・5	東南西北
28期	昭・6	千山万里
29期	昭・7	北斗之光
30期	昭・8	亜細亜の礎
31期	昭・9	出盧征雁
32期	昭・10	翔陽譜
33期	昭・11	南腔北調
34期	昭・12	嵐吹け吹け
35期	昭・13	靖亜行
36期	昭・14	大旅行紀
37期	昭・15	（刊行中止）
38期	昭・16	大陸遍路
39・40期	昭・17	大陸紀行

禹域学会叢書第一編 **支那郵便制度**　全一冊

馬場鍬太郎著

大正一二年五月三〇日

東亜同文書院内

禹域学会発行

大正九年一〇月、東亜同文書院の教授四名が中国に対する学術研究会を創設し禹域学会と称した。その目的は中国に対する文化事業発展の一端に触れようとするものである。そして、同人等は相図って禹域学会叢書の編述を企画し、まずその第一輯として本書を公にした。蓋し中国に在った外国の郵便局が撤廃された後に於ける中国の郵便制度の状態を知ることは、利害関係のもっとも深い在中国の邦人にとり頗る緊要なるべきが故である。次にその目次を掲げる。

支那郵便制度

第一章　支那郵政の沿革

第一節　支那従来の郵政

第一欵　郵　駅

第一項　支那古代の郵駅

第二項　清代郵駅の制度

第二欵　文報局

第三欵　信　局

第二節　支那新設郵政の沿革
第二章　支那現時の郵政組織
第三章　満蒙に於ける郵務
第四章　郵　路
第五章　支那郵政法規
第六章　郵政事務
第一節　郵　票（郵便切手）
第二節　明信片（郵便端書）
第三節　信函類（信書）
第四節　禁寄之物（禁制品）
第五節　新聞紙類
第六節　刷印物類（印刷物）
第七節　貿易契類（業務用書類）
第八節　各類伝単（広告郵便）
第九節　貨様類（商品見本及雛形類）
第十節　挂号郵件（各種書留）
第十一節　保険信函（価格表記）
第十二節　包裹類（小包郵便）
第十三節　包裹保険（価格表記小包）
第十四節　代貨主収価（代金引換小包）
第十五節　滙票（郵便為替）
第十六節　快逓郵件（速達郵便）
第十七節　郵政責成曁賠抵
第十八節　投逓郵件（郵便物配達）
第十九節　存局候領（留置郵便）
第二十節　無法投逓郵件（配達不能郵便）
第二十一節　改寄他処之郵件（転送）
第二十二節　撤回郵件（取戻請求）
第二十三節　缺資郵件（料金未納又は不足郵便）
第二十四節　各項指誡
第二十五節　探詢呈訴各項情節（申告）
第二十六節　郵便料金
第二十七節　郵便私書函
第二十八節　郵便儲金
第七章　財政及営業状況
第八章　国際郵便
第九章　在支外国郵便局
第一節　在支外国郵便局の沿革
第二節　在支外国郵便局の撤廃並に日支新郵便協訂

東亜同文会編刊

著録

阿片資料集成　目次

番号	題目	編著者	掲載書誌	刊行年月日	備考
0001	牛荘通信（明治卅年間牛荘中外貿易状況・内地通過税・再考）	茫々生	東亜時論　第1号	明治31・12	
0002	改革か革命か	池辺吉太郎	東亜時論　第2号	明治31・12	
0003	伊藤侯の対清演説（支那財政及国富所在の概略）		東亜時論　第2号	明治31・12	
0004	日清貿易の新門戸	聴雷山人	東亜時論　第5号	明治32・2・10	厦門
0005	厦門と南洋との関係		東亜時論　第6号	明治32・2・25	洋郊／薬郊
0006	保甲総論		東亜時論　第6号	明治32・2・25	江西省南昌府
0007	清国福建省視察談	沢村繁太郎	東亜時論　第7号	明治32・3・10	
0008	支那唯一の保全策（第二、社会の腐敗）	五来雪城	東亜時論　第9号	明治32・4・10	
0009	仏国商業視察員の報告に就き		東亜時論　第9号	明治32・4・10	四川省／雲南省
0010	福建船政局紀略		東亜時論　第9号	明治32・4・10	
0011	新開梧州口華洋貿易情形論畧	阿岐森	東亜時論　第10号	明治32・4・25	土薬／洋薬
0012	膠州事情		東亜時論　第11号	明治32・5・10	阿片処分／阿片に対する消費税
0013	膠州事情・続		東亜時論　第12号	明治32・5・25	植民地の財源／領域の植物
0014	南清見聞一斑		東亜時論　第13号	明治32・6・10	福州
0015	上海通信	放浪子	東亜時論　第13号	明治32・6・10	九竜産業／深埔

0016	条約施行と清国人処分問題		東亜時論　第14号	明治32・6・25	内地雑居
0017	清国の外国貿易		東亜時論　第14号	明治32・6・25	
0018	南清見聞一斑・続（広東澳門及び福州の部）		東亜時論　第15号	明治32・7・10	
0019	支那人雑居問題		東亜時論　第15号	明治32・7・10	居留地制度
0020	支那人雑居の許否（日本之部）		東亜時論　第15号	明治32・7・10	鮑焜／鴉牙禁会／梁啓超
0021	前年度の沙市貿易		東亜時論　第16号	明治32・7・25	鴉果耕地
0022	長江航路の競争		東亜時論　第16号	明治32・7・25	石原市松
0023	清国の水運	白岩竜平	東亜時論　第21号	明治32・10・10	岸田吟香
0024	光緒廿四年（明治卅一年）に於ける福州貿易の概況		東亜時論　第21号	明治32・10・10	単爾
0025	福州紀行		東亜時論　第22号	明治32・10・25	
0026	韓清通商条約文		東亜時論　第22号	明治32・10・25	
0027	光緒二十四年に於ける厦門港貿易の概況		東亜時論　第22号	明治32・10・25	穆好士
0028	北京尚賢堂		東亜時論　第23号	明治32・11・10	
0029	北清商業事情（二）（瀋陽及び営口）		東亜時論　第24号	明治32・11・25	
0030	清国に於ける列国の経営（七）		東亜時論　第26号	明治32・12・25	上海港
0031	西伯利亜紀行（続）	笹森儀助	東亜時論　第26号	明治32・12・25	浦塩

番号	題目	編著者	掲載書誌	刊行年月日	備考
0032	南清鉄道線路調査記事	小川資源	東亜同文会報告　第9回	明治33・7・26	
0033	満州視察談	金子弥平	東亜同文会報告　第10回	明治33・9・1	
0034	四川紀行	中島裁之	東亜同文会報告　第13回	明治33・12・1	土税総局
0035	日清貿易と実業教育	鶴岡永太郎	東亜同文会報告　第18回	明治34・5・1	
0036	在重慶外人の企業		東亜同文会報告　第19回	明治34・6・1	
0037	紀元千九百年度に於ける支那外国貿易の大勢（北清事変の貿易に及ぼせし影響）		東亜同文会報告　第23回	明治34・10・1	
0038	清国現未の形勢（於新聞記者招待会）	根津一	東亜同文会報告　第24回	明治34・11・1	劉坤一／張之洞
0039	清国償金の算段		東亜同文会報告　第25回	明治34・12・1	
0040	欧羅巴人と支那人		東亜同文会報告　第26回	明治35・1・8	モーリース・クーラン
0041	重慶通信	小越平陸	東亜同文会報告　第27回	明治35・2・1	
0042	漢口通信	岡幸七郎	東亜同文会報告　第28回	明治35・3・1	張之洞／北清事件／湖北省／朱滋沢
0043	貴州通信	小越平陸	東亜同文会報告　第29回	明治35・4・1	
0044	漢口通信	岡幸七郎	東亜同文会報告　第30回	明治35・5・1	湖北／張総督
0045	漢口通信	漢口支部	東亜同文会報告　第31回	明治35・6・1	北清事件賠償金
0046	米穀輸出解禁に対する清人の反対意見		東亜同文会報告　第31回	明治35・6・1	

0047	南清形勢視察報告	成田与作	東亜同文会報告　第32回	明治35・7・1	武昌／張総督の経営
0048	南清の形勢	根津一	東亜同文会報告　第33回	明治35・8・1	賠償金の負担
0049	長江地方形勢視察報告	成田与作	東亜同文会報告　第33回	明治35・8・1	南京／劉総督の新経営
0050	英清通商条約改正談判		東亜同文会報告　第33回	明治35・8・1	
0051	旅順通信（満洲撤兵に対する在満露国人目下の形況）	岡野増次郎	東亜同文会報告　第34回	明治35・9・1	
0052	英清新通商条約案		東亜同文会報告　第34回	明治35・9・1	シー・ジエー・ダッジョン
0053	東清鉄道の現況	岡野増次郎	東亜同文会報告　第35回	明治35・10・1	
0054	英清通商条約論		東亜同文会報告　第35回	明治35・10・1	ノルス・チャイナ・ヘラルド
0055	英清改訂条約		東亜同文会報告　第35回	明治35・10・1	ジエームス・ライル・マッケー／呂海環／盛宣懐
0056	清国輸入税改定税率		東亜同文会報告　第35回	明治35・10・1	
0057	漢口通信	岡幸七郎	東亜同文会報告　第36回	明治35・11・1	新税／張之洞
0058	清国十八省及満洲に於ける釐金		東亜同文会報告　第36回	明治35・11・1	パーカー
0059	挙人試験問題一斑		東亜同文会報告　第36回	明治35・11・1	福建省
0060	米清条約改正に対する米国協会の決議案		東亜同文会報告　第36回	明治35・11・1	米清通商条約
0061	独字新聞の英清通商条約批評		東亜同文会報告　第37回	明治35・12・1	
0062	袁世凱の通商政策		東亜同文会報告　第37回	明治35・12・1	張之洞

番号	題目	編著者	掲載書誌	刊行年月日	備考
0063	鼇金とジアンク税の廃止（徳文新報）		東亜同文会報告　第39回	明治36・2・1	マッケー条約
0064	一千九百〇一年に於ける天津の貿易		東亜同文会報告　第41回	明治36・4・1	グスタフ・デトリング
0065	汕頭に於ける日本輸入品調査	熊沢純之助	東亜同文会報告　第42回	明治36・5・1	
0066	山東旅行日記	岡野増次郎	東亜同文会報告　第43回	明治36・6・1	周山鎮／青島
0067	米清通商条約		東亜同文会報告　第44回	明治36・7・10	
0068	露清外交事歴		東亜同文会報告　第45回	明治36・8・10	ケ・スカリコウスキー
0069	支那の外国貿易概況（一九〇二年度）		東亜同文会報告　第45回	明治36・8・10	F. E. Taylor
0070	貴州通信		東亜同文会報告　第46回	明治30・9・10	
0071	漢口通信	岡幸七郎	東亜同文会報告　第47回	明治36・10・10	湖北
0072	青島の発達		東亜同文会報告　第48回	明治36・11・10	租税
0073	日清通商航海条約並続約		東亜同文会報告　第48回	明治36・11・10	
0074	東亜同文書院第三年学生の修学旅行		東亜同文会報告　第49回	明治36・12・10	
0075	英国陸軍中佐マニフヲールド氏支那旅行談		東亜同文会報告　第50回	明治37・1・1	騰越／雲南省
0076	英国陸軍中佐マニフヲールド氏支那旅行談（承前）		東亜同文会報告　第51回	明治37・2・10	四川省
0077	日清通商航海条約		東亜同文会報告　第51回	明治37・2・10	

0078	清国外国貿易報告　（一九〇二年中）		東亜同文会報告　第52回	明治37・3・10	テーラー
0079	東亜同文書院第二年生の修学旅行		東亜同文会報告　第52回	明治37・3・10	漢口
0080	西蔵と英国との貿易状況　（一九〇二年）		東亜同文会報告　第54回	明治37・5・10	パール
0081	「リットン」領事雲南紀行　（一九〇二年十一月）		東亜同文会報告　第54回	明治37・5・10	
0082	山東省の新開市		東亜同文会報告　第54回	明治37・5・10	周村鎮
0083	「リットン」領事雲南紀行　（承前）		東亜同文会報告　第56回	明治37・7・10	
0084	湖南省長沙開港ニ関スル章程		東亜同文会報告　第58回	明治37・9・20	居留地
0085	「リットン」領事雲南紀行　（第56号ノ続キ）		東亜同文会報告　第58回	明治37・9・20	
0086	貴州省ノ商事ト教育		東亜同文会報告　第58回	明治37・9・20	貴陽府
0087	東亜同文書院第三年生修学旅行		東亜同文会報告　第59回	明治37・10・25	天津／北京
0088	清葡通商条約并鉄道条約成ル		東亜同文会報告　第60回	明治37・11・15	澳門
0089	清葡通商条約		東亜同文会報告　第61回	明治37・12・25	澳門／呂海寰／盛宣懐
0090	大弧山港一斑		東亜同文会報告　第63回	明治38・2・25	遼東半島
0091	金州一斑		東亜同文会報告　第64回	明治38・3・26	
0092	北京通信　（八省膏捐局ノ設置）	一宮房次郎	東亜同文会報告　第66回	明治38・5・26	鉄良／宜昌／柯逢時
0093	千九百四年ノ清国外国貿易		東亜同文会報告　第68回	明治38・7・26	モース

番号	題目	編著者	掲載書誌	刊行年月日	備考
0094	各省ノ軍事費		東亜同文会報告　第72回	明治38・11・26	
0095	阿片税整理		東亜同文会報告　第73回	明治38・12・26	ロバート・ハート
0096	阿片専売ノ協議		東亜同文会報告　第74回	明治39・2・26	
0097	鴉片税ノ予定額		東亜同文会報告　第77回	明治39・4・26	袁総督
0098	広東総督ノ提議		東亜同文会報告　第77回	明治39・4・26	岑春煊
0099	英仏ノ輸出鴉片		東亜同文会報告　第79回	明治39・6・26	
0100	税務処ノ新設備		東亜同文会報告　第82回	明治39・9・26	鉄良／唐紹儀
0101	鴉片専売		東亜同文会報告　第82回	明治39・9・26	慶親王／載沢公
0102	官制改革ノ真相		東亜同文会報告　第83回	明治39・10・26	
0103	鴉片禁止上諭		東亜同文会報告　第83回	明治39・10・26	
0104	袁世凱ノ禁煙意見		東亜同文会報告　第83回	明治39・10・26	
0105	鴉片ノ将来		東亜同文会報告　第83回	明治39・10・26	モーレー／唐紹儀
0106	張家口貿易論（北京本会特派員）		東亜同文会報告　第83回	明治39・10・26	
0107	張家口輸出入貨物調査報告		東亜同文会報告　第83回	明治39・10・26	
0108	奉天省ノ租税整理		東亜同文会報告　第83回	明治39・10・26	

0109	鴉片禁止法		東亜同文会報告　第85回	明治39・12・26	
0110	在英汪公使鴉片禁止上奏		東亜同文会報告　第85回	明治39・12・26	汪大燮
0111	「タイムス」ノ鴉片禁止評		東亜同文会報告　第85回	明治39・12・26	
0112	鴉片輸入制限		東亜同文会報告　第86回	明治40・1・26	
0113	清国ノ阿片禁止		東亜同文会報告　第86回	明治40・1・26	端方／張之洞
0114	在清英人阿片禁止運動		東亜同文会報告　第86回	明治40・1・26	英国阿片禁止協会／ジェー・アレキサンダー／呂海寰
0115	モルヒネ輸入禁止ノ交渉		東亜同文会報告　第87回	明治40・2・26	
0116	英国鴉片問題ノ復答		東亜同文会報告　第87回	明治40・2・26	
0117	清国鴉片貿易ノ調査		東亜同文会報告　第87回	明治40・2・26	
0118	纏足無足ノ演説		東亜同文会報告　第88回	明治40・3・26	山西省
0119	印度事務大臣ノ答弁		東亜同文会報告　第88回	明治40・3・26	モーレー
0120	印紙税採用		東亜同文会報告　第88回	明治40・3・26	呉郁生／袁世凱
0121	禁烟方法		東亜同文会報告　第88回	明治40・3・26	禁烟総局／禁烟総会
0122	鴉片輸入ノ逓減		東亜同文会報告　第88回	明治40・3・26	
0123	東三省ノ総歳入		東亜同文会報告　第88回	明治40・3・26	
0124	英国ノ鴉片禁止賛成		東亜同文会報告　第89回	明治40・5〔4の誤か〕・26	

番号	題目	編著者	掲載書誌	刊行年月日	備考
0125	張之洞ノ禁烟実施		東亜同文会報告　第89回	明治40・5（4の誤か）・26	
0126	鴉片輸入条約		東亜同文会報告　第89回	明治40・5（4の誤か）・26	慶親王
0127	関東州ノ鴉片		東亜同文会報告　第89回	明治40・5（4の誤か）・26	
0128	英国支那通ノ鴉片観		東亜同文会報告　第90回	明治40・5・26	アーチボールド・リッツル
0129	湖南通信（禁烟問題）		東亜同文会報告　第91回	明治40・6・26	
0130	本年一月ヨリ三月迄ノ関税収入ノ比較報告		東亜同文会報告　第91回	明治40・6・26	
0131	禁烟問題ノ最近情況		東亜同文会報告　第92回	明治40・7・26	上海
0132	阿片専売規則内容		東亜同文会報告　第93回	明治40・8・26	
0133	禁煙令違反厳禁ノ上諭		東亜同文会報告　第95回	明治40・11（10の誤か）・26	
0134	阿片禁止ニ就テノ英国ノ通牒		東亜同文会報告　第95回	明治40・11（10の誤か）・26	
0135	阿片専売ノ近聞		東亜同文会報告　第95回	明治40・11（10の誤か）・26	
0136	先年度ノ清国対外通商ノ概況		東亜同文会報告　第97回	明治40・12・26	
0137	阿片問題近況（大官烟毒　禁烟方法　専売弁法）		東亜同文会報告　第97回	明治40・12・26	西太后／沢公
0138	印紙税実施		東亜同文会報告　第97回	明治40・12・26	
0139	阿片問題近況		東亜同文会報告　第98回	明治41・1・26	

0140	阿片ト官吏制裁		東亜同文会報告　第99回	明治41・2・26	
0141	大官更迭異動		東亜同文会報告　第100回	明治41・3・26	
0142	阿片専売施行期		東亜同文会報告　第100回	明治41・3・26	
0143	間島視察談		東亜同文会報告　第100回	明治41・3・26	
0144	大官異動		東亜同文会報告　第101回	明治41・4・26	禁煙大臣
0145	鴉片禁止ニ関スル上諭		東亜同文会報告　第101回	明治41・4・26	
0146	広東及広東人（広東ノ貿易）		東亜同文会報告　第101回	明治41・4・26	
0147	海関鴉片統計報告		東亜同文会報告　第101回	明治41・4・26	
0148	阿片禁止ノ成行		東亜同文会報告　第102回	明治41・5・26	煙局
0149	政府ノ禁煙実行		東亜同文会報告　第102回	明治41・5・26	袁世凱
0150	上海ノ禁煙実行		東亜同文会報告　第102回	明治41・5・26	
0151	度支部庫現存金額		東亜同文会報告　第102回	明治41・5・26	阿片税
0152	ボイコット評		東亜同文会報告　第102回	明治41・5・26	林則徐
0153	主要ナル上奏及建議ノ目録（自五月十日至六月五日）		東亜同文会報告　第103回	明治41・6・26	
0154	陸宝忠ノ逝去		東亜同文会報告　第103回	明治41・6・26	
0155	万国阿片禁止会議		東亜同文会報告　第103回	明治41・6・26	

番号	題目	編著者	掲載書誌	刊行年月日	備考
0156	清国ノ財政		東亜同文会報告　第103回	明治41・6・26	ジャミーソン
0157	阿片専売		東亜同文会報告　第103回	明治41・6・26	恭親王
0158	庫倫近事二則（其二）		東亜同文会報告　第103回	明治41・6・26	
0159	上奏建議文目次		東亜同文会報告　第104回	明治41・7・26	
0160	印花税法		東亜同文会報告　第104回	明治41・7・26	
0161	民政部議定鴉片専売章程七ヶ条		東亜同文会報告　第104回	明治41・7・26	
0162	外省禁烟ノ弁法		東亜同文会報告　第104回	明治41・7・26	恭親王／鹿中堂
0163	阿片会議		東亜同文会報告　第104回	明治41・7・26	万国阿片会議
0164	亜細亜鴉片産出調査		東亜同文会報告　第104回	明治41・7・26	
0165	長春領事館区内邦人職業別		東亜同文会報告　第104回	明治41・7・26	
0166	内閣学士ノ免職		東亜同文会報告　第105回	明治41・8・26	
0167	最近施行セラレシ禁煙法		東亜同文会報告　第105回	明治41・8・26	商民戒煙章程
0168	清国貿易年表（在上海永瀧総領事報告摘要）		東亜同文会報告　第105回	明治41・8・26	
0169	主要ナル上奏及建議目録		東亜同文会報告　第106回	明治41・9・26	
0170	雲南省ノ禁烟期限短縮		東亜同文会報告　第106回	明治41・9・26	錫良

0171	財政問題彙誌	東亜同文会報告　第106回	明治41・9・26	
0172	各港ト鴉片	東亜同文会報告　第106回	明治41・9・26	
0173	香港近況	東亜同文会報告　第106回	明治41・9・26	
0174	清国ニ於ケル改革ノ状態	東亜同文会報告　第106回	明治41・9・26	西太后／ルーズベルト
0175	主要ナル上奏及建議文目録	東亜同文会報告　第107回	明治41・10・26	禁煙公所
0176	山西諮議局ノ禁烟議案	東亜同文会報告　第107回	明治41・10・26	
0177	モルヒネ輸出禁止	東亜同文会報告　第107回	明治41・10・26	
0178	鴉片購入規則	東亜同文会報告　第107回	明治41・10・26	阿片専売局
0179	鴉片販売規則	東亜同文会報告　第107回	明治41・10・26	鴉片専売局
0180	昨年度清国貿易	東亜同文会報告　第107回	明治41・10・26	海関税収入
0181	庫倫ノ阿片捐税徴収	東亜同文会報告　第107回	明治41・10・26	
0182	庫倫戒烟公所設立ノ議	東亜同文会報告　第107回	明治41・10・26	
0183	禁煙法裁可	東亜同文会報告　第108回	明治41・11・26	
0184	清国枢要官員表	東亜同文会報告　第108回	明治41・11・26	禁烟大臣／土薬統税大臣
0185	阿片会議討議順序	東亜同文会報告　第110回	明治42・1・26	上海
0186	印紙税施行期	東亜同文会報告　第110回	明治42・1・26	

番号	題目	編著者	掲載書誌	刊行年月日	備考
0187	鴉片禁絶期限		東亜同文会報告　第110回	明治42・1・26	
0188	雲南阿片税委員裁撤		東亜同文会報告　第110回	明治42・1・26	錫良
0189	主要ナル上諭及上奏目録		東亜同文会報告　第111回	明治42・2・26	四川／趙爾巽
0190	万国阿片会議		東亜同文会報告　第111回	明治42・2・26	上海
0191	湖南省境阿片私運防止ノ為メ軍隊特設		東亜同文会報告　第111回	明治42・2・26	柯逢時
0192	雑事		東亜同文会報告　第111回	明治42・2・26	鴉片禁止／万国阿片会議
0193	鴉片禁止ノ弁法		東亜同文会報告　第112回	明治42・3・26	鴉片専売／端方
0194	阿片会議決議文		東亜同文会報告　第112回	明治42・3・26	万国阿片会議
0195	主要ナル上諭及上奏文目録		東亜同文会報告　第113回	明治42・4・26	吉林省
0196	鴉片禁止ニ関スル上諭		東亜同文会報告　第113回	明治42・4・26	
0197	山西ノ禁烟実行		東亜同文会報告　第113回	明治42・4・26	
0198	無条約国ヨリノ鴉片取扱法		東亜同文会報告　第113回	明治42・4・26	
0199	蒙古ノ鴉片禁止		東亜同文会報告　第113回	明治42・4・26	
0200	支那東京（トンキン）間ノ通商		東亜同文会報告　第114回	明治42・5・26	
0201	主要ナル上諭及上奏文目録		東亜同文会報告　第114回	明治42・5・26	禁煙弁法／禁煙情況

0202	上奏	東亜同文会報告　第115回	明治42・6・26	禁煙情況
0203	主要ナル上諭及上奏文目録	東亜同文会報告　第116回	明治42・7・26	印紙税／禁煙情況／禁煙弁法
0204	鴉片禁止ノ近況	東亜同文会報告　第116回	明治42・7・26	端方
0205	甘粛ノ旱魃	東亜同文会報告　第116回	明治42・7・26	
0206	印紙税施行	東亜同文会報告　第116回	明治42・7・26	
0207	主要ナル上諭及上奏文目録	東亜同文会報告　第117回	明治42・8・26	鴉片栽培禁絶／端方
0208	印度鴉片輸入ノ減少	東亜同文会報告　第117回	明治42・8・26	
0209	土地家屋登録税整理	東亜同文会報告　第117回	明治42・8・26	
0210	雲南礦務商弁	東亜同文会報告　第117回	明治42・8・26	沈秉堃
0211	主要ナル上奏文目録	東亜同文会報告　第118回	明治42・9・26	禁煙籌弁情況／鴉片栽培禁止
0212	主要ナル上諭及上奏文目録	東亜同文会報告　第119回	明治42・10・26	栽培禁絶／禁煙情況
0213	主要ナル上諭及上奏文目録	東亜同文会報告　第120回	明治42・11・26	禁烟情況
0214	新政ト財用ノ節減	東亜同文会報告　第120回	明治42・11・26	印紙税
0215	印紙税実行ノ困難	東亜同文会報告　第120回	明治42・11・26	載沢／端方／諮議局／那桐
0216	主要ナル上諭及上奏文目録	東亜同文会報告　第121回	明治42・12・26	鴉片栽培禁絶／禁煙情況
0217	昨年清国大事記（大官革職　万国阿片会議　印紙税試行　土地家屋登録税引上）	東亜同文会報告　第122回	明治43・1・15	

番号	題目	編著者	掲載書誌	刊行年月日	備考
0218	端方革職ノ真相		東亜同文会報告　第122回	明治43・1・15	
0219	印紙税延期請願		東亜同文会報告　第122回	明治43・1・15	
0220	財政清理ノ困難		東亜同文会報告　第122回	明治43・1・15	載沢
0221	経済時事ノ主ナル者		東亜同文会報告　第122回	明治43・1・15	沢公／印紙税
0222	天津重要輸入商品表		東亜同文会報告　第122回	明治43・1・15	
0223	漢口重要商品輸出入表		東亜同文会報告　第122回	明治43・1・15	
0224	清国枢要大官表		東亜同文会報告　第122回	明治43・1・15	禁煙大臣／土薬統税大臣
0225	天津重要商品輸入表		東亜同文会報告　第123回	明治43・1・30	
0226	漢口重要商品輸出入表		東亜同文会報告　第123回	明治43・1・30	
0227	輸入阿片ノ逓減		東亜同文会報告　第124回	明治43・2・15	
0228	沙市		東亜同文会報告　第124回	明治43・2・15	
0229	漢口重要商品輸出入表		東亜同文会報告　第124回	明治43・2・15	
0230	清国鴉片禁止ノ現状　(上)		東亜同文会報告　第125回	明治43・2・28	中央政府ノ施設／禁煙条例
0231	天津重要商品輸入表		東亜同文会報告　第125回	明治43・2・28	
0232	清国ノ印紙税法		東亜同文会報告　第126回	明治43・3・15	陳璧／陸樹藩

0233	清国鴉片禁止ノ現状（下）		東亜同文会報告　第126回	明治43・3・15	各省禁烟ノ実情
0234	大官更動		東亜同文会報告　第126回	明治43・3・15	景星
0235	印紙税実施ノ着手		東亜同文会報告　第126回	明治43・3・15	
0236	天津重要商品輸入表		東亜同文会報告　第126回	明治43・3・15	
0237	漢口重要商品輸出入表		東亜同文会報告　第126回	明治43・3・15	
0238	官紀振粛		東亜同文会報告　第127回	明治43・3・30	
0239	航海業者近来二大問題		東亜同文会報告　第127回	明治43・3・30	税関新定規則問題
0240	天津重要商品輸入表		東亜同文会報告　第127回	明治43・3・30	
0241	清国ニ於ケル内外鴉片（上）	大村欣一	東亜同文会報告　第128回	明治43・4・15	鴉片ノ起原及禁令／中央政府ノ課税／禁令ノ再発
0242	直隷印紙税局ノ停弁		東亜同文会報告　第128回	明治43・4・15	
0243	要電一束		東亜同文会報告　第128回	明治43・4・15	印花税
0244	地方紳士ニ敬告ス		東亜同文会報告　第128回	明治43・4・15	戒烟会
0245	漢口重要商品輸出入表		東亜同文会報告　第128回	明治43・4・15	
0246	清国ニ於ケル内外鴉片（下）	大村欣一	東亜同文会報告　第129回	明治43・4・30	外国鴉片輸入概況／内地産鴉片概況／禁令発布後ノ状況
0247	厦門鴉片相場		東亜同文会報告　第129回	明治43・4・30	
0248	山西ノ禁烟弁理		東亜同文会報告　第129回	明治43・4・30	

番号	題目	編著者	掲載書誌	刊行年月日	備考
0249	恭親王出差禁烟ノ無益		東亜同文会報告 第129回	明治43・4・30	
0250	天津重要商品輸入表		東亜同文会報告 第129回	明治43・4・30	
0251	漢口重要商品輸出入表		東亜同文会報告 第129回	明治43・4・30	
0252	漢口銀市ノ大恐慌		東亜同文会報告 第130回	明治43・5・15	
0253	上海本年春期貿易ノ大勢		東亜同文会報告 第130回	明治43・5・15	
0254	漢口重要商品輸出入表		東亜同文会報告 第130回	明治43・5・15	
0255	天津重要商品輸入表		東亜同文会報告 第131回	明治43・5・30	
0256	漢口重要商品輸出入表		東亜同文会報告 第131回	明治43・5・30	
0257	山西ノ禁烟ト暴動		東亜同文会報告 第132回	明治43・6・15	
0258	漢口重要商品輸出入表		東亜同文会報告 第132回	明治43・6・15	
0259	上海商業慣例		支那経済報告書 第1号	明治41・5・15	江蘇八帮／四川帮／広東三帮
0260	印紙税ノ制定		支那経済報告書 第1号	明治41・5・15	
0261	漢口ニ於ケル貨物輸入表		支那経済報告書 第1号	明治41・5・15	
0262	上海商業慣例		支那経済報告書 第2号	明治41・5・30	
0263	清国税関手続		支那経済報告書 第2号	明治41・5・30	上海税関／管洋薬及関桟事務処

0264	自五月一日至五月十五日半月間経済志		支那経済報告書　第2号	明治41・5・30	
0265	度支部ノ財政状態		支那経済報告書　第2号	明治41・5・30	
0266	漢口経済事情（漢口支部報告）		支那経済報告書　第2号	明治41・5・30	海運業
0267	漢口ニ於ケル貨物輸出入表		支那経済報告書　第2号	明治41・5・30	
0268	四川省輸出入貨物諸掛		支那経済報告書　第3号	明治41・6・15	税関手続費用／運賃
0269	自五月十六日至同月卅一日経済志		支那経済報告書　第3号	明治41・6・15	印紙税
0270	鴉片税法ト東三省及新疆		支那経済報告書　第3号	明治41・6・15	
0271	印紙税法施行		支那経済報告書　第3号	明治41・6・15	
0272	漢口ニ於ケル貨物輸出入表		支那経済報告書　第3号	明治41・6・15	
0273	日清銀行設立ノ計画ニ就テ		支那経済報告書　第4号	明治41・6・30	
0274	自六月一日至六月十五日経済志		支那経済報告書　第4号	明治41・6・30	阿片会議
0275	清国ト阿片会議		支那経済報告書　第4号	明治41・6・30	万国阿片会議
0276	河工捐ノ増徴（天津支部報告）		支那経済報告書　第4号	明治41・6・30	
0277	重慶従五月一日至同十五日半ヶ月間金融状況（重慶派遣員報告）		支那経済報告書　第4号	明治41・6・30	
0278	天津ニ於ケル重要輸入商品表		支那経済報告書　第4号	明治41・6・30	
0279	漢口ニ於ケル輸出入額表		支那経済報告書　第4号	明治41・6・30	

番号	題目	編著者	掲載書誌	刊行年月日	備考
0280	支那商賈ノ看板		支那経済報告書　第5号	明治41・7・15	
0281	自六月十六日至六月三十日経済志		支那経済報告書　第5号	明治41・7・15	
0282	英国政府万国鴉片会議ニ賛成ス		支那経済報告書　第5号	明治41・7・15	
0283	旧四月末以後金融状況（重慶派遣員報告）		支那経済報告書　第5号	明治41・7・15	
0284	漢口ニ於ケル輸出入商品表		支那経済報告書　第5号	明治41・7・15	
0285	印紙税ノ其後		支那経済報告書　第6号	明治41・7・31	
0286	雲南省近況		支那経済報告書　第6号	明治41・7・31	
0287	嘉定地方ト阿片		支那経済報告書　第6号	明治41・7・31	
0288	塩税増徴		支那経済報告書　第6号	明治41・7・31	
0289	阿片税徴収ト各省		支那経済報告書　第6号	明治41・7・31	
0290	天津重要輸入商品表		支那経済報告書　第6号	明治41・7・31	
0291	漢口ニ於ケル輸出入商品表		支那経済報告書　第6号	明治41・7・31	
0292	諮議局		支那経済報告書　第7号	明治41・8・15	
0293	武昌ノ水害現状		支那経済報告書　第7号	明治41・8・15	戒煙総会
0294	税関諸規定（天津支部報告）		支那経済報告書　第7号	明治41・8・15	天津海関

0295	昨年度長沙貿易（長沙派遣員報告）		支那経済報告書　第7号	明治41・8・15	
0296	漢口ニ於ケル重要輸出入商品表		支那経済報告書　第7号	明治41・8・15	
0297	支那商業使用人（承前）		支那経済報告書　第8号	明治41・8・31	
0298	昨年度清国貿易		支那経済報告書　第8号	明治41・8・31	
0299	自八月一日至仝月十五日経済志		支那経済報告書　第8号	明治41・8・31	印紙税
0300	印紙税ノ其後		支那経済報告書　第8号	明治41・8・31	
0301	天津ニ於ケル重要輸入品比較表		支那経済報告書　第8号	明治41・8・31	
0302	漢口ニ於ケル重要輸出入商品表		支那経済報告書　第8号	明治41・8・31	
0303	支那縦断旅行記	野満四郎ほか6名	支那経済報告書　第9号	明治41・9・15	開封府
0304	烟具私售ノ罰則		支那経済報告書　第9号	明治41・9・15	
0305	漢口ニ於ケル重要輸出入表		支那経済報告書　第9号	明治41・9・15	
0306	支那縦断旅行記	野満四郎ほか6名	支那経済報告書　第10号	明治41・9・30	衛輝府―彰徳府／土薬抽捐総局
0307	自九月一日至九月十五日経済志		支那経済報告書　第10号	明治41・9・30	
0308	預備禁煙		支那経済報告書　第10号	明治41・9・30	鹿伝霖
0309	印紙税其後ノ状況		支那経済報告書　第10号	明治41・9・30	
0310	阿片栽培禁止成績		支那経済報告書　第10号	明治41・9・30	

番号	題目	編著者	掲載書誌	刊行年月日	備考
0311	天津重要輸入品表		支那経済報告書　第10号	明治41・9・30	
0312	七十二行ト南北行		支那経済報告書　第11号	明治41・10・15	熟膏行／生膏行
0313	商業使用人		支那経済報告書　第11号	明治41・10・15	
0314	支那縦断旅行記	山口昇ほか6名	支那経済報告書　第11号	明治41・10・15	漢口―長沙
0315	山東省ト印紙税		支那経済報告書　第11号	明治41・10・15	
0316	政府ト塩税		支那経済報告書　第11号	明治41・10・15	
0317	漢口重要輸出入貨物表		支那経済報告書　第11号	明治41・10・15	
0318	上海商業慣例		支那経済報告書　第12号	明治41・10・31	
0319	天津重要輸入品表		支那経済報告書　第12号	明治41・10・31	
0320	漢口重要輸出入貨物表		支那経済報告書　第12号	明治41・10・31	
0321	漢口重要輸出入商品表		支那経済報告書　第13号	明治41・11・15	
0322	最近ニ於ケル恐慌ニ就テ	根岸佶	支那経済報告書　第14号	明治41・11・30	
0323	青島経済事情　(下)		支那経済報告書　第14号	明治41・11・30	
0324	天津重要輸入品表		支那経済報告書　第14号	明治41・11・30	
0325	漢口重要輸出入商品表		支那経済報告書　第14号	明治41・11・30	

0326	江北ノ財政難		支那経済報告書　第15号	明治41・12・15	
0327	漢口重要輸出入商品表		支那経済報告書　第15号	明治41・12・15	
0328	印紙税ノ成行		支那経済報告書　第16号	明治41・12・31	
0329	常徳ノ商業		支那経済報告書　第16号	明治41・12・31	
0330	滇桂越旅行記　（其二）	山口　昇	支那経済報告書　第16号	明治41・12・31	南寧府
0331	天津重要輸入商品表		支那経済報告書　第16号	明治41・12・31	
0332	漢口重要輸出入商品表		支那経済報告書　第16号	明治41・12・31	
0333	昨年度清国経済界		支那経済報告書　第17号	明治42・1・15	
0334	自十二月十五日至十二月卅一日支那経済志		支那経済報告書　第17号	明治42・1・15	
0335	明治四十一年度重要事項		支那経済報告書　第17号	明治42・1・15	印紙税法／阿片専売法
0336	度支部ト印紙税		支那経済報告書　第17号	明治42・1・15	
0337	金融市況　（重慶特派員報告）		支那経済報告書　第17号	明治42・1・15	
0338	漢口重要輸出入商品表		支那経済報告書　第17号	明治42・1・15	
0339	湖北ト阿片		支那経済報告書　第18号	明治42・1・31	
0340	金融界ノ一般　（重慶派遣員報告）		支那経済報告書　第18号	明治42・1・31	
0341	江蘇省丹徒県ト阿片		支那経済報告書　第19号	明治42・2・15	万国阿片会議／戒烟局

番号	題目	編著者	掲載書誌	刊行年月日	備考
0342	湖北省ト阿片		支那経済報告書　第19号	明治42・2・15	万国阿片会議／断禁主義
0343	香港市況		支那経済報告書　第19号	明治42・2・15	
0344	モルヒネ及同注射器等清国ニ輸入禁止（上海支部報告）		支那経済報告書　第19号	明治42・2・15	
0345	漢口重要輸出入商品表		支那経済報告書　第19号	明治42・2・15	
0346	昨年度上海事業界ノ消長　（上）		支那経済報告書　第20号	明治42・2・28	
0347	自二月一日至二月十五日支部経済志		支那経済報告書　第20号	明治42・2・28	
0348	九江商況		支那経済報告書　第20号	明治42・2・28	
0349	嘉興海関ノ鴉片輸入		支那経済報告書　第20号	明治42・2・28	
0350	滇桂越旅行記　（五）	山口　昇	支那経済報告書　第20号	明治42・2・28	竜州
0351	天津重要輸入商品表		支那経済報告書　第20号	明治42・2・28	
0352	昨年度上海事業界ノ盛衰　（下）		支那経済報告書　第21号	明治42・3・15	土業
0353	自二月十六日至二月二十八日支那経済志		支那経済報告書　第21号	明治42・3・15	阿片会議
0354	米棉採培奨励		支那経済報告書　第21号	明治42・3・15	
0355	湖南省ノ商況		支那経済報告書　第21号	明治42・3・15	
0356	漢口重要輸出入商品表		支那経済報告書　第21号	明治42・3・15	

0357	自三月一日至三月十五日支那経済志		支那経済報告書　第22号	明治42・3・31	財政
0358	上海阿片会議		支那経済報告書　第22号	明治42・3・31	
0359	印紙税ノ其後		支那経済報告書　第22号	明治42・3・31	
0360	禁煙情況ノ調査		支那経済報告書　第22号	明治42・3・31	
0361	川漢鉄道ノ近状		支那経済報告書　第22号	明治42・3・31	
0362	天津重要輸入品表		支那経済報告書　第22号	明治42・3・31	
0363	漢口重要輸出入商品表		支那経済報告書　第22号	明治42・3・31	
0364	准衛河旅行記	牛丸喜一ほか5名	支那経済報告書　第23号	明治42・4・15	鳳台県／寿州
0365	漢口重要輸出入商品表		支那経済報告書　第23号	明治42・4・15	
0366	度支部ト鴉片税		支那経済報告書　第24号	明治42・4・30	
0367	宣統元年正月度支部収支状況		支那経済報告書　第24号	明治42・4・30	土薬統税
0368	河南省ト厘金税徴収額		支那経済報告書　第24号	明治42・4・30	土薬統税局
0369	直隷阿片状態		支那経済報告書　第24号	明治42・4・30	上海阿片会議
0370	外国輸入銅ト雲南銅		支那経済報告書　第24号	明治42・4・30	
0371	洛潼鉄路ト総協理		支那経済報告書　第24号	明治42・4・30	
0372	天津重要輸入品表		支那経済報告書　第24号	明治42・4・30	

番号	題目	編著者	掲載書誌	刊行年月日	備考
0373	漢口重要輸出入商品表		支那経済報告書　第24号	明治42・4・30	
0374	鴉片問題（上）	根岸佶	支那経済報告書　第25号	明治42・5・15	
0375	武漢勧業奨進会		支那経済報告書　第25号	明治42・5・15	
0376	山西省資産家		支那経済報告書　第25号	明治42・5・15	
0377	清国居留地制度（二）		支那経済報告書　第25号	明治42・5・15	
0378	自四月十五日至四月三十日支那経済志		支那経済報告書　第25号	明治42・5・15	禁烟大臣／戒烟総局／戒烟局
0379	支那協会ニ於ケル演説綱要		支那経済報告書　第25号	明治42・5・15	
0380	印紙税ノ弁法		支那経済報告書　第25号	明治42・5・15	
0381	吉林省財政困難情形		支那経済報告書　第25号	明治42・5・15	
0382	天津重要輸入商品表		支那経済報告書　第25号	明治42・5・15	
0383	漢口重要輸出入商品表		支那経済報告書　第25号	明治42・5・15	
0384	鴉片問題（中）	根岸佶	支那経済報告書　第26号	明治42・5・31	禁煙ノ実行ニ対スル施設／禁煙ノ実行ヨリ生ズル経済的欠陥ノ補償ニ対スル施設
0385	山西省資産家（下）		支那経済報告書　第26号	明治42・5・31	
0386	自五月一日至五月十五日支那経済志		支那経済報告書　第26号	明治42・5・31	印紙税
0387	印紙税実行		支那経済報告書　第26号	明治42・5・31	

0388	雲南ノ鴉片禁止ト収入塡補		支那経済報告書　第26号	明治42・5・31	
0389	漢口重要輸出入商品表		支那経済報告書　第26号	明治42・5・31	
0390	天津重要輸入商品表		支那経済報告書　第26号	明治42・5・31	
0391	清国鴉片問題　（完）	根岸佶	支那経済報告書　第27号	明治42・6・15	禁煙ノ実行ヨリ生ズル経済的欠陥ノ補償ニ対スル施設
0392	自五月十六日至五月三十一日支那経済志		支那経済報告書　第27号	明治42・6・15	印紙税
0393	印花税試弁困難情形		支那経済報告書　第27号	明治42・6・15	
0394	漢口重要輸出入商品表		支那経済報告書　第27号	明治42・6・15	
0395	自六月一日至六月十五日支那経済志		支那経済報告書　第28号	明治42・6・30	海軍ノ復興
0396	甘粛省ノ饑饉		支那経済報告書　第28号	明治42・6・30	
0397	漢口重要輸出入商品表		支那経済報告書　第28号	明治42・6・30	
0398	天津重要輸入品表		支那経済報告書　第28号	明治42・6・30	
0399	昨年度の天津貿易　（二）（天津支部報告）		支那経済報告書　第29号	明治42・7・15	鴉片
0400	漢口重要輸出入商品表		支那経済報告書　第29号	明治42・7・15	
0401	関税増加ト厘金税ノ廃止	SY生	支那経済報告書　第30号	明治42・7・31	
0402	自七月一日至同十五日支那経済志		支那経済報告書　第30号	明治42・7・31	印紙税
0403	貴州ノ禁煙情況		支那経済報告書　第30号	明治42・7・31	

番号	題目	編著者	掲載書誌	刊行年月日	備考
0404	漢口重要輸出入商品表		支那経済報告書　第30号	明治42・7・31	
0405	自七月十六日至七月卅一日支那経済志		支那経済報告書　第31号	明治42・8・15	印紙税／不動産登記料
0406	漢口重要輸出入商品表		支那経済報告書　第31号	明治42・8・15	
0407	天津重要輸入商品表		支那経済報告書　第31号	明治42・8・15	
0408	利権回収運動ノ支那ニ及ボス影響（上）	根岸　佶	支那経済報告書　第32号	明治42・8・31	鴉片戦争
0409	昨年度（一九〇八年）清国対外国貿易状況（乾）		支那経済報告書　第32号	明治42・8・31	税関歳入／輸入貿易
0410	昨年度（一九〇八年）ニ於ケル清国郵政事務ノ情況（一）		支那経済報告書　第32号	明治42・8・31	
0411	漢口重要商品輸出入表		支那経済報告書　第32号	明治42・8・31	
0412	天津重要輸入商品表		支那経済報告書　第32号	明治42・8・31	
0413	民政部歳入歳出予算表概要		支那経済報告書　第33号	明治42・9・15	
0414	漢口重要商品輸出入表		支那経済報告書　第33号	明治42・9・15	
0415	吉会鉄道		支那経済報告書　第34号	明治42・9・30	沿路ノ状況
0416	上海港貿易概況（一九〇八年）		支那経済報告書　第34号	明治42・9・30	税関収入／外国商品／阿片
0417	自九月一日至同月十五日支那経済志		支那経済報告書　第34号	明治42・9・30	印紙税
0418	湖北省印紙税		支那経済報告書　第34号	明治42・9・30	

番号	題目	編著者	掲載書誌	刊行年月日	備考
0435	自十月十六日至同月卅一日支那経済志		支那経済報告書　第37号	明治42・11・15	印紙税
0436	釐金税廃止難		支那経済報告書　第37号	明治42・11・15	沢尚書／印紙税
0437	度支部印紙税実施		支那経済報告書　第37号	明治42・11・15	
0438	江西省ノ印紙税		支那経済報告書　第37号	明治42・11・15	
0439	漢口重要商品輸出入表		支那経済報告書　第37号	明治42・11・15	
0440	自十一月一日至十二月十五日支那経済志		支那経済報告書　第38号	明治42・11・30	湖北ノ公債発行
0441	天津重要輸入商品表		支那経済報告書　第38号	明治42・11・30	
0442	漢口重要商品輸出入表		支那経済報告書　第38号	明治42・11・30	
0443	湖北印紙税実行期限		支那経済報告書　第39号	明治42・12・15	
0444	阿片専売		支那経済報告書　第39号	明治42・12・15	
0445	天津重要輸入商品表		支那経済報告書　第39号	明治42・12・15	
0446	漢口重要商品輸出入表		支那経済報告書　第39号	明治42・12・15	
0447	印紙税実施難		支那経済報告書　第40号	明治42・12・30	
0448	天津重要輸入商品表		支那経済報告書　第40号	明治42・12・30	
0449	昨年清国大事記		支那経済報告書　第41号	明治43・1・15	大官革職／万国阿片会議／印紙税試行／土地家屋登録税引上

0450	端方革職ノ真相		支那経済報告書　第41号	明治43・1・15	
0451	印紙税延期請願		支那経済報告書　第41号	明治43・1・15	
0452	自明治四十二年十二月十六日至同年十二月卅一日半月政治志		支那経済報告書　第41号	明治43・1・15	財政清理ノ困難
0453	自明治四十二年十二月十一日至同年同月三十一日支那経済志		支那経済報告書　第41号	明治43・1・15	財政整理／印紙税
0454	天津重要輸入商品表		支那経済報告書　第41号	明治43・1・15	
0455	漢口重要商品輸出入表		支那経済報告書　第41号	明治43・1・15	
0456	清国枢要大官表		支那経済報告書　第41号	明治43・1・15	禁煙大臣／土薬統税大臣
0457	清国諮議局ノ経過ト立憲政治ノ前途　（下完結）	根岸　佶	支那経済報告書　第42号	明治43・1・30	
0458	清国ノ外債附国債償還金　（其二完結）		支那経済報告書　第42号	明治43・1・30	
0459	天津重要商品輸入表		支那経済報告書　第42号	明治43・1・30	
0460	漢口重要商品輸出入表		支那経済報告書　第42号	明治43・1・30	
0461	輸入阿片ノ逓減		支那経済報告書　第43号	明治43・2・15	
0462	沙市		支那経済報告書　第43号	明治43・2・15	禁煙ノ奨励
0463	漢口重要商品輸出入表		支那経済報告書　第43号	明治43・2・15	
0464	清国鴉片禁止ノ現状　（上）		支那経済報告書　第44号	明治43・2・28	中央政府ノ施設／禁煙条例
0465	露人ノ清国革新観　（上）		支那経済報告書　第44号	明治43・2・28	

番号	題目	編著者	掲載書誌	刊行年月日	備考
0466	今歳内政外交ニ対スル希望		支那経済報告書　第44号	明治43・2・28	禁烟励行
0467	天津重要商品輸入表		支那経済報告書　第44号	明治43・2・28	
0468	清国ノ印紙税法		支那経済報告書　第45号	明治43・3・15	陳璧／伍廷芳／陸樹藩
0469	清国鴉片禁止ノ現状　(下)		支那経済報告書　第45号	明治43・3・15	各省禁烟ノ実情
0470	露人ノ清国革新観　(下)		支那経済報告書　第45号	明治43・3・15	
0471	大官更動		支那経済報告書　第45号	明治43・3・15	景星
0472	印紙税実施ノ着手		支那経済報告書　第45号	明治43・3・15	湖南省
0473	天津重要商品輸入表		支那経済報告書　第45号	明治43・3・15	
0474	漢口重要商品輸出入表		支那経済報告書　第45号	明治43・3・15	
0475	官紀振粛		支那経済報告書　第46号	明治43・3・30	
0476	税関新定規則ト交通界(上海通信)		支那経済報告書　第46号	明治43・3・30	
0477	天津重要商品輸入表		支那経済報告書　第46号	明治43・3・30	
0478	清国ニ於ケル内外鴉片　(上)	大村欣一	支那経済報告書　第47号	明治43・4・15	鴉片ノ起原及禁令／中央政府ノ課税／禁令ノ再発
0479	直隷印紙税局ノ停弁		支那経済報告書　第47号	明治43・4・15	
0480	要電一束		支那経済報告書　第47号	明治43・4・15	直隷省印花税局

0481	地方紳士ニ敬告ス		支那経済報告書　第47号	明治43・4・15	戒烟会
0482	漢口重要商品輸出入表		支那経済報告書　第47号	明治43・4・15	
0483	清国ニ於ケル内外鴉片　(下)	大村欣一	支那経済報告書　第48号	明治43・4・30	外国鴉片輸入概況／内地産鴉片概況／禁令発布後ノ状況
0484	厦門鴉片相場		支那経済報告書　第48号	明治43・4・30	
0485	山西ノ禁烟弁理		支那経済報告書　第48号	明治43・4・30	
0486	恭親王出差禁烟ノ無益		支那経済報告書　第48号	明治43・4・30	
0487	天津重要商品輸入表		支那経済報告書　第48号	明治43・4・30	
0488	漢口重要商品輸出入表		支那経済報告書　第48号	明治43・4・30	
0489	安徽省地方債ノ募集		支那経済報告書　第49号	明治43・5・15	
0490	川漢鉄路公司近状		支那経済報告書　第49号	明治43・5・15	阿片諸税／戒煙院
0491	漢口銀市ノ大恐慌		支那経済報告書　第49号	明治43・5・15	
0492	上海本年春期貿易ノ大勢		支那経済報告書　第49号	明治43・5・15	
0493	漢口重要商品輸出入表		支那経済報告書　第49号	明治43・5・15	
0494	天津重要商品輸入表		支那経済報告書　第50号	明治43・5・30	
0495	漢口重要商品輸出入表		支那経済報告書　第50号	明治43・5・30	
0496	雲南省ニ対スル列国ノ地位及勢力	山口昇	支那経済報告書　第51号	明治43・6・15	

番号	題目	編著者	掲載書誌	刊行年月日	備考
0497	上海ニ於ケル茶館 (上)		支那経済報告書 第51号	明治43・6・15	烟館
0498	清国ノ陸軍 (下ノ上)		支那経済報告書 第51号	明治43・6・15	
0499	山西ノ禁烟ト暴動		支那経済報告書 第51号	明治43・6・15	
0500	漢口重要商品輸出入表		支那経済報告書 第51号	明治43・6・15	
0501	天津重要商品輸入表		東亜同文会 支那調査報告書 第1巻第1号	明治43・7・19	
0502	漢口重要商品輸出入表		東亜同文会 支那調査報告書 第1巻第1号	明治43・7・19	
0503	烏里雅蘇台ノ新政挙弁		東亜同文会 支那調査報告書 第1巻第2号	明治43・7・20	戒烟局
0504	広東鴉片税ニ関スル英清交渉		東亜同文会 支那調査報告書 第1巻第2号	明治43・7・20	マクスミュラー
0505	香港ノ昨年度ノ貿易		東亜同文会 支那調査報告書 第1巻第2号	明治43・7・20	
0506	禁烟問題		東亜同文会 支那調査報告書 第1巻第2号	明治43・7・20	
0507	蘇州烟禁ノ廃弛		東亜同文会 支那調査報告書 第1巻第2号	明治43・7・20	戒煙局
0508	天津重要商品輸入表		東亜同文会 支那調査報告書 第1巻第2号	明治43・7・20	
0509	漢口重要商品輸出入表		東亜同文会 支那調査報告書 第1巻第2号	明治43・7・20	
0510	天津重要商品輸入表		東亜同文会 支那調査報告書 第1巻第3号	明治43・7・30	
0511	漢口重要商品輸出入表		東亜同文会 支那調査報告書 第1巻第3号	明治43・7・30	

0512	湖北財政ノ窮乏		東亜同文会 支那調査報告書 第1巻第4号	明治43・8・15	
0513	禁煙妄言		東亜同文会 支那調査報告書 第1巻第4号	明治43・8・15	
0514	漢口重要商品輸出入表		東亜同文会 支那調査報告書 第1巻第4号	明治43・8・15	
0515	地方官戒飭、官規振粛ノ上諭		東亜同文会 支那調査報告書 第1巻第5号	明治43・8・30	
0516	広東鴉片専売ト英清交渉		東亜同文会 支那調査報告書 第1巻第5号	明治43・8・30	
0517	天津重要商品輸入表		東亜同文会 支那調査報告書 第1巻第5号	明治43・8・30	
0518	漢口重要商品輸出入表		東亜同文会 支那調査報告書 第1巻第5号	明治43・8・30	
0519	支那財政整理論　（一）	根岸　佶	東亜同文会 支那調査報告書 第1巻第6号	明治43・9・15	光緒以後ニ於ケル財政状態
0520	支那労働者　（其一）		東亜同文会 支那調査報告書 第1巻第6号	明治43・9・15	
0521	大官更動		東亜同文会 支那調査報告書 第1巻第6号	明治43・9・15	陸潤庠
0522	漢口重要商品輸出入表		東亜同文会 支那調査報告書 第1巻第6号	明治43・9・15	
0523	新民府ノ災状		東亜同文会 支那調査報告書 第1巻第7号	明治43・9・30	禁烟公所
0524	天津重要商品輸入表		東亜同文会 支那調査報告書 第1巻第7号	明治43・9・30	
0525	漢口重要商品輸出入表		東亜同文会 支那調査報告書 第1巻第7号	明治43・9・30	
0526	支那財政整理論　（二）	根岸　佶	東亜同文会 支那調査報告書 第1巻第8号	明治43・10・15	光緒以降ニ於ケル財政状態
0527	支那ノ移民　（其五）		東亜同文会 支那調査報告書 第1巻第8号	明治43・10・15	

番号	題目	編著者	掲載書誌	刊行年月日	備考
0528	漢口重要商品輸出入表		東亜同文会支那調査報告書 第1巻第8号	明治43・10・15	
0529	禁煙視察官ノ帰京		東亜同文会支那調査報告書 第1巻第9号	明治43・10・30	
0530	南清一帯ヲ蓆捲セル這次ノ恐慌		東亜同文会支那調査報告書 第1巻第9号	明治43・10・30	厦門／曽布参
0531	砂糖市況（営口通信）		東亜同文会支那調査報告書 第1巻第9号	明治43・10・30	
0532	天津重要商品輸入表		東亜同文会支那調査報告書 第1巻第9号	明治43・10・30	
0533	漢口重要商品輸出入表		東亜同文会支那調査報告書 第1巻第9号	明治43・10・30	
0534	資政院議事録		東亜同文会支那調査報告書 第1巻第10号	明治43・11・15	広西省
0535	沢公ノ清国歳計予算演説		東亜同文会支那調査報告書 第1巻第10号	明治43・11・15	
0536	資政院ノ開院ト其後ノ形勢		東亜同文会支那調査報告書 第1巻第10号	明治43・11・15	広西諮議局
0537	天津重要商品輸入表		東亜同文会支那調査報告書 第1巻第10号	明治43・11・15	
0538	漢口重要商品輸出入表		東亜同文会支那調査報告書 第1巻第10号	明治43・11・15	
0539	四川省重慶汽船蜀通号貨客運賃		東亜同文会支那調査報告書 第1巻第10号	明治43・11・15	
0540	支那財政整理論（五）	根岸佶	東亜同文会支那調査報告書 第1巻第11号	明治43・11・30	将来ノ歳入
0541	広東ノ阿片専売問題		東亜同文会支那調査報告書 第1巻第11号	明治43・11・30	広栄元／梁棠承
0542	資政院議事録（続）		東亜同文会支那調査報告書 第1巻第11号	明治43・11・30	

0543	漢口重要商品輸出入表		東亜同文会 支那調査報告書 第1巻第11号	明治43・11・30	
0544	資政院議事録（続）		東亜同文会 支那調査報告書 第1巻第12号	明治43・12・15	禁煙条例
0545	甘粛ノ抜烟醸事		東亜同文会 支那調査報告書 第1巻第12号	明治43・12・15	
0546	軍機大臣弾劾問題ト資政院ノ妥協		東亜同文会 支那調査報告書 第1巻第12号	明治43・12・15	
0547	外交干係問題議事		東亜同文会 支那調査報告書 第1巻第12号	明治43・12・15	資政院
0548	漢口重要商品輸出入表		東亜同文会 支那調査報告書 第1巻第12号	明治43・12・15	
0549	昨年度ノ清国外国貿易情況（下）		東亜同文会 支那調査報告書 第1巻第13号	明治43・12・30	鴉片／宜昌
0550	資政院議事録（続）		東亜同文会 支那調査報告書 第1巻第13号	明治43・12・30	全国鴉片禁止法案／鴉片禁止条例改正案
0551	度支部輸入鴉片調査		東亜同文会 支那調査報告書 第1巻第13号	明治43・12・30	
0552	天津重要商品輸入表		東亜同文会 支那調査報告書 第1巻第13号	明治43・12・30	
0553	漢口重要商品輸出入表		東亜同文会 支那調査報告書 第1巻第13号	明治43・12・30	
0554	資政院議事録（続）		東亜同文会 支那調査報告書 第2巻第1号	明治44・1・15	全国禁煙弁法建議案／禁煙条例修正案／全国禁煙励行方法建議案
0555	昨年度ノ清国政治界（一）		東亜同文会 支那調査報告書 第2巻第1号	明治44・1・15	アレクザンダー・ホイス
0556	漢口重要商品輸出入表		東亜同文会 支那調査報告書 第2巻第1号	明治44・1・15	
0557	昨年度ノ清国経済界（下）		東亜同文会 支那調査報告書 第2巻第2号	明治44・1・30	阿片栽培
0558	資政院議事録（続）		東亜同文会 支那調査報告書 第2巻第2号	明治44・1・30	

番号	題目	編著者	掲載書誌	刊行年月日	備考
0559	庫倫弁事大臣ノ対蒙施政		東亜同文会 支那調査報告書 第2巻第2号	明治44・1・30	烟館
0560	鴉片条約廃止談判		東亜同文会 支那調査報告書 第2巻第2号	明治44・1・30	
0561	浙江省定海禁烟所成績		東亜同文会 支那調査報告書 第2巻第2号	明治44・1・30	
0562	江蘇省丹徒県衙門ト禁煙		東亜同文会 支那調査報告書 第2巻第2号	明治44・1・30	禁煙公所
0563	恭親王ノ遭難		東亜同文会 支那調査報告書 第2巻第4号	明治44・2・28	
0564	昨年度上海貿易状況		東亜同文会 支那調査報告書 第2巻第4号	明治44・2・28	
0565	貴州省鎮遠ヨリ		東亜同文会 支那調査報告書 第2巻第4号	明治44・2・28	
0566	上海昨年ノ商況大要（上海通信）		東亜同文会 支那調査報告書 第2巻第4号	明治44・2・28	
0567	加奈陀ニ於ケル清国人密入国問題		東亜同文会 支那調査報告書 第2巻第4号	明治44・2・28	
0568	阿片問題質問		東亜同文会 支那調査報告書 第2巻第4号	明治44・2・28	ロイテル電報
0569	漢口市場一斑		東亜同文会 支那調査報告書 第2巻第5号	明治44・3・15	
0570	倫敦支那協会	森不二若	東亜同文会 支那調査報告書 第2巻第5号	明治44・3・15	モリソン
0571	山西省太原府ヨリ（通信）		東亜同文会 支那調査報告書 第2巻第5号	明治44・3・15	
0572	雲南省昭通ヨリ（通信）		東亜同文会 支那調査報告書 第2巻第5号	明治44・3・15	
0573	清国阿片禁種ノ厳諭		東亜同文会 支那調査報告書 第2巻第5号	明治44・3・15	

0574	大官消息		東亜同文会 支那調査報告書 第2巻第5号	明治44・3・15	恭親王
0575	印度ト阿片問題		東亜同文会 支那調査報告書 第2巻第5号	明治44・3・15	ウィルソン
0576	英清阿片談判		東亜同文会 支那調査報告書 第2巻第5号	明治44・3・15	ジョン・ジョルダン
0577	昨年度牛荘港貿易状況（営口通信）		東亜同文会 支那調査報告書 第2巻第7号	明治44・4・5	
0578	福建省の阿片禁止		東亜同文会 支那調査報告書 第2巻第7号	明治44・4・5	去毒社
0579	膠州湾領の発達		東亜同文会 支那調査報告書 第2巻第7号	明治44・4・5	
0580	甘粛省秦州より		東亜同文会 支那調査報告書 第2巻第7号	明治44・4・5	
0581	湖南桂陽の阿片		東亜同文会 支那調査報告書 第2巻第8号	明治44・4・20	
0582	大官の消息		東亜同文会 支那調査報告書 第2巻第8号	明治44・4・20	沈雲沛
0583	大官の更動		東亜同文会 支那調査報告書 第2巻第9号	明治44・5・5	唐景崇
0584	山西省河津県より（通信）		東亜同文会 支那調査報告書 第2巻第9号	明治44・5・5	
0585	貴州省鎮遠より（通信）		東亜同文会 支那調査報告書 第2巻第9号	明治44・5・5	
0586	海関税附加税		東亜同文会 支那調査報告書 第2巻第9号	明治44・5・5	山東
0587	天津の女子禁煙会		東亜同文会 支那調査報告書 第2巻第9号	明治44・5・5	
0588	阿片の禁種成績		東亜同文会 支那調査報告書 第2巻第9号	明治44・5・5	グレー／ホジー
0589	上海附近阿片喫烟者数		東亜同文会 支那調査報告書 第2巻第10号	明治44・5・20	

番号	題目	編著者	掲載書誌	刊行年月日	備考
0590	鴉片条約の改訂		東亜同文会 支那調査報告書 第2巻第10号	明治44・5・20	国民禁煙総会
0591	貴陽より（通信）		東亜同文会 支那調査報告書 第2巻第10号	明治44・5・20	
0592	昨年度営口民船貿易統計		東亜同文会 支那調査報告書 第2巻第10号	明治44・5・20	
0593	英清の阿片問題		東亜同文会 支那調査報告書 第2巻第10号	明治44・5・20	
0594	禁煙励行諭示		東亜同文会 支那調査報告書 第2巻第11号	明治44・6・5	英清禁煙続約／唐景崇
0595	英清禁煙続約の成立		東亜同文会 支那調査報告書 第2巻第11号	明治44・6・5	
0596	烟禁漸弛の因		東亜同文会 支那調査報告書 第2巻第11号	明治44・6・5	
0597	甘粛省秦州より（通信）		東亜同文会 支那調査報告書 第2巻第11号	明治44・6・5	
0598	阿片協定公報		東亜同文会 支那調査報告書 第2巻第11号	明治44・6・5	
0599	阿片輸出方針		東亜同文会 支那調査報告書 第2巻第11号	明治44・6・5	モンダーグ
0600	阿片協定と印度		東亜同文会 支那調査報告書 第2巻第11号	明治44・6・5	
0601	英清禁煙続約条件		東亜同文会 支那調査報告書 第2巻第11号	明治44・6・5	
0602	支那の貧富		東亜同文会 支那調査報告書 第2巻第12号	明治44・6・20	貿易上の観察
0603	大官の更動		東亜同文会 支那調査報告書 第2巻第12号	明治44・6・20	恭親王／訥勤赫／龐鴻書／王樹柟
0604	湖南及甘粛の擾乱		東亜同文会 支那調査報告書 第2巻第12号	明治44・6・20	烟捐局

0605	湖北の禁烟成績	東亜同文会 支那調査報告書 第2巻第12号	明治44・6・20	
0606	湖南省辰州より（通信）	東亜同文会 支那調査報告書 第2巻第12号	明治44・6・20	罌粟の栽培
0607	河南省帰徳府より（通信）	東亜同文会 支那調査報告書 第2巻第12号	明治44・6・20	罌粟の栽培
0608	四川省忠州より（通信）	東亜同文会 支那調査報告書 第2巻第12号	明治44・6・20	罌粟栽培禁止成績
0609	端方の起用	東亜同文会 支那調査報告書 第2巻第12号	明治44・6・20	印紙税問題
0610	一九一〇年度清国貿易概況	東亜同文会 支那調査報告書 第2巻第13号	明治44・7・5	
0611	雲南省昭通府より（通信）	東亜同文会 支那調査報告書 第2巻第13号	明治44・7・5	
0612	甘粛省蘭州より（通信）	東亜同文会 支那調査報告書 第2巻第13号	明治44・7・5	
0613	各省の擾乱	東亜同文会 支那調査報告書 第2巻第14号	明治44・7・20	甘粛省
0614	阿片吸食と疾病	東亜同文会 支那調査報告書 第2巻第15号	明治44・8・5	
0615	大官の更動	東亜同文会 支那調査報告書 第2巻第15号	明治44・8・5	陸潤章
0616	開封府より（通信）	東亜同文会 支那調査報告書 第2巻第15号	明治44・8・5	阿片禁止
0617	甘粛省秦州より（通信）	東亜同文会 支那調査報告書 第2巻第15号	明治44・8・5	阿片禁止委員
0618	阿片輸入禁止要求	東亜同文会 支那調査報告書 第2巻第15号	明治44・8・5	
0619	大官の更動	東亜同文会 支那調査報告書 第2巻第16号	明治44・8・20	宝瀮
0620	禁煙に関する上諭	東亜同文会 支那調査報告書 第2巻第16号	明治44・8・20	

番号	題目	編著者	掲載書誌	刊行年月日	備考
0621	浙江省嘉興府より（通信）		東亜同文会 支那調査報告書 第2巻第16号	明治44・8・20	禁煙公所
0622	一九一〇年度揚子江貿易		東亜同文会 支那調査報告書 第2巻第16号	明治44・8・20	重慶／沙市／長沙／九江
0623	各地の匪乱		東亜同文会 支那調査報告書 第2巻第18号	明治44・9・20	雲南
0624	国民の消極主義		東亜同文会 支那調査報告書 第2巻第18号	明治44・9・20	
0625	四川省叙州府より（通信）		東亜同文会 支那調査報告書 第2巻第18号	明治44・9・20	
0626	印度阿片輸入禁止		東亜同文会 支那調査報告書 第2巻第18号	明治44・9・20	ジョルダン
0627	清国重要職官一覧表		東亜同文会 支那調査報告書 第2巻第18号	明治44・9・20	禁煙大臣／土薬統税大臣
0628	印度阿片輸入額		東亜同文会 支那調査報告書 第2巻第24号	明治44・12・20	
0629	蘇州阿片税		東亜同文会 支那調査報告書 第2巻第24号	明治44・12・20	
0630	広東事情（上）	相原生	支那 第3巻第1号	明治45・1・5	胡瑞峯
0631	広東事情（下）	相原生	支那 第3巻第2号	明治45・1・20	
0632	本年の阿片		支那 第3巻第2号	明治45・1・20	
0633	革命と鴉片		支那 第3巻第2号	明治45・1・20	
0634	杭州（通信）		支那 第3巻第2号	明治45・1・20	租税
0635	蒙古の独立策		支那 第3巻第4号	明治45・2・20	

0636	臨時大総統命令一束		支那　第3巻第7号	明治45・4・5	
0637	社会改良会		支那　第3巻第7号	明治45・4・5	唐紹怡
0638	温州（通信）		支那　第3巻第8号	明治45・4・20	
0639	改良会の進境		支那　第3巻第9号	明治45・5・5	万国改良会
0640	江蘇省議会議事		支那　第3巻第9号	明治45・5・5	
0641	中国国会案		支那　第3巻第11号	明治45・6・5	選挙法大綱
0642	資政院彙報		支那　第3巻第11号	明治45・6・5	議事録
0643	湖北禁烟規定		支那　第3巻第12号	明治45・6・20	
0644	一九一一年度支那対外貿易（下）		支那　第3巻第13号	明治45・7・5	
0645	南越紀行（二）	東亜同文書院南越班旅行隊	支那　第3巻第13号	明治45・7・5	
0646	南越遊記	東亜同文書院南越班旅行隊	支那　第3巻第14号	明治45・7・20	
0647	漢中行	東亜同文書院清化鎮漢中班旅行隊	支那　第3巻第15号	大正元・8・5	曲沃
0648	広東近況		支那　第3巻第15号	大正元・8・5	警察庁／陳景華
0649	参議院議事録		支那　第3巻第16号	大正元・8・20	
0650	英公使の雲南省の鴉片栽培禁止要求		支那　第3巻第17号	大正元・9・5	
0651	河南煙禁弛廃		支那　第3巻第17号	大正元・9・5	

番号	題目	編著者	掲載書誌	刊行年月日	備考
0652	鴉片の呪		支那 第3巻第17号	大正元・9・5	勧戒鴉片
0653	江蘇省の禁煙		支那 第3巻第18号	大正元・9・20	
0654	参議院議事録		支那 第3巻第18号	大正元・9・20	禁煙修改条約実行案／禁煙実行法案
0655	省議会議員選挙法		支那 第3巻第19号	大正元・10・5	
0656	支那関税改正に関する支那側の議論		支那 第3巻第20号	大正元・10・20	曽紀沢
0657	参議院議事録		支那 第3巻第20号	大正元・10・20	実行禁煙法案
0658	参議院議事録		支那 第3巻第21号	大正元・11・5	
0659	露国の対蒙貿易大政策		支那 第3巻第22号	大正元・11・20	林則徐
0660	鴉片の厳禁		支那 第3巻第22号	大正元・11・20	袁総統
0661	湖北の税制改正案		支那 第3巻第23号	大正元・12・5	
0662	湖北地方に於ける通境税及銷場税（前清時代の厘金税及落地税）		支那 第3巻第24号	大正元・12・20	宜昌過境銷場籌餉土薬査緝税局／阿片販売税
0663	中部支那の商業に就て	南商務官談	支那 第4巻第1号	大正2・1・1	
0664	民国二年度総予算案		支那 第4巻第2号	大正2・1・15	
0665	阿片禁止法		支那 第4巻第2号	大正2・1・15	
0666	阿片禁止提議		支那 第4巻第2号	大正2・1・15	

0667	安南婦人の阿片喫烟		支那　第4巻第3号	大正2・2・1	
0668	上海阿片額と喫煙者		支那　第4巻第5号	大正2・3・1	
0669	一九一二年香港貿易概況	陶々居	支那　第4巻第6号	大正2・3・15	
0670	阿片問題		支那　第4巻第6号	大正2・3・15	タイムス北京通信
0671	西江ところどころ	陶々居	支那　第4巻第6号	大正2・3・15	梧州
0672	阿片禁止会決議事項		支那　第4巻第7号	大正2・4・1	北京
0673	広西経済事情	レオ・ア・バージョルツ氏報告	支那　第4巻第8号	大正2・4・15	
0674	広東の医事及衛生　(上)	植田郁蔵	支那　第4巻第9号	大正2・5・1	吸煙及煙戒
0675	江北地方禁煙近状		支那　第4巻第10号	大正2・5・15	
0676	雲南の阿片栽培		支那　第4巻第10号	大正2・5・15	
0677	米国と東亜との関係を論ず	ラインシュ	支那　第4巻第11号	大正2・6・1	
0678	阿片条約改正提議		支那　第4巻第11号	大正2・6・1	
0679	水旱の弊害と匪徒の横行		支那　第4巻第11号	大正2・6・1	浙江
0680	民国第一議会　(三)		支那　第4巻第12号	大正2・6・15	衆議院議事録　(一)
0681	英議会に於ける阿片問題		支那　第4巻第12号	大正2・6・15	
0682	米支改正条約の要点		支那　第4巻第12号	大正2・6・15	

番号	題目	編著者	掲載書誌	刊行年月日	備考
0683	英政府の質問		支那　第4巻第12号	大正2・6・15	
0684	昨年の山西貿易概況		支那　第4巻第12号	大正2・6・15	
0685	叙任辞令		支那　第4巻第12号	大正2・6・15	海牙鴉片禁止会議／顔恵慶
0686	雲南通信		支那　第4巻第12号	大正2・6・15	
0687	河南荊紫関より		支那　第4巻第12号	大正2・6・15	
0688	在貴州某氏より		支那　第4巻第12号	大正2・6・15	
0689	鴉片輸入禁止		支那　第4巻第13号	大正2・7・1	
0690	英支交渉条件		支那　第4巻第13号	大正2・7・1	陸徴祥
0691	西安府より		支那　第4巻第13号	大正2・7・1	
0692	上海より		支那　第4巻第13号	大正2・7・1	租界／丁義美（米人）
0693	西部支那の近状		支那　第4巻第14号	大正2・7・15	四川省
0694	英人の支那観		支那　第4巻第14号	大正2・7・15	英国支那協会報告
0695	貴陽府より		支那　第4巻第14号	大正2・7・15	
0696	浙江短信		支那　第4巻第14号	大正2・7・15	
0697	河南の印紙税反対		支那　第4巻第14号	大正2・7・15	

0698	昨年の支那貿易概況　(上)		支那　第4巻第15号	大正2・8・1	
0699	山西近況		支那　第4巻第15号	大正2・8・1	
0700	甘粛の禁煙不実行		支那　第4巻第15号	大正2・8・1	
0701	昨年度の支那貿易概況　(下)		支那　第4巻第16号	大正2・8・15	
0702	民国第一議会　(七)		支那　第4巻第16号	大正2・8・15	参議院議事録／衆議院議事録
0703	印度に於ける阿片問題		支那　第4巻第16号	大正2・8・15	ガイ・フリートウッド・ウィルソン
0704	庫倫事情		支那　第4巻第16号	大正2・8・15	ファー・イースターン・レビュー抄訳
0705	揚州		支那　第4巻第16号	大正2・8・15	
0706	安慶		支那　第4巻第16号	大正2・8・15	柏文蔚
0707	貴州借款と省民意嚮		支那　第4巻第16号	大正2・8・15	
0708	西蔵問題		支那　第4巻第18号	大正2・9・15	
0709	南満未開放地に於ける居住日本人退去問題		支那　第4巻第18号	大正2・9・15	
0710	雲南紀行　(二)	岳南	支那　第4巻第18号	大正2・9・15	
0711	印花税愈実行		支那　第4巻第18号	大正2・9・15	
0712	蒙古と阿片		支那　第4巻第18号	大正2・9・15	
0713	熊内閣成立		支那　第4巻第19号	大正2・10・1	汪大爕

番号	題目	編著者	掲載書誌	刊行年月日	備考
0714	民国第一議会（十一）		支那　第4巻第20号	大正2・10・15	衆議院議事録
0715	南京の鴉片流行		支那　第4巻第20号	大正2・10・15	
0716	革命後に於ける宗教団体の勃興（三）附社会風俗に対する矯正団体		支那　第4巻第21号	大正2・11・1	晶明礼教社／進徳会
0717	阿片輸入禁止要求		支那　第4巻第21号	大正2・11・1	福建去毒総社林雨時
0718	秘密阿片店の増加		支那　第4巻第22号	大正2・11・15	
0719	阿片の在荷高		支那　第4巻第22号	大正2・11・15	
0720	命令法律		支那　第4巻第22号	大正2・11・15	鴉片禁止取締令
0721	福建省の移民に就て（上）		支那　第4巻第23号	大正2・12・1	
0722	民国第一議会（十四）		支那　第4巻第23号	大正2・12・1	参議院議事録／衆議院議事録
0723	雲南紀行（六）	岳南生	支那　第4巻第23号	大正2・12・1	大理府
0724	実業整頓三大綱		支那　第4巻第23号	大正2・12・1	張謇
0725	雲南紀行（七）	岳南生	支那　第4巻第24号	大正2・12・15	
0726	罌粟栽培の減少		支那　第4巻第24号	大正2・12・15	
0727	支那民国の大勢	根津一	支那　第5巻第1号	大正3・1・1	民国財政の前途
0728	革命後の議会		支那　第5巻第1号	大正3・1・1	議会の組織／議会の成績

0729	革命後の外交		支那 第5巻第1号	大正3・1・1	西蔵問題／対英阿片及片馬問題
0730	革命後の貿易		支那 第5巻第1号	大正3・1・1	重要商品輸入貿易
0731	再び支那民国の現勢に就て	根津一	支那 第5巻第2号	大正3・1・15	
0732	鴉片犯禁者の厳罰		支那 第5巻第2号	大正3・1・15	
0733	甘粛通信		支那 第5巻第3号	大正3・2・1	ノース・チャイナ・デーリー・ニュース
0734	一九一三年 民国二年度 支那大事記		支那 第5巻第3号	大正3・2・1	顔恵慶／阿片禁止会議
0735	導淮水利事業（上）	米国赤十字社派遣技師長 Charles Davis Jameson 氏 一九一二年導淮地方視察報告書	支那 第5巻第4号	大正3・2・15	
0736	朱総長と禁煙		支那 第5巻第4号	大正3・2・15	
0737	五省の阿片調査		支那 第5巻第6号	大正3・3・15	
0738	湖南通信		支那 第5巻第7号	大正3・4・1	城門の検査条項
0739	内務部の通令		支那 第5巻第8号	大正3・4・15	
0740	命令法律		支那 第5巻第9号	大正3・5・1	禁煙条例励行
0741	叙任辞令		支那 第5巻第9号	大正3・5・1	顔恵慶
0742	各省財政状態報告書（二）		支那 第5巻第11号	大正3・6・1	湖北省
0743	命令法律		支那 第5巻第11号	大正3・6・1	禁種罌粟条例
0744	一九一三年度支那の貿易		支那 第5巻第13号	大正3・7・1	

番号	題目	編著者	掲載書誌	刊行年月日	備考
0745	政事堂と外交案件		支那　第5巻第13号	大正3・7・1	
0746	河南の阿片輸入禁止		支那　第5巻第13号	大正3・7・1	
0747	仏領交趾支那地方視察報告（三）	和田富雄	支那　第5巻第14号	大正3・7・15	
0748	万国禁煙会派遣員		支那　第5巻第15号	大正3・8・1	陸徵祥
0749	阿片輸入禁止省		支那　第5巻第15号	大正3・8・1	
0750	広西省の通貨及為替		支那　第5巻第16号	大正3・8・15	南寧
0751	支緬外交と片馬問題（三）		支那　第5巻第16号	大正3・8・15	緬甸雲南条約
0752	阿片禁止の弁法		支那　第5巻第17号	大正3・9・1	内務朱総長
0753	重慶を中心とする四川省金融事情（下）		支那　第5巻第19号	大正3・10・1	阿片禁止及輸入超過と其影響
0754	広東省貿易観（下ノ一）	近藤生	支那　第5巻第19号	大正3・10・1	重要輸入商品
0755	参政院秘密会議		支那　第5巻第21号	大正3・11・1	嗎啡治罪条例追認案
0756	湖南通信		支那　第5巻第21号	大正3・11・1	公債募集の現況
0757	（東亜同文書院）旅行班通信（貴州通信）		支那　第5巻第21号	大正3・11・1	黔西県
0758	参政院議事		支那　第5巻第22号	大正3・11・15	嗎啡治罪条例追認案
0759	（東亜同文書院）旅行班通信（貴州通信）		支那　第5巻第22号	大正3・11・15	畢節県

0760	（東亜同文書院）旅行班通信　（貴州省）		支那	第5巻第24号	大正3・12・15	
0761	（東亜同文書院）旅行班通信　（雲南省）		支那	第5巻第24号	大正3・12・15	
0762	自治機関問題		支那	第6巻第1号	大正4・1・1	選挙民資格
0763	対藩関係		支那	第6巻第1号	大正4・1・1	西蔵問題／陳貽範
0764	民国二年漢口貿易		支那	第6巻第2号	大正4・1・15	
0765	支那民国三年大事記		支那	第6巻第3号	大正4・2・1	阿片禁止厲行
0766	支那人排斥法案の制定　（二）	ジェームス・ブロンソン・レイノールド	支那	第6巻第3号	大正4・2・1	
0767	湖南通信		支那	第6巻第3号	大正4・2・1	湘雅医学校
0768	阿片厳禁方法		支那	第6巻第3号	大正4・2・1	
0769	地方自治試行条例		支那	第6巻第5号	大正4・3・1	選挙民資格
0770	上海通信		支那	第6巻第6号	大正4・3・15	国貨推広奨励
0771	湖南通信		支那	第6巻第7号	大正4・4・1	湘雅医学校
0772	周総長の三大政策		支那	第6巻第7号	大正4・4・1	周自斉
0773	雲南省阿片没収件数		支那	第6巻第8号	大正4・4・15	
0774	青島の軍政		支那	第6巻第11号	大正4・6・1	埠頭仮規則
0775	支那に於けるヱール大学の事業		支那	第6巻第12号	大正4・6・15	湘雅医院

番号	題目	編著者	掲載書誌	刊行年月日	備考
0776	民国四年度内国公債		支那　第6巻第13号	大正4・7・1	阿片専売新税
0777	鴉片禁止問題		支那　第6巻第13号	大正4・7・1	
0778	時事日誌		支那　第6巻第14号	大正4・7・15	朝陽県附近の阿片栽培
0779	山東省に於ける常関及厘金制度	山口生	支那　第6巻第15号	大正4・8・1	籌款局
0780	湖南通信		支那　第6巻第15号	大正4・8・1	戴世昌公司
0781	一九一四年度支那貿易報告（上）	エフ・イー・テーラー	支那　第6巻第16号	大正4・8・15	
0782	阿片の解禁問題		支那　第6巻第16号	大正4・8・15	蔡乃煌／劉瑞麟
0783	支那紡績業と我邦の方針（下）		支那　第6巻第17号	大正4・9・1	
0784	一九一四年度支那貿易報告（中）	エス・イー・テーラー	支那　第6巻第17号	大正4・9・1	
0785	法律命令		支那　第6巻第17号	大正4・9・1	陝西省鴉片禁種申令
0786	英支阿片改約		支那　第6巻第18号	大正4・9・15	
0787	故ロックヒル氏の外蒙古論（中）		支那　第6巻第20号	大正4・10・15	
0788	支那各省釐金税徴収法及収税額		支那　第6巻第23号	大正4・12・1	雲南省／貴州省
0789	法律命令		支那　第7巻第3号	大正5・2・1	鴉片禁止、禁運
0790	民国四年支那大事記		支那　第7巻第4号	大正5・2・15	

番号	題目	編著者	掲載書誌	刊行年月日	備考
0807	露支北満に於ける禁酒新約		支那 第7巻第21号	大正5・11・1	
0808	法律命令		支那 第7巻第21号	大正5・11・1	鴉片禁止大総統令
0809	民国第二議会		支那 第7巻第22号	大正5・11・15	参議院記事／衆議院記事
0810	ゲーリー氏の東洋観		支那 第7巻第23号	大正5・12・1	
0811	民国第二議会		支那 第7巻第24号	大正5・12・15	参議院記事
0812	米支条約改修		支那 第7巻第24号	大正5・12・15	
0813	湖南省の米支合弁医業		支那 第8巻第2号	大正6・1・15	湘雅医院
0814	香港の行政財政状況		支那 第8巻第3号	大正6・2・1	
0815	香港貿易		支那 第8巻第4号	大正6・2・15	
0816	鴉片買収問題（北京通信）		支那 第8巻第6号	大正6・3・15	馮国璋／上海洋薬公所
0817	支那の阿片禁止（上）		支那 第8巻第11号	大正6・6・1	阿片禁止の沿革／民国の阿片禁止／英支の禁煙交渉
0818	支那の阿片禁止（下）		支那 第8巻第12号	大正6・6・15	禁止の状況／阿片処分法
0819	重慶に於ける商業機関		支那 第8巻第12号	大正6・6・15	渝行
0820	支那労働者の海外輸送に就て（中）		支那 第8巻第16号	大正6・8・15	
0821	支那政党史稿（五）	松本鎗吉・波多野乾一	支那 第8巻第18号	大正6・9・15	丁振鐸

番号	題目	編著者	掲載書誌	刊行年月日	備考
0838	満洲土地商租須知並解釈　(二)		支那　第9巻第14号	大正7・7・15	
0839	阿片問題調印		支那　第9巻第14号	大正7・7・15	上海洋薬公所
0840	阿片売買の醜聞		支那　第9巻第14号	大正7・7・15	馮国璋
0841	英国対支貿易論　(三)	C. A. Middleton Smith	支那　第9巻第15号	大正7・8・1	
0842	阿片買収		支那　第9巻第18号	大正7・9・15	上海貯蔵の阿片買収案
0843	世界的支那問題と其解決案(三)	ゼー・ダブルュー・バッシュフォード	支那　第9巻第19号	大正7・10・1	
0844	阿片金券問題説明		支那　第9巻第19号	大正7・10・1	
0845	米代理公使の勧告書		支那　第9巻第20号	大正7・10・15	上海貯蔵の阿片買収
0846	阿片案否決		支那　第9巻第20号	大正7・10・15	呉宗濂
0847	英国阿片抗議		支那　第9巻第21号	大正7・11・1	支那政府の阿片買収策
0848	支那に於ける居留地研究		支那　第9巻第24号	大正7・12・15	
0849	支那と列強との関係　(二)		支那　第9巻第24号	大正7・12・15	阿片問題
0850	阿片焼却決定		支那　第9巻第24号	大正7・12・15	
0851	阿片焼棄命令		支那　第10巻第1号	大正8・1・1	
0852	阿片焼棄令内容		支那　第10巻第1号	大正8・1・1	

0853	禁煙励行命令		支那　第10巻第2号	大正8・1・15	
0854	阿片密輸入説		支那　第10巻第2号	大正8・1・15	
0855	阿片の密輸入		支那　第10巻第2号	大正8・1・15	
0856	阿片焼棄規則		支那　第10巻第3号	大正8・2・1	
0857	万国禁烟会成立		支那　第10巻第3号	大正8・2・1	
0858	阿片売買調査		支那　第10巻第3号	大正8・2・1	
0859	阿片処分法を建言す		支那　第10巻第4号	大正8・2・15	唐紹儀／呉濂徳
0860	阿片寄附説勢を増す		支那　第10巻第4号	大正8・2・15	
0861	阿片焼棄を決行す		支那　第10巻第4号	大正8・2・15	
0862	毒薬密売取締		支那　第10巻第4号	大正8・2・15	
0863	阿片更に焼棄		支那　第10巻第4号	大正8・2・15	
0864	阿片委員弾劾さる		支那　第10巻第4号	大正8・2・15	
0865	北京の万国禁煙会		支那　第10巻第5号	大正8・3・1	
0866	阿片禁種令		支那　第10巻第6号	大正8・3・15	
0867	阿片官営		支那　第10巻第6号	大正8・3・15	
0868	阿片取締愈々厳		支那　第10巻第6号	大正8・3・15	

番号	題目	編著者	掲載書誌	刊行年月日	備考
0869	モルヒネ禁止令		支那 第10巻第7号	大正8・4・1	
0870	モルヒネ禁止		支那 第10巻第7号	大正8・4・1	
0871	支那新旧輸入税率対照表		支那 第10巻第7号	大正8・4・1	
0872	支那商工業概観（一）	ジュリアン・アーノルド	支那 第10巻第8号	大正8・4・15	阿片喫飲の禁止
0873	陝西人七箇条の請願		支那 第10巻第9号	大正8・5・1	
0874	湖南省経済界救済		支那 第10巻第10号	大正8・5・15	
0875	阿片密輸発覚		支那 第10巻第11号	大正8・6・1	満鉄長春駅
0876	烟禁励行命令		支那 第10巻第12号	大正8・6・15	
0877	西蔵問題交渉		支那 第10巻第13号	大正8・7・1	ジョルダン
0878	万国共同防毒大会		支那 第10巻第13号	大正8・7・1	
0879	支那軍隊整理案（下）	ロッドニー・ギルバート	支那 第10巻第14号	大正8・7・15	軍制上の改革事項
0880	支那日本讒誣		支那 第10巻第14号	大正8・7・15	
0881	没収阿片焼棄		支那 第10巻第14号	大正8・7・15	
0882	日本人の阿片密輸入に対する批難		支那 第10巻第15号	大正8・8・1	
0883	支那に於ける日本のモルヒネ		支那 第10巻第15号	大正8・8・1	

0884	一九一八年度の支那対外貿易（上）		支那　第10巻第16号	大正8・8・15	
0885	一九一八年支那対外貿易（二）		支那　第10巻第17号	大正8・9・1	阿片／徐世昌
0886	鴉片禁止命令		支那　第10巻第21号	大正8・12・15	大総統令
0887	阿片徴税問題調査		支那　第10巻第21号	大正8・12・15	
0888	阿片栽培抑圧		支那　第10巻第21号	大正8・12・15	
0889	英人商業会議所聯合総会		支那　第11巻第1号	大正9・1・15	釐金税廃止問題
0890	支那の阿片栽培		支那　第11巻第1号	大正9・1・15	
0891	揚子江修築留意		支那　第11巻第1号	大正9・1・15	ジョルダン
0892	阿片禁煙の必要		支那　第11巻第1号	大正9・1・15	
0893	阿片禁止の厲行を求む		支那　第11巻第3号	大正9・3・15	
0894	阿片密輸入論		支那　第11巻第3号	大正9・3・15	
0895	山東問題に関するロッヂ氏の演説（下）		支那　第11巻第4号	大正9・4・15	
0896	支那協会（倫敦）年次総会		支那　第11巻第4号	大正9・4・15	
0897	阿片密輸入の経路		支那　第11巻第6号	大正9・6・15	
0898	初期米支貿易史（一）	ケンネス・スコット	支那　第11巻第9号	大正9・9・15	創始時代
0899	一九一九年支那外国貿易概況		支那　第11巻第10号	大正9・10・15	

番号	題目	編著者	掲載書誌	刊行年月日	備考
0900	初期米支貿易史（二）	ケンネス・スコット	支那　第11巻第10号	大正9・10・15	発展時代及び戦争時代
0901	在支英国商業会議所第二回聯合大会		支那　第11巻第12号	大正9・12・15	クライブ氏の演説／昨年度の事業／議事
0902	初期米支貿易史（四）		支那　第11巻第12号	大正9・12・15	一八二〇年戦争の終局より阿片問題の開始に至る迄
0903	在支英国商業会議所聯合会		支那　第11巻第12号	大正9・12・15	クライブ
0904	万国阿片禁止会		支那　第11巻第12号	大正9・12・15	支那新聞重要記事（10月16日～11月15日）
0905	英国公使抗議		支那　第11巻第12号	大正9・12・15	日本新聞重要電報（大正9年10月中）
0906	アグレーン氏の意見書		支那　第12巻第2号	大正10・2・15	
0907	年末の財政		支那　第12巻第2号	大正10・2・15	
0908	昨年の関税収入		支那　第12巻第2号	大正10・2・15	
0909	阿片禁止条約		支那　第12巻第2号	大正10・2・15	万国阿片禁止条約／顧維鈞
0910	顧代表聯盟提案		支那　第12巻第2号	大正10・2・15	顧維鈞
0911	組織立てる大掠奪		支那　第12巻第2号	大正10・2・15	宜昌
0912	在支日本商業会議所第一次聯合総会		支那　第12巻第3号	大正10・3・15	
0913	雲南の金融事情		支那　第12巻第6号	大正10・6・15	
0914	内務部の禁烟励行命令		支那　第12巻第8号	大正10・8・15	

0915	日支間の懸案整理		支那 第12巻第8号	大正10・8・15	大連阿片問題
0916	一九二〇年度支那外国貿易（下）		支那 第12巻第9号	大正10・9・15	
0917	支那経済概観	寺西秀武	支那 第12巻第9号	大正10・9・15	綿花／張謇
0918	中外聯合禁烟会		支那 第12巻第9号	大正10・9・15	呉宗濂
0919	英国阿片抗議		支那 第12巻第9号	大正10・9・15	アルストン
0920	阿片取締の厲行		支那 第12巻第9号	大正10・9・15	
0921	阿片禁止は厲行		支那 第12巻第10号	大正10・10・15	モンギー
0922	支那共管論と国権恢復運動		支那 第12巻第11号	大正10・11・15	ジェー・オー・ピー・ブランド
0923	初期米支貿易史（七）		支那 第13巻第2号	大正11・2・15	阿片事件及び第一次英清戦争並に南京及び Whanghia 条約の締結—一八二九年乃至一八四四年（其の一）
0924	初期米支貿易史（八）		支那 第13巻第3号	大正11・3・15	阿片問題及び第一次英清戦争並に南京及び Whanghia 条約締結の時代（其の二）
0925	国是会議に要求す		支那 第13巻第4号	大正11・4・15	
0926	支那職員録		支那 第13巻第5号	大正11・5・15	雲南省／禁煙局会弁
0927	青島に於ける阿片禁輸状況		支那 第13巻第7号	大正11・7・15	
0928	支那人の特性（其の一）	チャールス・アーネスト・スコット	支那 第13巻第8号	大正11・8・15	
0929	支那人の特性（其の二）	チャールス・アーネスト・スコット	支那 第13巻第9号	大正11・9・15	張之洞／ジョーン・ジョルダン
0930	一九二一年の支那対外貿易状況（中）		支那 第13巻第9号	大正11・9・15	

番号	題目	編著者	掲載書誌	刊行年月日	備考
0931	在支外国郵便局撤廃問題		支那　第13巻第10号	大正11・10・15	華府会議
0932	支那人の特性　（其の三）	チャールス・アーネスト・スコット	支那　第13巻第10号	大正11・10・15	
0933	一九二三年度香港政庁予算		支那　第13巻第11号	大正11・11・15	
0934	支那新輸入税率表　（下）		支那　第13巻第12号	大正11・12・15	
0935	支那印花税収額		支那　第13巻第12号	大正11・12・15	
0936	阿片専売問題の真相		支那　第14巻第5号	大正12・5・15	アグレン／丸尾千代太郎
0937	黎総統の時局観		支那　第14巻第6号	大正12・6・15	
0938	威海衛還附に関する英支の提案		支那　第14巻第6号	大正12・6・15	
0939	一九二二年支那対外貿易状況		支那　第14巻第9号	大正12・10・15	
0940	華府会議極東及支那問題討議真相　（完）		支那　第14巻第9号	大正12・10・15	支那国に於ける外国郵便局に関する決議
0941	一八八〇年代濠洲在住支那人に対する布教事業	エー・ゴルドン	支那　第15巻第1号	大正13・1・15	
0942	民国十二年大事紀　（下）		支那　第15巻第2号	大正13・2・15	阿片禁止令
0943	善後会議の議事経過		支那　第16巻第3号	大正14・3・15	
0944	支那兵匪問題の考察	石山福治	支那　第16巻第5号	大正14・5・15	呉佩孚
0945	善後会議の後始末		支那　第16巻第6号	大正14・6・15	

0946	民国十三年度支那貿易年報		支那 第16巻第10号	大正14・10・15	
0947	中国々民党に関する一考察（二）	佐々木凡禪	支那 第16巻第11号	大正14・11・15	孫文再度の回粤と中国国民党宣言
0948	支那関税会議（一）		支那 第16巻第11号	大正14・11・15	
0949	支那関税会議（二）		支那 第16巻第12号	大正14・12・15	
0950	支那開港以前の各国関係	大村欣一	支那 第17巻第2号	大正15・2・15	英吉利
0951	支那警察制度の研究（上）	馬場鍬太郎	支那 第17巻第3号	大正15・3・15	督察煙所
0952	蒙古問題（下）	根岸佶	支那 第17巻第4号	大正15・4・15	馮玉祥
0953	釐金とは何ぞや（上）	木村増太郎	支那 第17巻第4号	大正15・4・15	葯釐
0954	釐金とは何ぞや（下）	木村増太郎	支那 第17巻第5号	大正15・5・15	粤漢鉄道借款
0955	支那開港以前の各国関係（四）	大村欣一	支那 第17巻第5号	大正15・5・15	英の東印度商会／北米合衆国
0956	支那の乞丐制度	田中忠夫	支那 第17巻第5号	大正15・5・15	
0957	赤露の対支新経略		支那 第17巻第8号	大正15・8・15	馮玉祥
0958	吉敦鉄道と東満問題（三）	山口昇	支那 第17巻第10号	大正15・10・15	敦化
0959	北京より	根岸佶	支那 第17巻第10号	大正15・10・15	呉佩孚
0960	支那の貿易差額と金銀の移動	和田喜八	支那 第17巻第11号	大正15・11・15	
0961	支那農民運動の実際	沢村幸夫	支那 第17巻第11号	大正15・11・15	徽州

番号	題目	編著者	掲載書誌	刊行年月日	備考
0962	吉敦鉄道と東満問題（四）	山口　昇	支那　第17巻第12号	大正15・12・15	寧古塔貿易
0963	日支経済提携と反帝国主義	堀内干城	支那　第18巻第2号	昭和2・2・15	
0964	支那財政の窮状と二分五厘附加税問題	吉田虎雄	支那　第18巻第3号	昭和2・3・15	地方財政
0965	支那の現情と満蒙の自由経営	石山福治	支那　第18巻第5号	昭和2・5・15	
0966	青年支那の理想観	丸山嘉八郎	支那　第18巻第6号	昭和2・6・15	孫文／革命方略／阿片戦争
0967	支那に於ける資本主義発達の過程	山口愼一	支那　第18巻第6号	昭和2・6・15	レーニン
0968	最近極東外交史稿（三）	中野英光	支那　第18巻第7号	昭和2・7・15	鴉片の吸飲と之が禁止／欽差大臣林則徐及其強硬政策
0969	山西の閻錫山氏と語る	園田次郎	支那　第18巻第8号	昭和2・8・15	
0970	支那礼讃	村松梢風	支那　第19巻第5号	昭和3・5・1	
0971	最近支那貿易の消長	井出季和太	支那　第19巻第5号	昭和3・5・1	
0972	最近支那貿易の消長（二）	井出季和太	支那　第19巻第6号	昭和3・6・1	
0973	党治下の南京	森　利嗣	支那　第19巻第9号	昭和3・9・1	禁煙収入
0974	最近支那貿易の消長	井出季和太	支那　第19巻第11号	昭和3・11・1	香港
0975	南京政府の財政的不安	小川　節	支那　第19巻第12号	昭和3・12・1	
0976	最近支那貿易の消長（八）	井出季和太	支那　第20巻第2号	昭和4・2・1	福州／厦門

0977	支那に於ける阿片問題（一）	松本忠雄	支那　第20巻第3号	昭和4・3・1	世界的の阿片問題／名称／罌粟の栽培阿片の製法／阿片の吸食／阿片の沿革／阿片の吸食
0978	最近支那貿易の消長（九）	井出季和太	支那　第20巻第3号	昭和4・3・1	
0979	支那に於ける阿片問題（二）	松本忠雄	支那　第20巻第4号	昭和4・4・1	支那の阿片政策
0980	支那談叢	野口米次郎	支那　第20巻第4号	昭和4・4・1	（長髪賊）定営規条十要
0981	支那に於ける阿片問題（三）	松本忠雄	支那　第20巻第5号	昭和4・5・1	阿片戦争
0982	支那に於ける阿片問題（四）	松本忠雄	支那　第20巻第7号	昭和4・7・1	阿片戦争（続）
0983	国交無視の日貨排斥に対する吾人の覚悟如何	上田恭輔	支那　第20巻第8号	昭和4・8・1	米国
0984	支那の商界革新運動	長野勲	支那　第20巻第8号	昭和4・8・1	
0985	支那の阿片問題（五）	松本忠雄	支那　第20巻第8号	昭和4・8・1	英国の阿片政策と之に関する論議
0986	支那時局大観		支那　第20巻第8号	昭和4・8・1	ソヴェート聯邦内における支那人民の取締
0987	現代支那の政治及政治思想	佐々弘雄	支那　第20巻第9号	昭和4・9・1	
0988	支那国民教育に関する一考察	田村寛	支那　第20巻第9号	昭和4・9・1	教科書
0989	支那の阿片問題（五）〔五は六の誤〕	松本忠雄	支那　第20巻第9号	昭和4・9・1	清末の阿片禁止政策／英国に対する禁烟交渉
0990	上海紹介の諸書	沢村幸夫	支那　第20巻第10号	昭和4・10・1	徐愚斎『上海雑記』
0991	支那阿片問題の一考察（上）	菊地酉治	支那　第20巻第10号	昭和4・10・1	阿片の沿革／支那阿片の沿革／支那印度阿片貿易開始／阿片戦争及其の後／芝罘会議その後／阿片禁止運動と十年計画
0992	支那談叢	野口米次郎	支那　第20巻第10号	昭和4・10・1	阿片の害毒

番号	題目	編著者	掲載書誌	刊行年月日	備考
0993	支那の阿片問題 (六) 〔六は七の誤〕	松本忠雄	支那 第20巻第11号	昭和4・11・1	印度の阿片
0994	内河航行権回収意見	調査部	支那 第20巻第11号	昭和4・11・1	
0995	支那阿片問題の一考察 (下)	菊地酉治	支那 第20巻第12号	昭和4・12・1	国民拒毒運動の意義と任務(黄嘉恵)/社会的に考察せる阿片の惨害(戴秉衡)/密輸事件と国際的関係/在支不正業者の反省を促す
0996	四川通信		支那 第20巻第12号	昭和4・12・1	
0997	四川の蠻子	富岡羊一	支那 第21巻第1号	昭和5・1・1	
0998	支那談叢	野口米次郎	支那 第21巻第2号	昭和5・2・1	日支親善の楔
0999	支那司法制度の現状	竹之内安己	支那 第21巻第4号	昭和5・4・1	禁烟条例
1000	国民政府重要記録		支那 第21巻第5号	昭和5・5・1	禁烟考績条例/禁烟法施行細則
1001	支那新経済政策 (二)	呉鼎昌	支那 第21巻第6号	昭和5・6・1	
1002	阿片取締の為の国際協力	松本忠雄	支那 第21巻第10号	昭和5・10・1	上海の阿片会議/海牙阿片会議/第二、第三海牙会議/巴里平和会議と阿片協定/国際聯盟と阿片問題/阿片諮問委員会/寿府国際阿片会議
1003	支那塩政史論序説	貴志英夫	支那 第21巻第10号	昭和5・10・1	
1004	支那に於ける阿片の生産 (上) —支那に於ける阿片問題続編—	松本忠雄	支那 第21巻第11号	昭和5・11・1	罌粟栽培起る/支那に於ける阿片産地/支那の阿片産額/阿片栽培再び興る
1005	澳門と琉球	岸田英治	支那 第21巻第12号	昭和5・12・1	
1006	在支基督教伝道の危機	フランク・ローリンソン	支那 第21巻第12号	昭和5・12・1	
1007	国民政府重要記録		支那 第21巻第12号	昭和5・12・1	陳炳光/禁煙委員会

1008	支那社会の展望と其経済政策	田中忠夫	支那 第22巻第1号	昭和6・1・1	新興社会民主派の主張
1009	支那に於ける阿片の生産（下） ―支那に於ける阿片問題続編―	松本忠雄	支那 第22巻第1号	昭和6・1・1	各省の阿片生産状況
1010	満洲鉄道を中心として	佐藤安之助	支那 第22巻第2号	昭和6・2・1	小学校教科書（中国）
1011	支那近時の阿片問題（上） ―支那に於ける阿片問題続編―	松本忠雄	支那 第22巻第2号	昭和6・2・1	民国の阿片禁止政策／残土処分問題／一種の阿片専売
1012	国民政府重要記録		支那 第22巻第2号	昭和6・2・1	禁烟委員会／張之江／劉瑞恒
1013	列国の対支征空利権競争	田中香苗	支那 第22巻第3号	昭和6・3・1	阿片船
1014	国民政府重要記録		支那 第22巻第3号	昭和6・3・1	禁煙委員会／王維藩／呉凱声
1015	支那近時の阿片問題（下） ―支那に於ける阿片問題続編―	松本忠雄	支那 第22巻第4号	昭和6・4・1	阿片吸食の現状／阿片吸食者数
1016	国民政府重要記録		支那 第22巻第4号	昭和6・4・1	劉端恒／張学良／李基鴻／鍾可託／羅運炎／伍連徳／張樹声／田雄飛／胡毓威／陳炳光／史賛銘／陳紹寛／馬演初／禁煙委員会
1017	支那社会の前途と其経済政策（下）	田中忠夫	支那 第22巻第5号	昭和6・5・1	新興社会民主派の主張
1018	治外法権撤廃尚早論	エッチ・ヂー・ウッドヘッド	支那 第22巻第5号	昭和6・5・1	南京政府
1019	南北支那視察より帰りて	水野錬太郎	支那 第22巻第8号	昭和6・8・1	南京
1020	民国の再建事業に対する国際聯盟の協力	青木節一	支那 第22巻第9号	昭和6・9・1	
1021	所謂満鉄並行線問題に就て	岸田英治	支那 第22巻第9号	昭和6・9・1	拒毒
1022	国民政府の農業政策	浜田峰太郎	支那 第22巻第9号	昭和6・9・1	
1023	入蜀印象記	大谷弥十次	支那 第22巻第10号	昭和6・10・1	重慶

番号	題目	編著者	掲載書誌	刊行年月日	備考
1024	在満鮮人問題の所在（下）	池田静夫	支那　第22巻第10号	昭和6・10・1	
1025	支那人の心理	ド・スチリアノ	支那　第22巻第10号	昭和6・10・1	官吏
1026	支那に於けるソヴエート	ド・スチリアノ	支那　第22巻第11号	昭和6・11・1	元帥・将軍／馮玉祥
1027	排外教育を論ず	三枝茂智	支那　第23巻第1号	昭和7・1・1	
1028	広東の行商と夷館（中）	松本忠雄	支那　第23巻第1号	昭和7・1・1	林則徐
1029	五港開港前に於ける支那外国貿易史の質的検討（一）	野副重勝	支那　第23巻第2号	昭和7・2・1	五港開港前に於ける支那外国貿易史の概観
1030	『大夏大学』の巻　上海の各大学および大学教授（二）	沢村幸夫	支那　第23巻第2号	昭和7・2・1	杜月笙
1031	五港開港前に於ける支那外国貿易史の質的検討（二）	野副重勝	支那　第23巻第3号	昭和7・3・1	輸入貿易
1032	石路・盆湯弄界隈　上海新風土記（二）	沢村幸夫	支那　第23巻第3号	昭和7・3・1	滬游雑記
1033	重要記録		支那　第23巻第3号	昭和7・3・1	鄭哲熙／禁煙委員会／国際聯盟／施肇基／顔恵慶
1034	広東の行商と夷館（下）	松本忠雄	支那　第23巻第4号	昭和7・4・1	林則徐
1035	広東の行商と夷館（完）	松本忠雄	支那　第23巻第5号	昭和7・5・1	林則徐
1036	五港開港前に於ける支那外国貿易史の質的検討（三）	野副重勝	支那　第23巻第7号	昭和7・7・1	輸入貿易
1037	民国二十年度新予算	国民政府発表	支那　第23巻第7号	昭和7・7・1	禁煙委員会
1038	支那の惨状と米露の影響	エフ・ルジャンドル	支那　第23巻第8号	昭和7・8・1	甘粛省／国民党／馮玉祥／罌粟栽培

1039	熱河事件		支那　第23巻第8号	昭和7・8・1	湯玉麟／張学良
1040	満洲国重要法令並公文集		支那　第23巻第9号	昭和7・9・1	民政部医政科／（省）警務庁
1041	支那共産軍の新展望　（上）	足利　絹	支那　第23巻第10号	昭和7・10・1	蒋介石／阿片税／軍閥
1042	変動する謎の支那	スフォルツァ	支那　第23巻第10号	昭和7・10・1	阿片戦争
1043	五港開港前に於ける支那外国貿易史の質的検討　（五）	野副重勝	支那　第23巻第11号	昭和7・11・1	外国貿易の招来せる種々の現象
1044	満洲国阿片法		支那　第24巻第1号	昭和8・1・1	
1045	五港開港前に於ける支那外国貿易史の質的検討　（完）	野副重勝	支那　第24巻第2号	昭和8・2・1	外国貿易の招来せる種々の現象
1046	仏領印度支那の華僑	エチエンヌ・デヌリイ	支那　第24巻第4号	昭和8・4・1	ショロン
1047	支那大陸に於ける最近情勢の観察	谷萩那華雄	支那　第24巻第7号	昭和8・7・1	張学良／熱河省
1048	初期支那移民史の一齣　（上） —契約移民を中心として—	池田静夫	支那　第24巻第7号	昭和8・7・1	苦力貿易
1049	聯盟脱退後の日本	杉村陽太郎	支那　第24巻第8号	昭和8・8・1	ソヴィエット・ロシア
1050	世界問題としての支那問題	鹿子木員信	支那　第24巻第9号	昭和8・9・15	
1051	日満経済統制と満洲関税問題	根岸　佶	支那　第24巻第9号	昭和8・9・15	関東州
1052	日支紛争に関する支那政府陳弁書　（六）		支那　第24巻第9号	昭和8・9・15	リットン調査団／支那の教科書／英国
1053	阿片戦争と当時の日本への関心	松本忠雄	支那　第24巻第10号	昭和8・10・1	井伊直弼／阿蘭陀船及唐船の風説書／斎藤馨の鴉片始末／海外新語／海外新語拾遺／清英近世談／海外余話
1054	最近支那の外債と新借款の意義	土井　章	支那　第24巻第11号	昭和8・11・1	

番号	題目	編著者	掲載書誌	刊行年月日	備考
1055	満支時事彙報		支那 第24巻第12号	昭和8・12・1	阿片諮問委員会
1056	支那分裂の兆	川崎万博	支那 第25巻第1号	昭和9・1・1	福建／蔣光鼐
1057	満蒙農業移民の成立	永雄策郎	支那 第25巻第1号	昭和9・1・1	永豊鎮
1058	仏国と雲南	ウイルバー・バートン	支那 第25巻第5号	昭和9・5・1	
1059	雲南班洪地方概況	（ウイルバー・バートン）	支那 第25巻第5号	昭和9・5・1	
1060	内憂外患の地新疆省	松本忠雄	支那 第25巻第5号	昭和9・5・1	楊増新／金樹仁
1061	満支時事彙報		支那 第25巻第5号	昭和9・5・1	蔣介石の新生活運動
1062	初期支那研究書解題	松本忠雄	支那 第25巻第7号	昭和9・7・1	日清戦争以前の支那関係著書
1063	客家人物と近代支那	彭盛木	支那 第25巻第8号	昭和9・8・1	太平天国の革命と其の影響
1064	支那新輸出入税則		支那 第25巻第8号	昭和9・8・1	
1065	赤軍崩潰期に入る（ソヴェット区包囲戦の展望）	吉福四郎	支那 第25巻第9号	昭和9・9・1	蔣介石
1066	中国農村の階級的透視	村上知行	支那 第25巻第9号	昭和9・9・1	四川省／軍閥
1067	支那内地住民との親和	後藤朝太郎	支那 第25巻第10号	昭和9・10・1	太湖海賊村
1068	明治初期対支外交日本の高誼	中山久四郎	支那 第25巻第10号	昭和9・10・1	Selling Tea
1069	中国人気質点描	井坂秀雄	支那 第25巻第10号	昭和9・10・1	日本人モルヒネ商

1070	ジェイ・オウ・ピー・ブランド氏の広東国民党論	布施知足	支那　第25巻第11号	昭和9・11・1	英国の印度亜片貿易撤廃
1071	支那農村の疲弊	李景漢	支那　第25巻第12号	昭和9・12・1	
1072	漂流者の齎した支那事情　(上)	松本忠雄	支那　第26巻第1号	昭和10・1・1	支那第26巻第10号参照
1073	支那農業経済研究	久重福三郎	支那　第26巻第1号	昭和10・1・1	黄土高地帯
1074	満支時事彙報		支那　第26巻第1号	昭和10・1・1	在満洲国大使館関東局
1075	団匪賠償金の由来と其後の変遷に就て	田村幸策	支那　第26巻第2号	昭和10・2・1	阿片税
1076	日本は敵か味方か	徐道鄰	支那　第26巻第3号	昭和10・3・1	阿片戦争以来の対英反感／日本商人のコカイン販売
1077	支那辺境の特質	重光蔵	支那　第26巻第5号	昭和10・5・1	新疆／雲南
1078	東西政治思想の比較	藤沢親雄	支那　第26巻第7号	昭和10・7・1	宗教
1079	蔣介石の辺境政策	村田孜郎	支那　第26巻第7号	昭和10・7・1	貴州省／蔣介石／呉忠信
1080	四川省の新情勢を語る	神田正雄	支那　第26巻第7号	昭和10・7・1	蔣介石
1081	江西省竜虎山張天師訪問記	小竹文夫	支那　第26巻第8号	昭和10・8・1	
1082	支那の新生活運動	大西斎	支那　第26巻第8号	昭和10・8・1	蔣介石
1083	北支排日工作の核心〔藍衣社の正体を暴く〕		支那　第26巻第9号	昭和10・9・1	
1084	外蒙の最近情勢と満蒙関係	村田孜郎	支那　第26巻第10号	昭和10・10・1	庫倫
1085	満洲国の経済問題に付て	野中徹也	支那　第26巻第10号	昭和10・10・1	芥子栽培／煙匪

番号	題目	編著者	掲載書誌	刊行年月日	備考
1086	漂流者の齎した支那事情　(三)	松本忠雄	支那　第26巻第10号	昭和10・10・1	阿片船
1087	一九三五年に於ける日満支教育関係の展望	椎木真一	支那　第27巻第1号	昭和11・1・1	広西省
1088	満支時事彙報		支那　第27巻第2号	昭和11・2・1	康徳三年度予算
1089	蒙古の宗教的見地	玉井荘雲	支那　第27巻第3号	昭和11・3・1	
1090	満支時事彙報		支那　第27巻第4号	昭和11・4・1	国民大会代表選挙法原則
1091	支那農業経済の商品化と商業資本の相関	原　勝	支那　第27巻第5号	昭和11・5・1	
1092	隣邦支那の再認識	杉森孝次郎	支那　第27巻第6号	昭和11・6・1	
1093	中華民国の政治思想の行詰りと復古運動の動向に就て	七理重恵	支那　第27巻第6号	昭和11・6・1	新生活運動
1094	西安への旅	(東亜同文書院生調査旅行)	支那　第27巻第7号	昭和11・7・1	
1095	広東から広西省桂林南寧へ	(東亜同文書院生調査旅行)	支那　第27巻第7号	昭和11・7・1	
1096	広西より仏領印度支那を経て雲南へ	(東亜同文書院生調査旅行)	支那　第27巻第7号	昭和11・7・1	
1097	雲南広西省境行	(東亜同文書院生調査旅行)	支那　第27巻第7号	昭和11・7・1	
1098	日支文化提携は支那内地旅行から	後藤朝太郎	支那　第27巻第7号	昭和11・7・1	
1099	満支時事彙報		支那　第27巻第7号	昭和11・7・1	日本国臣民の服すべき満洲国法令
1100	満支時事彙報		支那　第27巻第7号	昭和11・7・1	広州湾回収問題

番号	題名	著者	掲載	発行日	関連事項
1101	満支時事彙報		支那 第27巻第8号	昭和11・8・1	日本国臣民の服すべき満洲国法令
1102	成都事件を中心に	神田正雄	支那 第27巻第10号	昭和11・10・1	蒋介石
1103	満洲の新貌相と日本	中保与作	支那 第27巻第12号	昭和11・12・1	煙匪
1104	満洲帝国の現勢概観	本会調査部	支那 第27巻第12号	昭和11・12・1	匪賊
1105	行衛不明の綏東事件		支那 第28巻第1号	昭和12・1・1	徳王／傅作義／阿片税
1106	満支時事彙報		支那 第28巻第1号	昭和12・1・1	康徳二年度鴉片専売特別会計
1107	満支時事彙報		支那 第28巻第2号	昭和12・2・1	康徳四年度予算案
1108	支那に於ける外国人顧問	高木富五郎	支那 第28巻第3号	昭和12・3・1	ダブリュ・エッチ・ドナルド／張学良
1109	支那農村経済の崩壊（上）	田中忠夫	支那 第28巻第3号	昭和12・3・1	汕頭
1110	満支時事彙報		支那 第28巻第3号	昭和12・3・1	ヘロイン販売
1111	我が対支新政策の提唱	寺西秀武	支那 第28巻第4号	昭和12・4・1	北平に於ける阿片窟
1112	満洲国第二期建設計画の展望		支那 第28巻第4号	昭和12・4・1	専売制度
1113	新興支那の現勢と日本	須磨弥吉郎	支那 第28巻第5号	昭和12・5・1	
1114	支那行脚の機微	後藤朝太郎	支那 第28巻第8号	昭和12・8・1	
1115	砲煙弾雨下の国民政府の財政と金融	井村薫雄	支那 第28巻第10号	昭和12・10・1	主要な財源であるべき阿片の販売
1116	支那事変重要記録		支那 第28巻第10号	昭和12・10・1	康徳四年上半期財政状況

番号	題目	編著者	掲載書誌	刊行年月日	備考
1117	支那事変重要記録		支那　第28巻第10号	昭和12・10・1	満洲国麻薬不正業者粛清
1118	財政経済はどうなるか ―支那戦時財政経済の現状―	井村薫雄	支那　第28巻第11号	昭和12・11・1	阿片販売及び運搬保護の収益
1119	カトリックの日本支持		支那　第28巻第11号	昭和12・11・1	宗教
1120	支那事変重要記録		支那　第29巻第1号	昭和13・1・1	蒙疆自治聯合政府
1121	「西北支那」の研究（一）	松本良男	支那　第29巻第2号	昭和13・2・1	渭水両岸／湟水沿岸
1122	「西北支那」の研究（二）	松本良男	支那　第29巻第3号	昭和13・3・1	馬歩芳／青海省／甘粛省／民薬局
1123	蒋政権の抗戦能力に関する一研究	松本忠雄	支那　第29巻第5号	昭和13・5・1	蒋介石／銀の輸出
1124	蒙疆地帯の横顔	神田正雄	支那　第29巻第5号	昭和13・5・1	山西軍／山西省
1125	中国国民党の共産化	吉岡文六	支那　第29巻第5号	昭和13・5・1	蒋介石／禁煙督察委員会
1126	日満支重要時事記録		支那　第29巻第5号	昭和13・5・1	臨時政府の財政
1127	旅塵漂渺	（東亜同文書院湖北省班旅行記）	支那　第29巻第6号	昭和13・6・1	蒋介石／広東／宜昌／新生活運動
1128	三峡を越えて	（東亜同文書院四川省班旅行記）	支那　第29巻第6号	昭和13・6・1	宜昌／涪州
1129	三十年前に於ける「伊犁」行回顧	林出賢次郎談・波多江種一記	支那　第29巻第6号	昭和13・6・1	
1130	抗日支那の戦時体制	横田実	支那　第29巻第7号	昭和13・7・1	禁烟委員会組織条例
1131	第七十三議会の対支方策検討	日笠芳太郎	支那　第29巻第8号	昭和13・8・1	上海自由港案

1132	支那における治水事業の重要性	高橋良三	支那　第29巻第9号	昭和13・9・1	
1133	「新四軍」の展望	村田孜郎	支那　第29巻第10号	昭和13・10・1	学習規則
1134	第七十三議会の対支方策検討	日笠芳太郎	支那　第29巻第10号	昭和13・10・1	阿片収入という問題／国民政府／軍閥／蒋介石／綏東戦争／宋哲元
1135	九国条約から脱退せよ	稲原勝治	支那　第29巻第12号	昭和13・12・1	林則徐
1136	上海市政の現勢		支那　第29巻第12号	昭和13・12・1	市立戒煙医院
1137	日満支重要時事記録		支那　第29巻第12号	昭和13・12・1	（国際聯盟）阿片諮問委員会・阿片中央委員会
1138	日満支重要時事記録		支那　第29巻第12号	昭和13・12・1	錦古線（承徳・古北口間）沿線
1139	東亜安定に関連する若干の問題	神谷竜男	支那　第30巻第1号	昭和14・1・1	林則徐
1140	満洲建国と日露戦後の相関性	日笠芳太郎	支那　第30巻第1号	昭和14・1・1	阿片政策の種々相
1141	日満支重要時事記録		支那　第30巻第2号	昭和14・2・1	広東治維会
1142	日満支重要時事記録		支那　第30巻第2号	昭和14・2・1	中華維新政府
1143	日満支重要時事記録		支那　第30巻第2号	昭和14・2・1	蒙古聯盟自治政府
1144	呉佩孚将軍と語る	小谷節夫	支那　第30巻第3号	昭和14・3・1	
1145	西南開発の現段階	太田宇之助	支那　第30巻第4号	昭和14・4・1	国民政府／四川省
1146	第七十四議会と支那問題	日笠芳太郎	支那　第30巻第4号	昭和14・4・1	熱河
1147	江西省横断所見	沢村幸夫	支那　第30巻第5号	昭和14・5・1	禁煙捐

番号	題目	編著者	掲載書誌	刊行年月日	備考
1148	「新四軍」の陣営を訪ふ	村田孜郎	支那 第30巻第5号	昭和14・5・1	戦地服務団注意事項
1149	対支先覚者岸田吟香翁	岡野増次郎	支那 第30巻第6号	昭和14・6・1	楽善堂／戒烟薬
1150	事変後の国民政府財政金融の概要	井村薫雄	支那 第30巻第7号	昭和14・7・1	
1151	支那の前途と西南六省	フレデリック・ファン	支那 第30巻第7号	昭和14・7・1	貴州省／呉鼎昌
1152	反英運動と蒋政権の末路		支那 第30巻第7号	昭和14・7・1	英租界
1153	日満支重要時事記録		支那 第30巻第7号	昭和14・7・1	対英覚書／威海衛
1154	老獪か必然か	今井時郎	支那 第30巻第9号	昭和14・9・1	英国東印度会社／阿片戦争
1155	天津租界問題に就いて	大山信三	支那 第30巻第9号	昭和14・9・1	
1156	支那民族性の考察	小竹文夫	支那 第30巻第10号	昭和14・10・1	
1157	満洲の経済発達と対支展望	日笠芳太郎	支那 第30巻第10号	昭和14・10・1	
1158	対支文化工作に就いて	真方勲	支那 第30巻第11号	昭和14・11・1	阿片戦争／林則徐
1159	南京条約前後の英支関係	神谷竜雄	支那 第30巻第11号	昭和14・11・1	
1160	日満支重要時事記録		支那 第30巻第12号	昭和14・12・1	満洲国民生部大臣訓示
1161	日満支重要時事記録		支那 第30巻第12号	昭和14・12・1	康徳七年度満洲国軍募兵要領
1162	蒋介石論	吉岡文六	支那 第31巻第1号	昭和15・1・1	

1163	日満支重要時事記録		支那　第31巻第1号	昭和15・1・1	禁煙総局（満洲国）
1164	上海租界問題及び工部局の真相	泉　信介	支那　第31巻第3号	昭和15・3・1	麻薬問題
1165	日満支重要時事記録		支那　第31巻第5号	昭和15・5・1	星野総務長官訓示（満洲国）
1166	第七十五議会と事変処理問題	日笠芳太郎	支那　第31巻第6号	昭和15・6・1	蒙疆の阿片転売問題／宋哲元／傅作義／蒋介石／綏遠阿片／香港／印度阿片
1167	華盛頓会議に支那問題を上議するに至った経緯	田村幸策	支那　第31巻第6号	昭和15・6・1	麻薬材の取引／阿片問題
1168	満洲開拓民に関する一考察	大井二郎	支那　第32巻第1号	昭和16・1・1	カソリック農村
1169	日満支重要時事記録		支那　第32巻第1号	昭和16・1・1	新民会全体会議
1170	満洲農産の重要性と日満支綜合計画	岩竹茂雄	支那　第32巻第2号	昭和16・2・1	熱河
1171	日満支重要時事記録		支那　第32巻第2号	昭和16・2・1	市行政機構の整備（満洲国）
1172	太平天国と曽国藩の功業	水野梅暁	支那　第32巻第3号	昭和16・3・1	
1173	日満支重要時事記録		支那　第32巻第3号	昭和16・3・1	滬西地区警備協定
1174	日満支重要時事記録		支那　第32巻第4号	昭和16・4・1	〔蒋地方政権〕第二期国民参政会
1175	議会に現はれた満洲関係の問題（在満邦人教育問題と日満支の相関的阿片政策の重要性）	日笠芳太郎	支那　第32巻第9号	昭和16・9・1	
1176	中国共産党禍国史（下）	金　君致	支那　第32巻第9号	昭和16・9・1	延安時代の共産党
1177	中国国民党史（二）	波多野乾一	支那　第33巻第1号	昭和17・1・1	孫文「上李傅相書」
1178	大東亜戦争と英領馬来	黒川修三	支那　第33巻第2号	昭和17・2・1	英領サラワク

番号	題目	編著者	掲載書誌	刊行年月日	備考
1179	興亜教育の地域性と統制 —特に教養女性の大陸進出について—	七理重恵	支那　第33巻第3号	昭和17・3・1	
1180	中国国民党史（四）	波多野乾一	支那　第33巻第3号	昭和17・3・1	『革命方略』中の『軍政府宣言』
1181	南洋に於ける華僑の役割	松本忠雄	支那　第33巻第4号	昭和17・4・1	華僑の包弁（請負）
1182	南洋華僑の文化活動	吉田栄太郎	支那　第33巻第4号	昭和17・4・1	洪字（秘密結社）
1183	大東亜重要時事記録		支那　第33巻第9号	昭和17・9・1	四川軍閥／蒋介石／周成虎
1184	海外観察の詩	中山久四郎	支那　第33巻第10号	昭和17・10・1	新嘉坡
1185	東亜関係重要時事記録		支那　第33巻第10号	昭和17・10・1	南京条約締結百周年記念日
1186	東亜関係重要時事記録		支那　第33巻第11号	昭和17・11・1	禁煙総局長（満洲国）
1187	赤色支那辺区の民情	小池毅	支那　第34巻第1号	昭和18・1・1	陝西省
1188	東亜関係重要時事記録		支那　第34巻第1号	昭和18・1・1	満洲国基本国策大綱
1189	英国側史料より見たる阿片戦争	植田捷雄	支那　第34巻第3号	昭和18・3・1	
1190	日華関係重要時事記録		支那　第34巻第3号	昭和18・3・1	新民会臨時全体聯合協議会宣言
1191	大陸経済増強と満洲北支の連環	日笠芳太郎	支那　第34巻第4号	昭和18・4・1	綏遠阿片と熱河阿片
1192	日華関係重要時事記録		支那　第34巻第4号	昭和18・4・1	戦時物資移動取締暫行条例（南京国民政府）
1193	日華関係重要時事記録		支那　第34巻第4号	昭和18・4・1	新民会朱深会長放送要旨／三清運動

1194	初期の米支貿易に就て	田村幸策	支那　第34巻第7号	昭和18・7・1	
1195	日華関係重要時事記録		支那　第34巻第8号	昭和18・8・1	上海共同租界
1196	米英の禍根を断つ	井村薫雄	支那　第34巻第10号	昭和18・10・1	
1197	一時多少の豪傑	大西　齋	支那　第34巻第10号	昭和18・10・1	張耀曽
1198	日華関係重要記録		支那　第34巻第10号	昭和18・10・1	不平等条約／林則徐
1199	日華関係重要記録		支那　第35巻第2号	昭和19・2・1	三禁運動
1200	大東亜戦前後のソ聯	布施勝治	支那　第35巻第3号	昭和19・3・1	宗教
1201	日華関係重要記録		支那　第35巻第3号	昭和19・3・1	淮海省／禁煙局
1202	日華関係重要記録		支那　第35巻第3号	昭和19・3・1	国府の阿片禁絶
1203	日華関係重要記録		支那　第35巻第4号	昭和19・4・1	国民政府の新国民運動
1204	日華関係重要記録		支那　第35巻第5号	昭和19・5・1	三禁運動／禁烟総局
1205	日華関係重要記録		支那　第35巻第5号	昭和19・5・1	禁煙三ヶ年計画／曹玉成
1206	英国の阿片密輸と南京条約	植田捷雄	支那　第35巻第12号	昭和19・12・1	
1207	諮議局章程		第一回　支那年鑑	明治45・6・30	
1208	城鎮郷地方自治章程草案		第一回　支那年鑑	明治45・6・30	
1209	度支部		第一回　支那年鑑	明治45・6・30	税課司／筦権司

番号	題目	編著者	掲載書誌	刊行年月日	備考
1210	税務処		第一回　支那年鑑	明治45・6・30	土薬税／洋薬税
1211	禁煙大臣		第一回　支那年鑑	明治45・6・30	戒煙所
1212	光緒年間ニ於ケル財政状態		第一回　支那年鑑	明治45・6・30	
1213	最近（宣統年間）ノ財政		第一回　支那年鑑	明治45・6・30	
1214	勧学所		第一回　支那年鑑	明治45・6・30	
1215	新軍々制（禁衛軍）		第一回　支那年鑑	明治45・6・30	
1216	農　業		第一回　支那年鑑	明治45・6・30	
1217	外国貿易		第一回　支那年鑑	明治45・6・30	
1218	鉄　道		第一回　支那年鑑	明治45・6・30	
1219	郵　便		第一回　支那年鑑	明治45・6・30	
1220	支那傭聘本邦人人名表		第二回　支那年鑑	大正6・3・21	禁煙総局
1221	衆議院議員選挙法		第二回　支那年鑑	大正6・3・21	
1222	参政院組織法		第二回　支那年鑑	大正6・3・21	丁振鐸
1223	督察禁煙所		第二回　支那年鑑	大正6・3・21	
1224	省議会議員選挙法		第二回　支那年鑑	大正6・3・21	

1225	光緒年間ニ於ケル財政状態		第二回　支那年鑑	大正6・3・21	
1226	宣統三年全国歳入歳出総予算案		第二回　支那年鑑	大正6・3・21	
1227	革命後ノ財政状態		第二回　支那年鑑	大正6・3・21	湖北省
1228	鉄道外債表		第二回　支那年鑑	大正6・3・21	粤漢鉄道
1229	帝国政府銀貨公債		第二回　支那年鑑	大正6・3・21	
1230	露仏公債		第二回　支那年鑑	大正6・3・21	
1231	英独借款		第二回　支那年鑑	大正6・3・21	
1232	団匪事件賠償金		第二回　支那年鑑	大正6・3・21	
1233	粤漢鉄道公債		第二回　支那年鑑	大正6・3・21	
1234	支那列国間協約表		第二回　支那年鑑	大正6・3・21	英国／葡国
1235	新軍々制		第二回　支那年鑑	大正6・3・21	募兵制略
1236	外国貿易		第二回　支那年鑑	大正6・3・21	
1237	人名録		第二回　支那年鑑	大正6・3・21	
1238	新　聞		第二回　支那年鑑	大正6・3・21	
1239	第二回　支那年鑑に所収の同一項目		第三回　支那年鑑	大正7・9・20	
1240	最近支那大事記		第四回　支那年鑑	大正9・10・25	民国五年～民国八年

番号	題目	編著者	掲載書誌	刊行年月日	備考
1241	支那傭聘日本人人名表		第四回 支那年鑑	大正9・10・25	禁煙総局
1242	外人の公益施設		第四回 支那年鑑	大正9・10・25	病院
1243	支那列国間協約表		第四回 支那年鑑	大正9・10・25	
1244	海関税		第四回 支那年鑑	大正9・10・25	一九一二年～一九一七年
1245	貿易		第四回 支那年鑑	大正9・10・25	
1246	衆議院議員の選挙並被選挙資格		新編 支那年鑑	昭和2・2・25	
1247	広東省国民政府施政方針		新編 支那年鑑	昭和2・2・25	禁煙条例
1248	支那列国間重要条約一覧表		新編 支那年鑑	昭和2・2・25	
1249	海関税		新編 支那年鑑	昭和2・2・25	一九一四年～一九二三年
1250	印花税		新編 支那年鑑	昭和2・2・25	
1251	中央政府鉄道借款表		新編 支那年鑑	昭和2・2・25	粤漢鉄道
1252	農政沿革の概要		新編 支那年鑑	昭和2・2・25	無益作物の禁止
1253	支那汽船業の沿革並に現況		新編 支那年鑑	昭和2・2・25	阿片船
1254	郵便禁制品規定		新編 支那年鑑	昭和2・2・25	
1255	回教		新編 支那年鑑	昭和2・2・25	

1256	最近五十五年間（自一八七二年至一九二六年）支那大事紀一覧表		新編支那年鑑	昭和2・2・25	
1257	在支耶蘇教（新教）経営事業調査		最新支那年鑑	昭和10・6・25	国民抗毒会
1258	国民党第三期・第四期全国代表大会		最新支那年鑑	昭和10・6・25	
1259	国民政府行政院直属禁煙委員会		最新支那年鑑	昭和10・6・25	
1260	省・市政府組織法		最新支那年鑑	昭和10・6・25	
1261	国民政府の財政政策		最新支那年鑑	昭和10・6・25	禁煙委員会
1262	中央政府歳出入概況		最新支那年鑑	昭和10・6・25	印花税／禁煙委員会
1263	民国二十三年の輸入税率及び附属仮規程		最新支那年鑑	昭和10・6・25	
1264	耶蘇教の在支茲善事業		最新支那年鑑	昭和10・6・25	国民拒毒会
1265	ボイコット運動		最新支那年鑑	昭和10・6・25	青帮
1266	賭博と阿片		最新支那年鑑	昭和10・6・25	秘密結社／軍閥／青帮
1267	蘇支関係		最新支那年鑑	昭和10・6・25	
1268	通商貿易の沿革		最新支那年鑑	昭和10・6・25	
1269	工業総説		最新支那年鑑	昭和10・6・25	阿片戦争／阿片貿易
1270	農民協会		最新支那年鑑	昭和10・6・25	
1271	粤漢鉄道		最新支那年鑑	昭和10・6・25	

番号	題目	編著者	掲載書誌	刊行年月日	備考
1272	新疆省の農業		最新　支那年鑑	昭和10・6・25	
1273	アメリカ合衆国の華僑		最新　支那年鑑	昭和10・6・25	南京街
1274	支那大陸の地理的区域と特相	馬場鍬太郎	第七回　支那年鑑	昭和17・4・15	黄土高原地帯／巴蜀盆地／西南高原地帯
1275	辺疆各省の現況	宇治田直義	第七回　支那年鑑	昭和17・4・15	甘粛省／寧夏省／西康省／烟畝罰款／煙苗罰金／禁煙印花税
1276	国民党第四期全国代表大会	中保与作	第七回　支那年鑑	昭和17・4・15	
1277	国民政府地方政治機構の諸様相	小口五郎	第七回　支那年鑑	昭和17・4・15	省政府組織法／山西省県政会議
1278	蒙疆の資源と北支の統税	井村薫雄	第七回　支那年鑑	昭和17・4・15	禁煙清査処／華北禁煙総局
1279	支那と欧羅巴諸国との海路貿易	馬場鍬太郎	第七回　支那年鑑	昭和17・4・15	阿片船
1280	英帝国主義の支那進出	吉岡文六	第七回　支那年鑑	昭和17・4・15	
1281	陝甘寧辺区に於ける中国共産党	波多野乾一	第七回　支那年鑑	昭和17・4・15	
1282	仏領印度の華僑	松本忠雄	第七回　支那年鑑	昭和17・4・15	阿片吸飲所
1283	察南自治政府		新支那現勢要覧	昭和13・9・15	清査処／阿片概況／張家口土商
1284	蒙古聯盟自治政府		新支那現勢要覧	昭和13・9・15	禁烟稽査処／禁烟弁事処
1285	蒙疆聯合委員会		新支那現勢要覧	昭和13・9・15	阿片の生産消費と搬入搬出
1286	中華民国臨時政府		新支那現勢要覧	昭和13・9・15	内務局／統税公署／禁烟清査科

1287	中華民国維新政府		新支那現勢要覧	昭和13・9・15	省政府民政庁／禁煙局
1288	広東治安維持会		第二回　新支那現勢要覧	昭和15・1・30	財政処禁政科
1289	支那事変国際関係（対英覚書）		第二回　新支那現勢要覧	昭和15・1・30	威海衛税関
1290	蒙疆聯合委員会		第二回　新支那現勢要覧	昭和15・1・30	聯合委員会組織整備／官制並に法規整備／財政金融工作／産業の概況
1291	晋北自治政府		第二回　新支那現勢要覧	昭和15・1・30	財政
1292	蒙古聯盟自治政府		第二回　新支那現勢要覧	昭和15・1・30	財政／（附録）蒙古聯合自治政府重要職員表
1293	中華民国臨時政府		第二回　新支那現勢要覧	昭和15・1・30	中央行政機構の整備
1294	中華民国維新政府		第二回　新支那現勢要覧	昭和15・1・30	中央行政機構の整備／地方行政施設／（附録）維新政府重要職員表
1295	蒋政権下の財政経済		第二回　新支那現勢要覧	昭和15・1・30	甘粛省／農村金融調整弁法
1296	大日本全権大臣ヨリ提出ノ媾和条約案及ビコレニ対スル清国全権大臣ノ覚書		増補東亜関係特種条約彙纂	明治37・5・25 同41・1・1増補三版	
1297	江寗（南京）条約		増補東亜関係特種条約彙纂	明治37・5・25 同41・1・1増補三版	
1298	芝罘条約		増補東亜関係特種条約彙纂	明治37・5・25 同41・1・1増補三版	
1299	緬甸、支那境界及通商に関する条約		増補東亜関係特種条約彙纂	明治37・5・25 同41・1・1増補三版	
1300	緬甸、支那境界及通商に関する修正条約		増補東亜関係特種条約彙纂	明治37・5・25 同41・1・1増補三版	
1301	陸路通商改定章程		増補東亜関係特種条約彙纂	明治37・5・25 同41・1・1増補三版	
1302	天津条約		増補東亜関係特種条約彙纂	明治37・5・25 同41・5・25増補三版	

番号	題目	編著者	掲載書誌	刊行年月日	備考
1303	「コゴルタン」条約		増補東亜関係特種条約彙纂	明治37・5・25 同41・1・1増補三版	
1304	境界及通商に関する追加条約		増補東亜関係特種条約彙纂	明治37・5・25 同41・1・1増補三版	
1305	広州湾租借に関する条約		増補東亜関係特種条約彙纂	明治37・5・25 同41・1・1増補三版	
1306	露韓陸路通商条約		増補東亜関係特種条約彙纂	明治37・5・25 同41・1・1増補三版	
1307	印蔵条約補遺条款竝亜東開放に関する規定		増補東亜関係特種条約彙纂	明治37・5・25 同41・1・1増補三版	
1308	粤漢鉄道回収に付き英国より借款の契約		増補東亜関係特種条約彙纂	明治37・5・25 同41・1・1増補三版	
1309	黄浦江水路約定		増補東亜関係特種条約彙纂	明治37・5・25 同41・1・1増補三版	
1310	大連海関及内水汽船航行に関する協定		増補東亜関係特種条約彙纂	明治37・5・25 同41・1・1増補三版	
1311	朝鮮国に於て日本人民貿易の規則并海関税目		増補東亜関係特種条約彙纂	明治37・5・25 同41・1・1増補三版	
1312	追加日清通商航海条約并附属規則及公文		増補東亜関係特種条約彙纂	明治37・5・25 同41・1・1増補三版	
1313	英清改訂条約		増補東亜関係特種条約彙纂	明治37・5・25 同41・1・1増補三版	
1314	清国輸入税改定税率		増補東亜関係特種条約彙纂	明治37・5・25 同41・1・1増補三版	
1315	大連海関及内水汽船航行ニ関スル協定		増補支那関係特種条約彙纂	大正6・12・13 同11・5・5増補再版	
1316	改訂中俄陸路通商章程		増補支那関係特種条約彙纂	大正6・12・13 同11・5・5増補再版	
1317	満洲里及「ポグラニーチナヤ」両駅ニ於ケル清国税関事務施行暫定規則		増補支那関係特種条約彙纂	大正6・12・13 同11・5・5増補再版	

1318	芝罘条約		増補支那関係特種条約彙纂	大正6・12・13 同11・5・5 増補 再版
1319	緬甸支那境界及通商ニ関スル条約		増補支那関係特種条約彙纂	大正6・12・13 同11・5・5 増補 再版
1320	粤漢鉄道回収ニ付英国ヨリ借款ノ契約		増補支那関係特種条約彙纂	大正6・12・13 同11・5・5 増補 再版
1321	江寧（南京）条約		増補支那関係特種条約彙纂	大正6・12・13 同11・5・5 増補 再版
1322	印蔵条約補遺条款竝亜東開放ニ関スル規定		増補支那関係特種条約彙纂	大正6・12・13 同11・5・5 増補 再版
1323	英清阿片続約		増補支那関係特種条約彙纂	大正6・12・13 同11・5・5 増補 再版
1324	九竜税関分関取極		増補支那関係特種条約彙纂	大正6・12・13 同11・5・5 増補 再版
1325	天津条約		増補支那関係特種条約彙纂	大正6・12・13 同11・5・5 増補 再版
1326	広州湾租借ニ関スル条約		増補支那関係特種条約彙纂	大正6・12・13 同11・5・5 増補 再版
1327	一八八六年天津協約		増補支那関係特種条約彙纂	大正6・12・13 同11・5・5 増補 再版
1328	境界及通商ニ関スル追加条約		増補支那関係特種条約彙纂	大正6・12・13 同11・5・5 増補 再版
1329	独支青島海関設立協約		増補支那関係特種条約彙纂	大正6・12・13 同11・5・5 増補 再版
1330	膠州湾租域税関規則		増補支那関係特種条約彙纂	大正6・12・13 同11・5・5 増補 再版
1331	澳門割譲ニ関スル葡清議定書		増補支那関係特種条約彙纂	大正6・12・13 同11・5・5 増補 再版
1332	澳門割譲ニ関スル葡清条約		増補支那関係特種条約彙纂	大正6・12・13 同11・5・5 増補 再版
1333	黄浦江水路約定		増補支那関係特種条約彙纂	大正6・12・13 同11・5・5 増補 再版

番号	題目	編著者	掲載書誌	刊行年月日	備考
1334	国際阿片会議決議		増補支那関係特種条約彙纂	大正6・12・13 同11・5・5増補再版	
1335	日清通商航海条約		増補支那関係特種条約彙纂	大正6・12・13 同11・5・5増補再版	
1336	追加日清通商航海条約		増補支那関係特種条約彙纂	大正6・12・13 同11・5・5増補再版	
1337	清国輸入税率改定取極書		増補支那関係特種条約彙纂	大正6・12・13 同11・5・5増補再版	
1338	英清改訂条約		増補支那関係特種条約彙纂	大正6・12・13 同11・5・5増補再版	
1339	澳門阿片貿易条約		増補支那関係特種条約彙纂	大正6・12・13 同11・5・5増補再版	
1340	澳門税関設置協約		増補支那関係特種条約彙纂	大正6・12・13 同11・5・5増補再版	
1341	澳門分関追加協定		増補支那関係特種条約彙纂	大正6・12・13 同11・5・5増補再版	
1342	知事奨励条例		支那重要法令集	大正4・4・28	
1343	知事懲戒条例		支那重要法令集	大正4・4・28	
1344	行政院組織法		中華民国国民政府主要法令並条約集	昭和4・10・26	
1345	内政部組織法		中華民国国民政府主要法令並条約集	昭和4・10・26	
1346	禁烟委員会組織法		中華民国国民政府主要法令並条約集	昭和4・10・26	
1347	国民政府省政府組織法		中華民国国民政府主要法令並条約集	昭和4・10・26	
1348	懲治土豪劣紳条例		中華民国国民政府主要法令並条約集	昭和4・10・26	

1349	禁煙条例		中華民国国民政府 主要法令並条約集	昭和4・10・26	
1350	刑　法		中華民国国民政府 主要法令並条約集	昭和4・10・26	
1351	財政部直轄各機関組織通則		中華民国国民政府 主要法令並条約集	昭和4・10・26	
1352	画分国家地方収入暫行標準弁法		中華民国国民政府 主要法令並条約集	昭和4・10・26	
1353	米支航空郵務契約		中華民国国民政府 主要法令並条約集	昭和4・10・26	
1354	支那改訂輸入税率表		中華民国国民政府 主要法令並条約集	昭和4・10・26	
1355	民商関係諸法令集		日本民・商法令対照 中華民国国民・商法	昭和5・12・25	
1356	十八省　附北京南京	清国上海 日清貿易研究所	清国通商綜覧　第1編	明治25・8・29	諸省の風俗・物産
1357	廿五港　附香港	清国上海 日清貿易研究所	清国通商綜覧　第1編	明治25・8・29	沿海・沿江の諸港
1358	風　俗	清国上海 日清貿易研究所	清国通商綜覧　第1編	明治25・8・29	烟舘
1359	宗　教	清国上海 日清貿易研究所	清国通商綜覧　第1編	明治25・8・29	白蓮教
1360	釐金税	清国上海 日清貿易研究所	清国通商綜覧　第1編	明治25・8・29	上海洋海関／鴉片釐金税
1361	貨　幣	清国上海 日清貿易研究所	清国通商綜覧　第1編	明治25・8・29	亜片館／対開／倒四六／倒三七
1362	度量衡	清国上海 日清貿易研究所	清国通商綜覧　第1編	明治25・8・29	戥子（チキリ）
1363	招商局 太沽会社 怡和会社 長江航路運賃表	清国上海 日清貿易研究所	清国通商綜覧　第1編	明治25・8・29	洋　薬
1364	冶　工	清国上海 日清貿易研究所	清国通商綜覧　第1編	明治25・8・29	烟台／烟袋／烟燈

番号	題目	編著者	掲載書誌	刊行年月日	備考
1365	牧畜業	清国上海 日清貿易研究所	清国通商綜覧 第1編	明治25・8・29	馬疋軽症の病痾
1366	山林業	清国上海 日清貿易研究所	清国通商綜覧 第1編	明治25・8・29	玉竹（鴉片管）
1367	外国貿易	清国上海 日清貿易研究所	清国通商綜覧 第1編	明治25・8・29	林則徐／江寧条約／鴉片烟
1368	清人の生活	清国上海 日清貿易研究所	清国通商綜覧 第1編	明治25・8・29	
1369	上街的（仲買人）	清国上海 日清貿易研究所	清国通商綜覧 第1編	明治25・8・29	鴉片館
1370	大日本国大清国通商商程	清国上海 日清貿易研究所	清国通商綜覧 第1編附録	明治25・8・29	
1371	輸入貨物税則	清国上海 日清貿易研究所	清国通商綜覧 第1編附録	明治25・8・29	洋薬
1372	瀛海各国統考	彭玉麟	清国通商綜覧 第1編附録	明治25・8・29	日本
1373	蠡測卮言（慎約議）	王之春	清国通商綜覧 第1編附録	明治25・8・29	
1374	蠡測卮言（論鴉片）	王之春	清国通商綜覧 第1編附録	明治25・8・29	
1375	各種の阿片道具	清国上海 日清貿易研究所	清国通商綜覧 第2編	明治25・12・21	
1376	跑街的の手法	清国上海 日清貿易研究所	清国通商綜覧 第2編	明治25・12・21	
1377	支那経済組織（商品作物）	根岸佶	清国商業綜覧 第1巻	明治39・12・5	
1378	支那商賈ノ特色（支那人ノ常）	根岸佶	清国商業綜覧 第1巻	明治39・12・5	
1379	自上海至蘇州鴉片税釐	根岸佶	清国商業綜覧 第1巻	明治39・12・5	

1380	支那外国貿易大勢	根岸佶	清国商業綜覧　第2巻	明治39・12・5	
1381	中部河流貿易（揚子江、万県―涪州間ノ貿易）	根岸佶	清国商業綜覧　第2巻	明治39・12・5	万県／忠州／酆都／涪州
1382	四川省諸江ノ貿易	根岸佶	清国商業綜覧　第2巻	明治39・12・5	涪州／忠州
1383	洞庭湖ノ滙水ノ貿易	根岸佶	清国商業綜覧　第2巻	明治39・12・5	湘潭
1384	漢水ノ貿易（漢口貿易事情）	根岸佶	清国商業綜覧　第2巻	明治39・12・5	各幇
1385	鄱陽湖畔諸水ノ貿易	根岸佶	清国商業綜覧　第2巻	明治39・12・5	
1386	黄浦江蘇州江ノ貿易（上海貿易事情）	根岸佶	清国商業綜覧　第2巻	明治39・12・5	洋薬公所
1387	南部河流貿易（浙江、福建、広東ノ貿易）	根岸佶	清国商業綜覧　第2巻	明治39・12・5	温州／厦門／阿片郊
1388	北部河流貿易（北満洲ノ貿易）	根岸佶	清国商業綜覧　第2巻	明治39・12・5	長春
1389	蘆漢鉄道（京漢鉄道）乗車規則	根岸佶	清国商業綜覧　第3巻		
1390	正定西安鉄道沿路ノ情況	根岸佶	清国商業綜覧　第3巻		
1391	蒙古鉄道沿路ノ情況	根岸佶	清国商業綜覧　第3巻		
1392	北清鉄道沿路ノ情況	根岸佶	清国商業綜覧　第3巻		遼河流域
1393	津鎮鉄道沿路ノ情況	根岸佶	清国商業綜覧　第3巻		徐州
1394	鉱山鉄道沿路ノ情況	根岸佶	清国商業綜覧　第3巻		唐河ノ流域
1395	緬甸延長鉄道沿路ノ情況及ビ鉄道ノ影響	根岸佶	清国商業綜覧　第3巻		雲南省

番号	題目	編著者	掲載書誌	刊行年月日	備考
1396	仏国管理鉄道（老開―昆明）沿路ノ情況	根岸佶	清国商業綜覧 第3巻		
1397	潮汕鉄道沿路ノ情況	根岸佶	清国商業綜覧 第3巻		
1398	支那鉄道結論	根岸佶	清国商業綜覧 第3巻		山西／陝西／四川／雲南／貴州
1399	上海ノ銭荘	根岸佶、片山精一、大原信	清国商業綜覧 第4巻	明治40・5・7	
1400	漢口ノ貨幣	根岸佶、片山精一、大原信	清国商業綜覧 第4巻	明治40・5・7	洋例
1401	蕪湖ノ小銭舗	根岸佶、片山精一、大原信	清国商業綜覧 第4巻	明治40・5・7	
1402	南京ノ通貨（阿片取引）	根岸佶、片山精一、大原信	清国商業綜覧 第4巻	明治40・5・7	
1403	南昌府ノ票号（天順祥）	根岸佶、片山精一、大原信	清国商業綜覧 第4巻	明治40・5・7	
1404	袁州府附萍郷県ノ銭号	根岸佶、片山精一、大原信	清国商業綜覧 第4巻	明治40・5・7	
1405	蒙自ノ通貨	根岸佶、片山精一、大原信	清国商業綜覧 第4巻	明治40・5・7	
1406	清国商業綜覧第五巻、第六編清国重要商品誌、第四章鴉片	根岸佶	清国商業綜覧 第5巻	明治41・5・25	
1407	四川ニ於ケル阿片ノ栽培	根岸佶	清国商業綜覧 第5巻	明治41・5・25	
1408	山西・陝西・甘粛・四川・雲南ニ於ケル阿片ノ栽培	根岸佶	清国商業綜覧 第5巻	明治41・5・25	第一節 沿革 第二節 生産 第三節 交易及消費 第四節 課税（第一款 外国鴉片ノ課税 第二款 内国鴉片ノ課税） 第五節 結論
1409	風俗習慣上ヨリ労働効程ニ及ホス影響		支那経済全書 第1輯	明治40・4・30	労働者
1410	銀価ノ変動（亜片ノ輸入ト銀価ノ騰貴）		支那経済全書 第1輯	明治40・4・30	

1411	重要輸入品価格ノ趨勢		支那経済全書　第1輯	明治40・4・30	
1412	金銀銅ニテ計リタル重要輸入品価格ノ趨勢		支那経済全書　第1輯	明治40・4・30	
1413	食料品価格騰貴ノ原因		支那経済全書　第1輯	明治40・4・30	
1414	上海ニ於ケル重要輸入品四ヶ年平均価格表		支那経済全書　第1輯	明治40・4・30	
1415	漢口ニ於ケル重要輸出品四ヶ年平均価格表		支那経済全書　第1輯	明治40・4・30	
1416	人民生活（飲食）		支那経済全書　第1輯	明治40・4・30	
1417	人民生活（住居）		支那経済全書　第1輯	明治40・4・30	烟館
1418	細民ノ生活（小車夫　人力車夫）		支那経済全書　第1輯	明治40・4・30	
1419	上海ニ於ケル買弁ノ生活		支那経済全書　第1輯	明治40・4・30	
1420	各省ニ於ケル収入（鴉片専売増釐）		支那経済全書　第1輯	明治40・4・30	土薬税
1421	各省ニ於ケル釐金		支那経済全書　第1輯	明治40・4・30	
1422	土薬税		支那経済全書　第1輯	明治40・4・30	八省統捐／火車統捐局／鉄道鴉片統捐
1423	直隷省ノ新税（工巡捐局　籌款局）		支那経済全書　第1輯	明治40・4・30	
1424	清国現時ノ収入総額		支那経済全書　第1輯	明治40・4・30	土薬税
1425	海軍費（北洋海軍）		支那経済全書　第1輯	明治40・4・30	
1426	解京諸餉		支那経済全書　第1輯	明治40・4・30	土薬税／洋薬税

番号	題目	編著者	掲載書誌	刊行年月日	備考
1427	在北京諸衙門費		支那経済全書 第1輯	明治40・4・30	
1428	地方財政実例		支那経済全書 第1輯	明治40・4・30	㈠鉄侍郎ノ江寗司庫局所説略ヲ補録ス ㈡戸部江寧司庫局進出款項清単ヲ核議ス
1429	関　税		支那経済全書 第1輯	明治40・4・30	亜片釐金税
1430	雑款（額外京餉）		支那経済全書 第1輯	明治40・4・30	
1431	捐項（土捐）		支那経済全書 第1輯	明治40・4・30	
1432	光緒二十九年戸部歳出入表ニ対スル批評（上海、中外日報）		支那経済全書 第1輯	明治40・4・30	頤和園
1433	日清戦争ニヨル国債		支那経済全書 第1輯	明治40・4・30	広東省
1434	日清戦後善後公債		支那経済全書 第1輯	明治40・4・30	露仏借款／英独借款
1435	庚子年賠款（義和団事変賠償金）		支那経済全書 第1輯	明治40・4・30	戸部ノ弁法／各省ノ籌款
1436	現時ニ於ケル借款		支那経済全書 第1輯	明治40・4・30	滙豊銀貨借款／俄法借款／英徳洋款
1437	光緒二十九年部庫入款表		支那経済全書 第1輯	明治40・4・30	
1438	各省歳入表（光緒二十九年十二月戸部編）		支那経済全書 第1輯	明治40・4・30	土薬税
1439	商人ノ養成		支那経済全書 第2輯	明治40・4・30	
1440	上海ニ於ケル商帮及ビ取引習慣		支那経済全書 第2輯	明治40・4・30	
1441	漢口ニ於ケル商帮及ビ取引習慣		支那経済全書 第2輯	明治40・4・30	

1442	会館歳入ノ財源（一文捐）		支那経済全書　第2輯	明治40・4・30	土行
1443	会館ノ事業（釐金税ノ代弁）		支那経済全書　第2輯	明治40・4・30	土烟
1444	商家ノ家憲		支那経済全書　第2輯	明治40・4・30	
1445	旧関ノ徴税		支那経済全書　第3輯	明治40・4・30	
1446	工部関		支那経済全書　第3輯	明治40・4・30	アヘン賠償金六百万弗
1447	天津鈔関		支那経済全書　第3輯	明治40・4・30	袁世凱／工巡捐局／籌款局／天津鈔関総局
1448	釐金税		支那経済全書　第3輯	明治40・4・30	
1449	上海ノ釐金税及落地税		支那経済全書　第3輯	明治40・4・30	
1450	天津籌款局		支那経済全書　第3輯	明治40・4・30	
1451	新関（南京条約ニヨリ規定セラレタル海関）勃興ノ由来		支那経済全書　第3輯	明治40・4・30	
1452	海関ノ管掌及組織		支那経済全書　第3輯	明治40・4・30	管洋薬暨関桟事務所／管洋薬発存票処
1453	海関ノ管掌ニ属スル税種		支那経済全書　第3輯	明治40・4・30	鴉片釐金税
1454	阿片ノ輸出入ニ関スル各種ノ手続		支那経済全書　第3輯	明治40・4・30	保税躉船庫／管洋薬暨関桟事務所／躉船
1455	上海蘇州杭州ノ間ヲ航行スル船舶ニ関スル特別規定		支那経済全書　第3輯	明治40・4・30	
1456	白河改修ノ経費		支那経済全書　第3輯	明治40・4・30	
1457	貨物税（日清通商航海条約第十一条）		支那経済全書　第3輯	明治40・4・30	

番号	題目	編著者	掲載書誌	刊行年月日	備考
1458	長江航路ノ滄行		支那経済全書 第3輯	明治40・4・30	招商滄／怡和滄
1459	長江汽船ノ運賃		支那経済全書 第3輯	明治40・4・30	
1460	外国倉庫業ノ保管料及ビ営業規則		支那経済全書 第3輯	明治40・4・30	
1461	鎮江及ビ徐州府ノ阿片事情		支那経済全書 第3輯	明治40・4・30	
1462	清国新税関参考書式類		支那経済全書 第3輯	明治40・4・30	
1463	上海商務総会施行仮細則		支那経済全書 第4輯	明治40・4・30	
1464	支那鉄道ノ沿革		支那経済全書 第5輯	明治41・5・31	
1465	満洲鉄道及ビ沿路ノ情況		支那経済全書 第5輯	明治41・5・31	
1466	関内外鉄道及ビ沿路ノ情況		支那経済全書 第5輯	明治41・5・31	
1467	津鎮鉄道沿路ノ情況及鉄道ノ影響		支那経済全書 第5輯	明治41・5・31	徐州
1468	蘇省鉄道沿路ノ状況及鉄道ノ影響		支那経済全書 第5輯	明治41・5・31	
1469	浙江鉄道沿路ノ状況及鉄道ノ影響		支那経済全書 第5輯	明治41・5・31	杭州
1470	潮汕鉄道沿路ノ状況及影響		支那経済全書 第5輯	明治41・5・31	汕頭
1471	京漢鉄道各貨物ノ装入車輛別		支那経済全書 第5輯	明治41・5・31	
1472	粤漢鉄道沿路ノ情況及鉄道ノ影響		支那経済全書 第5輯	明治41・5・31	

1473	開洛洛潼両鉄道沿路ノ情況及影響		支那経済全書	第5輯	明治	41・5・31	
1474	西潼鉄道布設ノ財源		支那経済全書	第5輯	明治	41・5・31	
1475	川漢鉄道ノ沿革、沿路ノ情況及鉄道ノ影響		支那経済全書	第5輯	明治	41・5・31	宜昌／万県／忠州／酆都／涪州／重慶
1476	雲南鉄道（雲南ノ状況）		支那経済全書	第5輯	明治	41・5・31	
1477	安徽鉄道沿路ノ状況及鉄道ノ影響		支那経済全書	第5輯	明治	41・5・31	土業公所
1478	萍潭鉄道ノ営業状況、沿路ノ状況及鉄道ノ影響		支那経済全書	第5輯	明治	41・5・31	
1479	鉱山鉄道ノ営業状況、沿路ノ情況及鉄道ノ影響		支那経済全書	第5輯	明治	41・5・31	
1480	郵政章程		支那経済全書	第6輯	明治	41・6・30	包裏／TARIFF OF POSTAGE
1481	上海海上保険業者組合規約		支那経済全書	第7輯	明治	41・8・15	保険率
1482	各地ニ於ケル各帮商賈ノ勢力		支那経済全書	第7輯	明治	41・8・15	広東帮／江西福建帮／四川帮／山東帮／雲貴帮／陝西帮
1483	上海に於ケル牙行		支那経済全書	第7輯	明治	41・8・15	
1484	漢口ニ於ケル渝行ノ沿革、運賃、立替金取立方法		支那経済全書	第7輯	明治	41・8・15	招商渝／怡和渝
1485	阿片関係ノ招牌		支那経済全書	第7輯	明治	41・8・15	
1486	阿片関係ノ広告		支那経済全書	第7輯	明治	41・8・15	
1487	対清貿易ノ現状ト重要輸出入商品		支那経済全書	第7輯	明治	41・8・15	
1488	農産物ノ需要ト農業ノ改良		支那経済全書	第8輯	明治	41・8・15	四川

番号	題目	編著者	掲載書誌	刊行年月日	備考
1489	漢口貿易ノ大勢		支那経済全書　第8輯	明治41・8・15	
1490	牛骨ノ用途及ビ売買慣例		支那経済全書　第9輯	明治41・9・18	阿片盒／阿片園／恬園
1491	獣皮ノ売買慣例		支那経済全書　第9輯	明治41・9・18	烟館／恬園
1492	木材商ノ跑外的夥計		支那経済全書　第10輯	明治41・10・13	阿片館
1493	漢口、蘇州、上海地方ニ於ケル木炭需用ノ状況		支那経済全書　第10輯	明治41・10・13	煙局（阿片ヲ喫スル店舗）
1494	天津往還直達貨物運送賃率		支那経済全書　第10輯	明治41・10・13	
1495	雲南省ノ物産		支那経済全書　第10輯	明治41・10・13	
1496	四川省ノ物産		支那経済全書　第10輯	明治41・10・13	
1497	清国重要輸入品		支那経済全書　第11輯	明治41・9・18	
1498	天津ニテ本邦ヨリ輸入スル和紙		支那経済全書　第11輯	明治41・9・18	東洋毛頭紙
1499	日清通商条約第十一条		支那経済全書　第11輯	明治41・9・18	
1500	阿片戦争の深因		支那経済全書　第11輯	明治41・9・18	
1501	上海、蘇州、杭州ニ於ケル外商ト支那商トノ取引方法		支那経済全書　第12輯	明治41・11・28	洋貨字号
1502	漢口ノ貿易		支那経済全書　第12輯	明治41・11・28	
1503	上海ニ於ケル支那陶磁器商店ニテ販売スル器物		支那経済全書　第12輯	明治41・11・28	

1504	支那ニ於ケル阿片ノ喫用ト売薬		支那経済全書　第12輯	明治41・11・28	
1505	〔口絵〕広東省域（吸煙流毒三百年）		支那省別全誌　第1巻　広東省	大正6・4・30	
1506	林則徐		支那省別全誌　第1巻　広東省	大正6・4・30	
1507	広州湾（赤坎）		支那省別全誌　第1巻　広東省	大正6・4・30	
1508	広東の貿易（開港以前）		支那省別全誌　第1巻　広東省	大正6・4・30	東印度商会／林則徐／鴉片戦争
1509	従化県城		支那省別全誌　第1巻　広東省	大正6・4・30	戒煙局
1510	韶州府城		支那省別全誌　第1巻　広東省	大正6・4・30	土薬商
1511	汕頭に輸入する外国品		支那省別全誌　第1巻　広東省	大正6・4・30	
1512	大阪商船会社（香港―福州線）の運送貨物		支那省別全誌　第1巻　広東省	大正6・4・30	
1513	広東省の取締船舶章程		支那省別全誌　第1巻　広東省	大正6・4・30	
1514	広東の七十二行		支那省別全誌　第1巻　広東省	大正6・4・30	熟膏行／生膏行（生烟行）
1515	汕頭に於ける問屋		支那省別全誌　第1巻　広東省	大正6・4・30	土行
1516	香港に於ける倉庫		支那省別全誌　第1巻　広東省	大正6・4・30	
1517	広東に於ける輸入品		支那省別全誌　第1巻　広東省	大正6・4・30	
1518	澳門に於ける阿片の公許		支那省別全誌　第1巻　広東省	大正6・4・30	
1519	南寧の習俗		支那省別全誌　第2巻　広西省	大正6・6・18	

番号	題目	編著者	掲載書誌	刊行年月日	備考
1520	梧州府城の習俗		支那省別全誌 第2巻 広西省	大正6・6・18	
1521	桂林府城の習俗		支那省別全誌 第2巻 広西省	大正6・6・18	
1522	広西省の陸路運輸		支那省別全誌 第2巻 広西省	大正6・6・18	
1523	広西省の民船運輸		支那省別全誌 第2巻 広西省	大正6・6・18	
1524	広西省の小蒸汽運輸		支那省別全誌 第2巻 広西省	大正6・6・18	
1525	南寧府附近の産物		支那省別全誌 第2巻 広西省	大正6・6・18	
1526	雲南省城の職業と習俗		支那省別全誌 第3巻 雲南省	大正6・8・7	
1527	蒙自県城の輸出品及び電政局		支那省別全誌 第3巻 雲南省	大正6・8・7	
1528	雲南省の貿易		支那省別全誌 第3巻 雲南省	大正6・8・7	
1529	下関（雲南省）		支那省別全誌 第3巻 雲南省	大正6・8・7	
1530	滇越鉄道沿路の状況		支那省別全誌 第3巻 雲南省	大正6・8・7	
1531	雲南省城、普寧州間の状況		支那省別全誌 第3巻 雲南省	大正6・8・7	
1532	小雲南駅、鎮南州間の状況		支那省別全誌 第3巻 雲南省	大正6・8・7	
1533	雲南省各地の農工業		支那省別全誌 第3巻 雲南省	大正6・8・7	
1534	雲南省に於ける客商の取扱品		支那省別全誌 第3巻 雲南省	大正6・8・7	

1535	雲南省の農作物	支那省別全誌 第3巻 雲南省	大正6・8・7	
1536	雲南省城に於ける金融機関の不振	支那省別全誌 第3巻 雲南省	大正6・8・7	
1537	蒙自県に於ける金融機関の不振	支那省別全誌 第3巻 雲南省	大正6・8・7	
1538	仏領印度支那に於ける支那商人の営業と政府専売品	支那省別全誌 第3巻 雲南省	大正6・8・7	
1539	済南に於ける問屋	支那省別全誌 第4巻 山東省	大正6・9・30	土薬行
1540	東部山東省に流通する貨幣の計算語	支那省別全誌 第4巻 山東省	大正6・9・30	対開／倒四六銭／倒三七銭
1541	黄県の金融機関（鑢局）	支那省別全誌 第4巻 山東省	大正6・9・30	西土／大土
1542	四川省の鴉片	支那省別全誌 第5巻 四川省	大正6・11・24	鴉片禁止令／煙土売買総行／官膏総局／存土公所
1543	〔地図〕 成都市街図	支那省別全誌 第5巻 四川省	大正6・11・24	洋薬局
1544	成都府城の物産	支那省別全誌 第5巻 四川省	大正6・11・24	
1545	徳陽県城の物産	支那省別全誌 第5巻 四川省	大正6・11・24	
1546	梓潼県城附近の物産	支那省別全誌 第5巻 四川省	大正6・11・24	
1547	合州城（合川県）及南津関附近の物産	支那省別全誌 第5巻 四川省	大正6・11・24	
1548	渝行の貨物運賃	支那省別全誌 第5巻 四川省	大正6・11・24	
1549	烏江流域の貿易品	支那省別全誌 第5巻 四川省	大正6・11・24	涪州
1550	川江輪船公司の銀塊輸送	支那省別全誌 第5巻 四川省	大正6・11・24	

番号	題目	編著者	掲載書誌	刊行年月日	備考
1551	四川省東部の農業		支那省別全誌 第5巻 四川省	大正6・11・24	
1552	四川省北部及西部の農業		支那省別全誌 第5巻 四川省	大正6・11・24	
1553	四川省の生糸		支那省別全誌 第5巻 四川省	大正6・11・24	
1554	四川省の棉花及棉布		支那省別全誌 第5巻 四川省	大正6・11・24	
1555	成都地方に於ける小麦の栽培		支那省別全誌 第5巻 四川省	大正6・11・24	
1556	重慶に於ける商業機関（三十四幇）		支那省別全誌 第5巻 四川省	大正6・11・24	広東幇／雲川土
1557	渝　行		支那省別全誌 第5巻 四川省	大正6・11・24	招商渝
1558	叙州府の商業機関（民局）		支那省別全誌 第5巻 四川省	大正6・11・24	
1559	重慶に於ける為替相場		支那省別全誌 第5巻 四川省	大正6・11・24	
1560	叙州府に於ける貨幣及金融機関		支那省別全誌 第5巻 四川省	大正6・11・24	
1561	叙永庁に於ける金融機関		支那省別全誌 第5巻 四川省	大正6・11・24	煙荘
1562	涪州に於ける金融機関		支那省別全誌 第5巻 四川省	大正6・11・24	
1563	卭峡県（卭州）に於ける度量衡		支那省別全誌 第5巻 四川省	大正6・11・24	土葯称
1564	支那に於ける回々教徒の規律		支那省別全誌 第6巻 甘粛省・新疆省	大正7・1・14	
1565	（伊犂地方）陸路通商改定章程		支那省別全誌 第6巻 甘粛省・新疆省	大正7・1・14	

1566	静寧州城の産物		支那省別全誌 第6巻 甘粛省・新疆省	大正7・1・14	
1567	隆徳県城の産物		支那省別全誌 第6巻 甘粛省・新疆省	大正7・1・14	
1568	固原州城に於ける回教徒の習俗		支那省別全誌 第6巻 甘粛省・新疆省	大正7・1・14	
1569	〔地図〕 安定県城		支那省別全誌 第6巻 甘粛省・新疆省	大正7・1・14	禁煙分局
1570	西鞏駅の産物		支那省別全誌 第6巻 甘粛省・新疆省	大正7・1・14	
1571	西和県城の産物		支那省別全誌 第6巻 甘粛省・新疆省	大正7・1・14	
1572	甘粛省民の生活程度		支那省別全誌 第6巻 甘粛省・新疆省	大正7・1・14	
1573	老黄河口（通洋港）の密市場		支那省別全誌 第6巻 甘粛省・新疆省	大正7・1・14	
1574	平涼、隆徳間沿道都邑の概況		支那省別全誌 第6巻 甘粛省・新疆省	大正7・1・14	平涼百貨土葯徴収局
1575	安定、蘭州間の道路及地勢		支那省別全誌 第6巻 甘粛省・新疆省	大正7・1・14	
1576	甘粛省の棉花の栽培		支那省別全誌 第6巻 甘粛省・新疆省	大正7・1・14	
1577	甘粛省の桑の栽培		支那省別全誌 第6巻 甘粛省・新疆省	大正7・1・14	
1578	阿　片		支那省別全誌 第6巻 甘粛省・新疆省	大正7・1・14	
1579	平涼県に於ける農業		支那省別全誌 第6巻 甘粛省・新疆省	大正7・1・14	
1580	隆徳県に於ける農業		支那省別全誌 第6巻 甘粛省・新疆省	大正7・1・14	
1581	金県甘草店附近に於ける農業		支那省別全誌 第6巻 甘粛省・新疆省	大正7・1・14	

番号	題目	編著者	掲載書誌	刊行年月日	備考
1582	蘭州府附近に於ける農業		支那省別全誌 第6巻 甘粛省・新疆省	大正7・1・14	
1583	沙泥県に於ける農業		支那省別全誌 第6巻 甘粛省・新疆省	大正7・1・14	
1584	渭源県に於ける農業		支那省別全誌 第6巻 甘粛省・新疆省	大正7・1・14	
1585	成県に於ける農業		支那省別全誌 第6巻 甘粛省・新疆省	大正7・1・14	
1586	阿干鎮に於ける陶器		支那省別全誌 第6巻 甘粛省・新疆省	大正7・1・14	阿片吸飲器
1587	西安府城の官衙及び農業		支那省別全誌 第7巻 陝西省	大正7・2・12	戒煙総局
1588	臨潼県城の農業		支那省別全誌 第7巻 陝西省	大正7・2・12	
1589	藍田県城の官衙		支那省別全誌 第7巻 陝西省	大正7・2・12	戒烟局
1590	三原県城の〔地図〕及び農業		支那省別全誌 第7巻 陝西省	大正7・2・12	戒煙分局（戒煙公所）
1591	燿州城の〔地図〕及び官衙		支那省別全誌 第7巻 陝西省	大正7・2・12	戒煙公所（戒煙局）
1592	華州城の習俗		支那省別全誌 第7巻 陝西省	大正7・2・12	
1593	乾州城の習俗		支那省別全誌 第7巻 陝西省	大正7・2・12	
1594	宜川県城の官衙		支那省別全誌 第7巻 陝西省	大正7・2・12	戒煙局
1595	洛川県城の官衙		支那省別全誌 第7巻 陝西省	大正7・2・12	禁煙局
1596	宜川県洛川県間の状況		支那省別全誌 第7巻 陝西省	大正7・2・12	

1597	陝西省の農業	支那省別全誌　第7巻　陝西省	大正7・2・12	張（鳳翔）都督／楡林／張雲山
1598	渭南県の農産物	支那省別全誌　第7巻　陝西省	大正7・2・12	
1599	西安府の農産物	支那省別全誌　第7巻　陝西省	大正7・2・12	
1600	渭南県の物産	支那省別全誌　第7巻　陝西省	大正7・2・12	
1601	西安府の物産	支那省別全誌　第7巻　陝西省	大正7・2・12	
1602	乾州の物産	支那省別全誌　第7巻　陝西省	大正7・2・12	
1603	邠州の物産	支那省別全誌　第7巻　陝西省	大正7・2・12	
1604	西安府城に於ける煙草の輸入	支那省別全誌　第7巻　陝西省	大正7・2・12	
1605	西安に於ける商業機関	支那省別全誌　第7巻　陝西省	大正7・2・12	全浙会館寧波幫
1606	三原に於ける商務分会	支那省別全誌　第7巻　陝西省	大正7・2・12	土行／煙膏行
1607	漢中府に於ける商業機関	支那省別全誌　第7巻　陝西省	大正7・2・12	商務分会
1608	霊宝県城の習俗	支那省別全誌　第8巻　河南省	大正7・4・22	
1609	泌陽県城の官衙	支那省別全誌　第8巻　河南省	大正7・4・22	阿片局
1610	河南省の農業	支那省別全誌　第8巻　河南省	大正7・4・22	
1611	洛陽県下の農業	支那省別全誌　第8巻　河南省	大正7・4・22	
1612	永寧県の農業	支那省別全誌　第8巻　河南省	大正7・4・22	

番号	題目	編著者	掲載書誌	刊行年月日	備考
1613	南陽に於ける玉石鉱		支那省別全誌 第8巻 河南省	大正7・4・22	喫阿片器
1614	鄧州の煙草		支那省別全誌 第8巻 河南省	大正7・4・22	
1615	仙桃鎮の官衙		支那省別全誌 第9巻 湖北省	大正7・6・27	戒煙局
1616	樊城鎮の官衙		支那省別全誌 第9巻 湖北省	大正7・6・27	戒煙局
1617	老河口鎮の官衙		支那省別全誌 第9巻 湖北省	大正7・6・27	戒煙局
1618	沙市の民船		支那省別全誌 第9巻 湖北省	大正7・6・27	
1619	漢口に集散する豆類		支那省別全誌 第9巻 湖北省	大正7・6・27	
1620	漢口に於ける輸入品の税率		支那省別全誌 第9巻 湖北省	大正7・6・27	洋薬熟膏／洋薬
1621	漢口の問屋		支那省別全誌 第9巻 湖北省	大正7・6・27	
1622	漢口の金融貨幣（洋例紋）		支那省別全誌 第9巻 湖北省	大正7・6・27	
1623	随州の銭舗		支那省別全誌 第9巻 湖北省	大正7・6・27	土薬商
1624	辰州府城の農業		支那省別全誌 第10巻 湖南省	大正7・11・21	
1625	常徳の商業に於ける福建省人		支那省別全誌 第10巻 湖南省	大正7・11・21	
1626	津市の度量衡		支那省別全誌 第10巻 湖南省	大正7・11・21	土薬
1627	永定の度量衡		支那省別全誌 第10巻 湖南省	大正7・11・21	土薬

1628	九江府城の生業		支那省別全誌　第11巻　江西省	大正7・12・30	寧波幇／土煙業
1629	南昌府城の生業		支那省別全誌　第11巻　江西省	大正7・12・30	四川幇／土荘
1630	樟樹鎮の生業		支那省別全誌　第11巻　江西省	大正7・12・30	
1631	吉安府に於ける貨物集散状況		支那省別全誌　第11巻　江西省	大正7・12・30	土薬
1632	広昌石城間の習俗		支那省別全誌　第11巻　江西省	大正7・12・30	
1633	九江の輸出入取引関係		支那省別全誌　第11巻　江西省	大正7・12・30	漢口為替
1634	南昌の取引状態		支那省別全誌　第11巻　江西省	大正7・12・30	
1635	杭州府城に於ける各国居留地維持の方法		支那省別全誌　第13巻　浙江省	大正8・5・15	阿片屋
1636	杭州に於ける巻煙草の輸入		支那省別全誌　第13巻　浙江省	大正8・5・15	
1637	寧波に於ける巻煙草の需要		支那省別全誌　第13巻　浙江省	大正8・5・15	
1638	福建の海外移民		支那省別全誌　第14巻　福建省	大正9・1・20	阿片吸飲
1639	福州府城の著名建築物及び新聞社		支那省別全誌　第14巻　福建省	大正9・1・20	去毒社／去毒鐘日報
1640	三都澳地方の物産		支那省別全誌　第14巻　福建省	大正9・1・20	
1641	永安県城の交通運輸		支那省別全誌　第14巻　福建省	大正9・1・20	
1642	汀州府城の官衙		支那省別全誌　第14巻　福建省	大正9・1・20	禁煙局
1643	福安県城の集合自治機関		支那省別全誌　第14巻　福建省	大正9・1・20	禁烟会

番号	題目	編著者	掲載書誌	刊行年月日	備考
1644	〔地図〕永春県城		支那省別全誌 第14巻 福建省	大正9・1・20	禁烟公所
1645	福州に於ける広東会館の釐金徴収方法		支那省別全誌 第14巻 福建省	大正9・1・20	
1646	漳州府下に於ける甘蔗の栽培		支那省別全誌 第14巻 福建省	大正9・1・20	
1647	厦門の商業機関（泉郊）		支那省別全誌 第14巻 福建省	大正9・1・20	洋薬
1648	徐州府城の生業		支那省別全誌 第15巻 江蘇省	大正9・8・25	
1649	上海に於ける民船		支那省別全誌 第15巻 江蘇省	大正9・8・25	土船
1650	泰州に於ける民船		支那省別全誌 第15巻 江蘇省	大正9・8・25	候子船／洋薬
1651	上海に於ける各汽船会社間の協定運賃		支那省別全誌 第15巻 江蘇省	大正9・8・25	
1652	上海に於ける輸入品		支那省別全誌 第15巻 江蘇省	大正9・8・25	
1653	上海の銭荘に於ける期票（定期払）の期限		支那省別全誌 第15巻 江蘇省	大正9・8・25	
1654	貴定県城の生業		支那省別全誌 第16巻 貴州省	大正9・7・24	
1655	思南府城の生活程度		支那省別全誌 第16巻 貴州省	大正9・7・24	
1656	安化県城の市況		支那省別全誌 第16巻 貴州省	大正9・7・24	
1657	鎮遠府城の商業及び生活程度		支那省別全誌 第16巻 貴州省	大正9・7・24	
1658	永興の生業		支那省別全誌 第16巻 貴州省	大正9・7・24	

番号	題目	編著者	掲載書誌	刊行年月日	備考
1675	〔地図〕汾州府城		支那省別全誌 第17巻 山西省	大正9・9・23	戒煙局
1676	山西省に於ける棉花産地の増加		支那省別全誌 第17巻 山西省	大正9・9・23	
1677	太谷（県城）の商店		支那省別全誌 第17巻 山西省	大正9・9・23	土煙
1678	〔地図〕天津市街図		支那省別全誌 第18巻 直隷省	大正9・9・30	戒煙総所／禁烟分局
1679	天津の戒煙処		支那省別全誌 第18巻 直隷省	大正9・9・30	
1680	四川省の罌粟栽培		新修支那省別全誌 第1巻 四川省（上）	昭和16・8・20	
1681	四川省に於ける阿片の吸飲		新修支那省別全誌 第1巻 四川省（上）	昭和16・8・20	
1682	湖北四川路沿道の状況		新修支那省別全誌 第1巻 四川省（上）	昭和16・8・20	煙膏局
1683	重慶成都路沿道の状況		新修支那省別全誌 第1巻 四川省（上）	昭和16・8・20	土薬／阿片／罌粟／煙館
1684	雲南四川路沿道の状況		新修支那省別全誌 第1巻 四川省（上）	昭和16・8・20	阿片
1685	川西陸路沿道の状況		新修支那省別全誌 第1巻 四川省（上）	昭和16・8・20	阿片／罌粟
1686	川南陸路沿道の状況		新修支那省別全誌 第1巻 四川省（上）	昭和16・8・20	煙館
1687	納渓県の物産		新修支那省別全誌 第1巻 四川省（上）	昭和16・8・20	土薬
1688	万県の物産		新修支那省別全誌 第1巻 四川省（上）	昭和16・8・20	土薬
1689	成都の物産		新修支那省別全誌 第1巻 四川省（上）	昭和16・8・20	土薬

1690	万県の輸移出品		新修支那省別全誌 第1巻 四川省（上）	昭和16・8・20	鴉片
1691	简陽の物産		新修支那省別全誌 第1巻 四川省（上）	昭和16・8・20	土薬
1692	永川の習俗と物産		新修支那省別全誌 第1巻 四川省（上）	昭和16・8・20	烟犯／阿片
1693	東渓場（綦江県）の物産		新修支那省別全誌 第1巻 四川省（上）	昭和16・8・20	阿片
1694	合川の物産		新修支那省別全誌 第1巻 四川省（上）	昭和16・8・20	阿片
1695	大足の物産		新修支那省別全誌 第1巻 四川省（上）	昭和16・8・20	阿片
1696	峨眉の習俗		新修支那省別全誌 第1巻 四川省（上）	昭和16・8・20	癮者
1697	忠県の物産		新修支那省別全誌 第1巻 四川省（上）	昭和16・8・20	阿片
1698	長寿の物産		新修支那省別全誌 第1巻 四川省（上）	昭和16・8・20	阿片
1699	楽至の物産		新修支那省別全誌 第1巻 四川省（上）	昭和16・8・20	阿片
1700	宣漢（東郷）の物産		新修支那省別全誌 第1巻 四川省（上）	昭和16・8・20	土薬
1701	四川省に於ける麦の産額の増加		新修支那省別全誌 第2巻 四川省（下）	昭和16・8・20	
1702	四川省に於ける麻の産額の増減		新修支那省別全誌 第2巻 四川省（下）	昭和16・8・20	
1703	四川省の阿片		新修支那省別全誌 第2巻 四川省（下）	昭和16・8・20	概説／罌粟の栽培／産地及産額
1704	桐油の搾り粕（桐油餅）の用途		新修支那省別全誌 第2巻 四川省（下）	昭和16・8・20	
1705	薬材としての罌粟		新修支那省別全誌 第2巻 四川省（下）	昭和16・8・20	御米

番号	題目	編著者	掲載書誌	刊行年月日	備考
1706	四川省に於ける財政収支状況		修新支那省別全誌 第2巻 四川省（下）	昭和16・8・20	禁煙罰金／禁煙収入／特税／阿片税／阿片取扱統制財団／禁煙特税
1707	四川戒煙薬茶		修新支那省別全誌 第2巻 四川省（下）	昭和16・8・20	
1708	雲南省の夷人の風習		修新支那省別全誌 第3巻 雲南省	昭和17・8・15	
1709	雲南省に於ける阿片の禁煙		修新支那省別全誌 第3巻 雲南省	昭和17・8・15	
1710	昆明貴陽路に於ける挑夫の習慣		修新支那省別全誌 第3巻 雲南省	昭和17・8・15	
1711	昆明の習俗と官衙		修新支那省別全誌 第3巻 雲南省	昭和17・8・15	禁煙公所
1712	河口の習俗		修新支那省別全誌 第3巻 雲南省	昭和17・8・15	
1713	騰越（騰衝県）の習俗		修新支那省別全誌 第3巻 雲南省	昭和17・8・15	
1714	威信の習俗		修新支那省別全誌 第3巻 雲南省	昭和17・8・15	
1715	昭通の習俗		修新支那省別全誌 第3巻 雲南省	昭和17・8・15	
1716	会沢の習俗		修新支那省別全誌 第3巻 雲南省	昭和17・8・15	
1717	玉渓の習俗		修新支那省別全誌 第3巻 雲南省	昭和17・8・15	
1718	葫蘆地の社会、政治		修新支那省別全誌 第3巻 雲南省	昭和17・8・15	
1719	班弄（邦隆）の阿片売買		修新支那省別全誌 第3巻 雲南省	昭和17・8・15	
1720	雲南省の産業の概説		修新支那省別全誌 第3巻 雲南省	昭和17・8・15	

1721	雲南省に於ける麦、豆類の産額の増加		新修支那省別全誌 第3巻 雲南省	昭和17・8・15	
1722	雲南省に於ける棉花栽培の奨励		新修支那省別全誌 第3巻 雲南省	昭和17・8・15	
1723	雲南省の阿片		新修支那省別全誌 第3巻 雲南省	昭和17・8・15	概説／取引及輸出／阿片吸飲／阿片収入／最近の禁煙状況
1724	箇旧の錫鉱業の鉱夫		新修支那省別全誌 第3巻 雲南省	昭和17・8・15	
1725	景谷の鉄鉱業の賃金		新修支那省別全誌 第3巻 雲南省	昭和17・8・15	
1726	宜良の習俗と炭鉱労働者の給与		新修支那省別全誌 第3巻 雲南省	昭和17・8・15	
1727	塩井の附加税		新修支那省別全誌 第3巻 雲南省	昭和17・8・15	禁烟補助費
1728	雲南省に於ける陶器業		新修支那省別全誌 第3巻 雲南省	昭和17・8・15	阿片皿
1729	雲南省の財政		新修支那省別全誌 第3巻 雲南省	昭和17・8・15	阿片税／禁煙罰金
1730	雲南省の為替相場と阿片貿易		新修支那省別全誌 第3巻 雲南省	昭和17・8・15	
1731	貴州省の土壌と農作物		新修支那省別全誌 第4巻 貴州省（上）	昭和18・3・30	
1732	貴州省政府及び附属機関の組織及び分掌事項		新修支那省別全誌 第4巻 貴州省（上）	昭和18・3・30	民政庁／省禁煙委員会
1733	貴州省の行政督察専員公署		新修支那省別全誌 第4巻 貴州省（上）	昭和18・3・30	衛生行政及び禁烟拒毒
1734	県政府の組織及び分掌事項と県市公民の資格		新修支那省別全誌 第4巻 貴州省（上）	昭和18・3・30	
1735	貴州省出身の人物（任可澄）		新修支那省別全誌 第4巻 貴州省（上）	昭和18・3・30	全国禁烟委員会委員
1736	貴州省と鴉片		新修支那省別全誌 第4巻 貴州省（上）	昭和18・3・30	薛紹銘「黔滇川旅行記」／鴉片税／貴陽／烟鬼

番号	題目	編著者	掲載書誌	刊行年月日	備考
1737	雲南省に於ける農業生産の改進		新修支那省別全誌 第4巻 貴州省（上）	昭和18・3・30	麦類・煙草の増産計画
1738	罌粟栽培禁止前後処置		新修支那省別全誌 第4巻 貴州省（上）	昭和18・3・30	総説／罌粟栽培逓減工作／罌粟栽培禁止と農村経済問題／罌粟の代作物
1739	〔地図〕 貴陽市街図		新修支那省別全誌 第4巻 貴州省（上）	昭和18・3・30	禁煙総局
1740	貴州省と外省との取引		新修支那省別全誌 第4巻 貴州省（上）	昭和18・3・30	特薬阿片／洋薬
1741	貴定の産業		新修支那省別全誌 第4巻 貴州省（上）	昭和18・3・30	
1742	安順（普定）の取引及産業		新修支那省別全誌 第4巻 貴州省（上）	昭和18・3・30	
1743	関嶺（募役）の農産物		新修支那省別全誌 第4巻 貴州省（上）	昭和18・3・30	
1744	徳江（安化）の産業		新修支那省別全誌 第4巻 貴州省（上）	昭和18・3・30	
1745	貴州省の農業		新修支那省別全誌 第4巻 貴州省（上）	昭和18・3・30	農業の生産形態／農業の改良施設
1746	貴州省の農産品（麦類）		新修支那省別全誌 第4巻 貴州省（上）	昭和18・3・30	罌粟栽培の禁止
1747	〔地図〕 嗜好農産物主要産地図		新修支那省別全誌 第4巻 貴州省（上）	昭和18・3・30	
1748	貴州省の農産品（煙草）		新修支那省別全誌 第4巻 貴州省（上）	昭和18・3・30	罌粟栽培の禁止
1749	貴州省の農産品（罌粟）		新修支那省別全誌 第4巻 貴州省（上）	昭和18・3・30	概説／阿片の産地並に品質価格／阿片の販路／阿片栽培禁止後の代替作物／貴州省に於ける罌粟栽培の禁止及吸煙取締
1750	貴州省の農産品（油菜）		新修支那省別全誌 第4巻 貴州省（上）	昭和18・3・30	罌粟栽培の禁止
1751	貴州省の養蚕業		新修支那省別全誌 第4巻 貴州省（上）	昭和18・3・30	罌粟栽培の禁止

1752	貴州省に於ける牧畜事業の奨励	新修支那省別全誌 第4巻 貴州省(上)	昭和18・3・30	罌粟栽培の禁止
1753	貴州省の主要移出品(特薬)	新修支那省別全誌 第5巻 貴州省(下)	昭和18・10・30	
1754	貴州省の財務執行機関(財政庁)	新修支那省別全誌 第5巻 貴州省(下)	昭和18・10・30	禁煙(阿片)税
1755	貴州省の省財政収支及中央補助収入並に収支均衡	新修支那省別全誌 第5巻 貴州省(下)	昭和18・10・30	禁煙予算／特税協款(阿片税補助費)
1756	貴州省に於ける省地方税捐(禁煙取締費)	新修支那省別全誌 第5巻 貴州省(下)	昭和18・10・30	
1757	貴州省に於ける県税	新修支那省別全誌 第5巻 貴州省(下)	昭和18・10・30	禁煙取締費附加税／煙燈附加捐
1758	貴州省農砿工商調整委員会及び貴州省会小本借貸処の貸付条件	新修支那省別全誌 第5巻 貴州省(下)	昭和18・10・30	
1759	貴州省に於ける為替市場と鴉片商	新修支那省別全誌 第5巻 貴州省(下)	昭和18・10・30	
1760	南竜公路建設工事の情況	新修支那省別全誌 第5巻 貴州省(下)	昭和18・10・30	
1761	思南より竜泉(鳳泉)に至る沿道の形勢	新修支那省別全誌 第5巻 貴州省(下)	昭和18・10・30	
1762	貴州省に於ける鉱産資源開発の問題	新修支那省別全誌 第5巻 貴州省(下)	昭和18・10・30	
1763	貴州省名勝処所保管弁法	新修支那省別全誌 第5巻 貴州省(下)	昭和18・10・30	
1764	陝西省重慶区の県政府附属機関と保甲制	新修支那省別全誌 第6巻 陝西省	昭和18・6・25	県禁烟委員会／禁烟工作末梢機関
1765	陝西省の人物(焦易堂　陳樹藩)	新修支那省別全誌 第6巻 陝西省	昭和18・6・25	
1766	西京市(長安)の官衙と商業	新修支那省別全誌 第6巻 陝西省	昭和18・6・25	陝西戒煙総局／特薬
1767	〔地図〕　耀県城	新修支那省別全誌 第6巻 陝西省	昭和18・6・25	戒煙公所

番号	題目	編著者	掲載書誌	刊行年月日	備考
1768	潼関の官衙		新修支那省別全誌 第6巻 陝西省	昭和18・6・25	禁煙分局／禁煙督察処潼関弁事処
1769	府谷の物産と商業		新修支那省別全誌 第6巻 陝西省	昭和18・6・25	
1770	蛻唎峪鎮（葭県）の官衙と習俗		新修支那省別全誌 第6巻 陝西省	昭和18・6・25	特税局／善後局／煙泡
1771	洛川の習俗		新修支那省別全誌 第6巻 陝西省	昭和18・6・25	
1772	陝西省に於ける農民の生活		新修支那省別全誌 第6巻 陝西省	昭和18・6・25	
1773	陝西省の農産品（麦類）		新修支那省別全誌 第6巻 陝西省	昭和18・6・25	罌粟栽培の禁止
1774	陝西省の農産品（罌粟）		新修支那省別全誌 第6巻 陝西省	昭和18・6・25	年産額／栽培禁止の三期区分／保甲制度
1775	陝西省の農産品（棉花）		新修支那省別全誌 第6巻 陝西省	昭和18・6・25	罌粟栽培の禁止／臨潼県／渭南県／咸陽県／華県
1776	隣省よりの移入品		新修支那省別全誌 第6巻 陝西省	昭和18・6・25	特薬（阿片）
1777	陝西省に於ける県財政の収支（南鄭県）		新修支那省別全誌 第6巻 陝西省	昭和18・6・25	煙畝捐／燈捐／善後罰款
1778	陝西省に於ける県財政の収支（褒城県）		新修支那省別全誌 第6巻 陝西省	昭和18・6・25	烟畝
1779	陝西省に於ける県財政の収支（留壩県）		新修支那省別全誌 第6巻 陝西省	昭和18・6・25	烟畝／善後清査処／烟民（鴉片栽培者）
1780	陝西省に於ける県財政の収支（城固県）		新修支那省別全誌 第6巻 陝西省	昭和18・6・25	烟款罰(ママ)／烟畝／善後罰款
1781	陝西省地方財政の整理		新修支那省別全誌 第6巻 陝西省	昭和18・6・25	烟畝罰款／地畝変価充公／水地捐
1782	陝西省銀行の農村放款（貸付）		新修支那省別全誌 第6巻 陝西省	昭和18・6・25	罌粟栽培の禁止

1783	咸陽城内民屋の状況	新修支那省別全誌　第6巻　陝西省	昭和18・6・25	
1784	宜州、洛川間の土匪と鴉片の密培	新修支那省別全誌　第6巻　陝西省	昭和18・6・25	
1785	漢水通行船の船夫と沿岸の禁煙局	新修支那省別全誌　第6巻　陝西省	昭和18・6・25	
1786	西北回民の職業	新修支那省別全誌　第7巻　甘粛省・寧夏省	昭和18・12・25	
1787	馬鴻逵（寧夏省政府主席）	新修支那省別全誌　第7巻　甘粛省・寧夏省	昭和18・12・25	
1788	蘭州市の官衙と商業	新修支那省別全誌　第7巻　甘粛省・寧夏省	昭和18・12・25	甘粛禁烟督察処／甘粛禁烟総局
1789	固原の回教徒	新修支那省別全誌　第7巻　甘粛省・寧夏省	昭和18・12・25	
1790	天水（秦州）の産業	新修支那省別全誌　第7巻　甘粛省・寧夏省	昭和18・12・25	
1791	武山（寧遠）の官衙	新修支那省別全誌　第7巻　甘粛省・寧夏省	昭和18・12・25	特種消費税局武山局
1792	秦安の官衙	新修支那省別全誌　第7巻　甘粛省・寧夏省	昭和18・12・25	特種消費税局秦安局
1793	徽県の官衙	新修支那省別全誌　第7巻　甘粛省・寧夏省	昭和18・12・25	特種消費税局徽県局
1794	武都（階州）の官衙	新修支那省別全誌　第7巻　甘粛省・寧夏省	昭和18・12・25	特種消費税局武都局
1795	臨夏（河州）の官衙	新修支那省別全誌　第7巻　甘粛省・寧夏省	昭和18・12・25	特種消費税局臨夏局
1796	夏河（拉卜楞）の官衙	新修支那省別全誌　第7巻　甘粛省・寧夏省	昭和18・12・25	特種消費税局夏河局
1797	武威（涼州）の官衙と産業	新修支那省別全誌　第7巻　甘粛省・寧夏省	昭和18・12・25	特種消費税局涼州局
1798	山丹の官衙	新修支那省別全誌　第7巻　甘粛省・寧夏省	昭和18・12・25	特種消費税局山丹局

番号	題目	編著者	掲載書誌	刊行年月日	備考
1799	張掖（甘州）の官衙と産業		新修支那省別全誌第7巻 甘粛省・寧夏省	昭和18・12・25	特種消費税局甘州局
1800	臨沢（撫彝）の産業		新修支那省別全誌第7巻 甘粛省・寧夏省	昭和18・12・25	
1801	酒泉（粛州）の回教徒と産業		新修支那省別全誌第7巻 甘粛省・寧夏省	昭和18・12・25	
1802	金塔（王子荘）の産業		新修支那省別全誌第7巻 甘粛省・寧夏省	昭和18・12・25	
1803	高台の官衙		新修支那省別全誌第7巻 甘粛省・寧夏省	昭和18・12・25	特種消費税局高台局
1804	敦煌の産業		新修支那省別全誌第7巻 甘粛省・寧夏省	昭和18・12・25	
1805	寧夏の生活及民俗		新修支那省別全誌第7巻 甘粛省・寧夏省	昭和18・12・25	漢族と回族
1806	甘粛省の農業		新修支那省別全誌第7巻 甘粛省・寧夏省	昭和18・12・25	軍閥・官僚／農業改進所
1807	甘粛省の農産品（罌粟）		新修支那省別全誌第7巻 甘粛省・寧夏省	昭和18・12・25	概説／罌粟の栽培及鴉片の採取／鴉片の吸烟状況／鴉片問題の沿革並に禁烟状況
1808	甘粛省の農産品（棉花）		新修支那省別全誌第7巻 甘粛省・寧夏省	昭和18・12・25	罌粟栽培の禁止／農業改進所
1809	寧夏省の農業		新修支那省別全誌第7巻 甘粛省・寧夏省	昭和18・12・25	軍閥・土匪・土豪
1810	寧夏省の農産品（罌粟）		新修支那省別全誌第7巻 甘粛省・寧夏省	昭和18・12・25	漢族と回族
1811	寧夏省の農産品（棉花）		新修支那省別全誌第7巻 甘粛省・寧夏省	昭和18・12・25	罌粟栽培の禁止
1812	甘粛省皐蘭県の坑夫		新修支那省別全誌第7巻 甘粛省・寧夏省	昭和18・12・25	
1813	西北貿易の近況		新修支那省別全誌第7巻 甘粛省・寧夏省	昭和18・12・25	包頭／重慶政府

1814	甘粛・寧夏両省の移出品		修新 支那省別全誌 甘粛省・寧夏省 第7巻	昭和18・12・25	
1815	寧夏省の財政		修新 支那省別全誌 甘粛省・寧夏省 第7巻	昭和18・12・25	概説／財政収支／税捐の種類
1816	平涼・隆徳間沿道鎮村の概況		修新 支那省別全誌 甘粛省・寧夏省 第7巻	昭和18・12・25	
1817	定西・皐蘭間の道路及地勢		修新 支那省別全誌 甘粛省・寧夏省 第7巻	昭和18・12・25	
1818	清水・天水間の状況		修新 支那省別全誌 甘粛省・寧夏省 第7巻	昭和18・12・25	阿片窟
1819	甘谷附近の状況		修新 支那省別全誌 甘粛省・寧夏省 第7巻	昭和18・12・25	
1820	石嘴子・寧夏間の状況		修新 支那省別全誌 甘粛省・寧夏省 第7巻	昭和18・12・25	
1821	寧夏・中衛間の状況		修新 支那省別全誌 甘粛省・寧夏省 第7巻	昭和18・12・25	
1822	黄河上流を下る（皐蘭より包頭へ）		修新 支那省別全誌 甘粛省・寧夏省 第7巻	昭和18・12・25	
1823	甘粛的禁煙問題（西北問題季刊第1巻、第3期　民国23年9月）		修新 支那省別全誌 甘粛省・寧夏省 第7巻	昭和18・12・25	第七巻　甘粛・寧夏両省編纂参考資料
1824	民国期新疆省に於ける軍隊の給与		修新 支那省別全誌 新疆省 第8巻	昭和19・6・30	
1825	新疆省の農産品（罌粟）		修新 支那省別全誌 新疆省 第8巻	昭和19・6・30	塔城／禁煙委員会
1826	新疆省の農産品（麻烟）		修新 支那省別全誌 新疆省 第8巻	昭和19・6・30	
1827	民国期新疆省の輸入貿易		修新 支那省別全誌 新疆省 第8巻	昭和19・6・30	阿富汗
1828	新疆省の特設財務機関と財政収支		修新 支那省別全誌 新疆省 第8巻	昭和19・6・30	禁煙委員会
1829	哈拉湖地方の阿片		修新 支那省別全誌 新疆省 第8巻	昭和19・6・30	

番号	題目	編著者	掲載書誌	刊行年月日	備考
1830	新疆省の哥老会党と鴉片		新修支那省別全誌 第8巻 新疆省	昭和19・6・30	楊増新
1831	西康省の商業貿易		新修支那省別全誌 第9巻 青海省・西康省	昭和21・9・28	
1832	民国期青海省の阿片問題		新修支那省別全誌 第9巻 青海省・西康省	昭和21・9・28	馮玉祥／馬麟／馬歩芳
1833	甘粛省蘭州附近漢人の青海省への移住		新修支那省別全誌 第9巻 青海省・西康省	昭和21・9・28	
1834	蘆山の民俗		新修支那省別全誌 第9巻 青海省・西康省	昭和21・9・28	
1835	瀘定（瀘定橋）の物産		新修支那省別全誌 第9巻 青海省・西康省	昭和21・9・28	
1836	九竜（大浦子）の民俗		新修支那省別全誌 第9巻 青海省・西康省	昭和21・9・28	
1837	理化（裏塘）の商業貿易		新修支那省別全誌 第9巻 青海省・西康省	昭和21・9・28	
1838	青海省の農業と税捐及び農村の一般状況		新修支那省別全誌 第9巻 青海省・西康省	昭和21・9・28	禁烟税
1839	西康省の商業・貿易		新修支那省別全誌 第9巻 青海省・西康省	昭和21・9・28	
1840	青海省の財政収支		新修支那省別全誌 第9巻 青海省・西康省	昭和21・9・28	煙畝款
1841	西康省の財政収支		新修支那省別全誌 第9巻 青海省・西康省	昭和21・9・28	煙苗罰金／煙燈罰金／禁煙印花／陳遐齢
1842	礼州（四川省西昌県属）附近の物産		新修支那省別全誌 第9巻 青海省・西康省	昭和21・9・28	
1843	南満洲ノ植物	露国大蔵省原編	満洲通志	明治39・4・9	
1844	満洲産ノ鹿角（露名パンク）	露国大蔵省原編	満洲通志	明治39・4・9	阿片喫者ノ中毒剤

番号	題目	編著者	掲載書誌	刊行年月日	備考
1861	張家口より帰化城に至る	ポズトネエフ原著	東部蒙古	大正4・10・10	隆盛庄／烟局／沁州
1862	帰化城	ポズトネエフ原著	東部蒙古	大正4・10・10	喇嘛僧の吸煙／阿片輸入税／警察署兵士の吸煙
1863	帰化城より張家口経由承徳府に至る	ポズトネエフ原著	東部蒙古	大正4・10・10	新城（綏遠城）旗人の吸煙／帰化城阿片専業者の談話／郭家屯／豊寗県
1864	承徳府（熱河）	ポズトネエフ原著	東部蒙古	大正4・10・10	烟局
1865	喀喇沁部地方の農産物	ポズトネエフ原著	東部蒙古	大正4・10・10	
1866	ドイツ膠州湾保護領の阿片税収入額		山東及膠州湾	大正3・12・23	
1867	ドイツ膠州湾保護領の関税制度		山東及膠州湾	大正3・12・23	保税倉庫
1868	ドイツ膠州湾保護領の重要輸入品純輸入額（阿片）		山東及膠州湾	大正3・12・23	
1869	芝罘の重要輸出入品純輸出入額（阿片）		山東及膠州湾	大正3・12・23	
1870	曲阜城外の農産物		山東及膠州湾	大正3・12・23	
1871	山東省に於ける落花生の栽培		山東及膠州湾	大正3・12・23	阿片栽培の禁止
1872	淮水下流域の農産物	大村欣一	支那政治地理誌　上巻	大正2・11・10	
1873	宜昌に出入する船舶の貿易額の消長	大村欣一	支那政治地理誌　上巻	大正2・11・10	四川特産鴉片
1874	日清戦役前に於ける清朝中央の収入と戦後の増税	大村欣一	支那政治地理誌　上巻	大正2・11・10	洋薬税／鴉片税
1875	匪乱（義和団事変）の賠償金をめぐる鴉片税の加徴	大村欣一	支那政治地理誌　上巻	大正2・11・10	

1876	土薬税	大村欣一	支那政治地理誌　上巻	大正2・11・10	ロバート・ハート／宜昌・重慶／八省土薬統捐／征収土薬税分局／土薬捐／土膏捐
1877	光緒末年の塩税加価	大村欣一	支那政治地理誌　上巻	大正2・11・10	鴉片禁止令
1878	度支部の雑収入	大村欣一	支那政治地理誌　上巻	大正2・11・10	殺虎口（山西省右玉県北）土薬税
1879	民政部直接収入	大村欣一	支那政治地理誌　上巻	大正2・11・10	北京土膏捐
1880	清末の中央各官府収入総計	大村欣一	支那政治地理誌　上巻	大正2・11・10	土薬税収入
1881	民政部と北京の禁煙公所	大村欣一	支那政治地理誌　上巻	大正2・11・10	
1882	淮北塩に対する課税	大村欣一	支那政治地理誌　上巻	大正2・11・10	土薬抵補税
1883	契税の増徴	大村欣一	支那政治地理誌　上巻	大正2・11・10	鴉片税減収
1884	雑捐の一種としての膏捐（土膏捐又は土薬捐とも云ふ）	大村欣一	支那政治地理誌　上巻	大正2・11・10	
1885	印花税	大村欣一	支那政治地理誌　上巻	大正2・11・10	鴉片税減収
1886	土薬税の統捐	大村欣一	支那政治地理誌　上巻	大正2・11・10	
1887	厘金と外国貿易	大村欣一	支那政治地理誌　上巻	大正2・11・10	外国産鴉片の輸入税及厘金
1888	海関の洋薬税厘	大村欣一	支那政治地理誌　上巻	大正2・11・10	
1889	衆議院議員の選挙被選挙権	大村欣一	支那政治地理誌　上巻	大正2・11・10	
1890	印花税	大村欣一	支那政治地理誌　下巻	大正4・11・1	
1891	清国に於ける鴉片輸入の大勢	大村欣一	支那政治地理誌　下巻	大正4・11・1	

番号	題目	編著者	掲載書誌	刊行年月日	備考
1892	漢口の洋例平と洋例平足紋銀	大村欣一	支那政治地理誌 下巻	大正4・11・1	
1893	東印度商会による印度産鴉片の輸入	大村欣一	支那政治地理誌 下巻	大正4・11・1	
1894	粤漢鉄道の建設計画と広東・湖南・湖北三省の土薬税	大村欣一	支那政治地理誌 下巻	大正4・11・1	張之洞
1895	阿片釐金		最近支那貿易	大正5・3・5	芝罘条約追加条款
1896	阿片釐金		改版支那貿易	大正9・12・5	芝罘条約追加条款
1897	上海仏国居留地の収入と阿片吸飲所設置の特許料		支那開港場誌 第1巻	大正11・10・23	
1898	上海共同租界の各税章程		支那開港場誌 第1巻	大正11・10・23	東洋車貸店／阿片販売店／煙館
1899	上海の会審衙門で審理さるゝ事件		支那開港場誌 第1巻	大正11・10・23	煙館
1900	上海城内湖心亭の光景		支那開港場誌 第1巻	大正11・10・23	歯医者の店
1901	長髪賊の乱中に於ける阿片の輸入		支那開港場誌 第1巻	大正11・10・23	
1902	上海海関の組織		支那開港場誌 第1巻	大正11・10・23	管洋薬暨関桟処
1903	上海港の改修工事と阿片税		支那開港場誌 第1巻	大正11・10・23	
1904	上海に於ける外国貿易の沿革		支那開港場誌 第1巻	大正11・10・23	Jardine Matheson 商会／Dent 商会／Russel 商会／Wetmore & Co.／Cripper／東印度会社／公行商人／髪賊の乱
1905	支那官憲の黙許に基く阿片の密輸入		支那開港場誌 第1巻	大正11・10・23	
1906	杭州の一般居留地に於ける阿片屋よりの徴税		支那開港場誌 第1巻	大正11・10・23	

1907	杭州関試弁章程に規定する阿片の陸揚法		支那開港場誌　第1巻	大正11・10・23	新関洋薬桟房
1908	寧波の江北居留地に於ける護岸工事の経費調達問題		支那開港場誌　第1巻	大正11・10・23	
1909	寧波に於ける海関（浙海関）収入の累年統計		支那開港場誌　第1巻	大正11・10・23	内地阿片各税／外国阿片釐金
1910	寧波に於ける外国貿易の推移		支那開港場誌　第1巻	大正11・10・23	杭州
1911	温州に於ける阿片税反対暴動		支那開港場誌　第1巻	大正11・10・23	
1912	温州に於ける海関（瓯海関）の諸税収入額統計		支那開港場誌　第1巻	大正11・10・23	阿片税／外国阿片厘金
1913	自由港香港における阿片税の徴収		支那開港場誌　第2巻	大正13・3・2	芝罘条約
1914	招商渝（渝行の一）に対する官憲の特別保護		支那開港場誌　第2巻	大正13・3・2	阿片税
1915	重慶に於ける紡績工場建設の計画と罌粟栽培の問題		支那開港場誌　第2巻	大正13・3・2	
1916	宜昌に於ける排外暴動と阿片館		支那開港場誌　第2巻	大正13・3・2	
1917	清朝の阿片禁煙令と阿片売買業者呉子俊（黄州出身）の致富		支那開港場誌　第2巻	大正13・3・2	
1918	1860年前後に漢口を訪れた外国人の見聞記		支那開港場誌　第2巻	大正13・3・2	
1919	漢口に於ける海関（江漢関）の関税収入状況		支那開港場誌　第2巻	大正13・3・2	阿片各税／阿片釐金
1920	棉花栽培地域ノ拡大		支那之工業	大正6・2・25	阿片栽培ノ禁止
1921	大豆産額ノ増加		支那之工業	大正6・2・25	阿片栽培ノ禁止
1922	小麦産額ノ増加		支那之工業	大正6・2・25	阿片栽培ノ禁止

番号	題目	編著者	掲載書誌	刊行年月日	備考
1923	阿片吸飲の際の燻用燈油としての落花生油	井坂秀雄	支那工業綜覧	昭和5・12・27	
1924	外国人ノ対日感情	三枝茂智	支那ノ外交・財政	大正10・5・8	日本ノ山東経営
1925	支那人ノ対日感情	三枝茂智	支那ノ外交・財政	大正10・5・8	日本人ノ密輸入者／関東州及膠州湾占領軍官憲ノ漸減政策
1926	英国ノ対支政策	三枝茂智	支那ノ外交・財政	大正10・5・8	
1927	米国対支外交ノ基調	三枝茂智	支那ノ外交・財政	大正10・5・8	
1928	支那ニ於ケル列国ノ文化政策	三枝茂智	支那ノ外交・財政	大正10・5・8	支那外交史ノ真相
1929	阿片問題ノ過去ト現在	三枝茂智	支那ノ外交・財政	大正10・5・8	
1930	粤漢鉄道改修借款契約第五条	三枝茂智	支那ノ外交・財政	大正10・5・8	湖北湖南及広東ノ阿片税ヲ担保
1931	ロバート・ハートト阿片釐金税ノ徴収	三枝茂智	支那ノ外交・財政	大正10・5・8	
1932	粤漢鉄道回収借款百十万磅	三枝茂智	支那ノ外交・財政	大正10・5・8	湖北及湖南広東ノ阿片釐金税ヲ担保
1933	十八、十九世紀ノ広東貿易ニ於ケル銀及阿片ノ輸入額	三枝茂智	支那ノ外交・財政	大正10・5・8	
1934	阿片吸飲に対する唐紹儀の反対と皇帝の上諭	イー・ゼー・ヂロン	欧米人の支那観	大正7・9・20	
1935	天津条約（一八五八）・北京条約（一八六〇）と阿片売買の公認	スタンレイ・ケイ・ホルンベック	欧米人の支那観	大正7・9・20	
1936	マツケー条約に於ける阿片の取扱い	スタンレー・ケー・ホルンベック	欧米人の支那観	大正7・9・20	
1937	東亜と米国との関係	ラインシュ	欧米人の支那観	大正7・9・20	上海国際亜片会議／海牙国際亜片会議

1938	阿片問題に対する米国の態度	ジェームス・ダブルユー・バツシュフオールド	欧米人の支那観	大正7・9・20	リード／バーリンガム／シュワード
1939	支那に於ける阿片吸入の漸減	ジャッジ・ヱルバート・ゲーリー	欧米人の支那観	大正7・9・20	
1940	開港時代に於ける支那貿易の態様	ローランド・アール・ギブソン	欧米人の支那観	大正7・9・20	
1941	英支協定に基く阿片輸入額の減退	ウォルフ・フォン・デワル	欧米人の支那観	大正7・9・20	
1942	阿片貿易に対する英国政府の態度と倫敦貿易業者への希望	ジョージ・イー・モリソン	欧米人の支那観	大正7・9・20	
1943	満洲に於ける阿片供給の減縮と煙草輸入額の増加	ダナー・ジー・ムンロー	欧米人の支那観	大正7・9・20	
1944	支那人の恰克図貿易と露国産の亜片		欧米人の支那観	大正7・9・20	
1945	外蒙に於ける阿片輸入販売の提案	ロックヒル	欧米人の支那観	大正7・9・20	
1946	清国に於ける将校及び兵卒の阿片吃烟	荒尾義行	東亜先覚荒尾精	昭和13・10・25	
1947	亜片烟に対する清民の嗜好	荒尾義行	東亜先覚荒尾精	昭和13・10・25	
1948	支那開港以前の各国関係（英吉利と支那）	大村欣一	支那之実相	昭和4・4・20	東印度商会
1949	支那開港以前の各国関係（北米合衆国と支那）	大村欣一	支那之実相	昭和4・4・20	広東貿易（一八一八～一八三三）の輸出入一年平均額
1950	清末に於ける漢族新興勢力の一形態	井上雅二	支那論	昭和5・3・5	
1951	漢族の性格（鴉片嗜好の顛末）	井上雅二	支那論	昭和5・3・5	
1952	仏蘭西の対支那策（仏領安南に対する鴉片の輸入）	井上雅二	支那論	昭和5・3・5	
1953	独乙の対支那策（膠州湾に於ける鴉片商人の制限）	井上雅二	支那論	昭和5・3・5	

番号	題目	編著者	掲載書誌	刊行年月日	備考
1954	我邦の対支那策（鴉片患者治療所の設置）	井上雅二	支那論	昭和5・3・5	
1955	阿片輸入の激化と支那銀流出の傾向	根岸佶 越智元治	支那及満洲の通貨と幣制改革	昭和12・7・20	
1956	漢口に於ける銀両（阿片売買の慣用平と慣用宝）	根岸佶 越智元治	支那及満洲の通貨と幣制改革	昭和12・7・20	洋例平／足紋銀
1957	上海の租界に於ける阿片の吸引売買と犯罪の巣窟	植田捷雄	新支那事情普及叢書　第5輯（上海租界問題と其の対策）	昭和14・4・18	
1958	南京条約に定められた提出阿片の代償金	井村薫雄	改訂増補欧米の対支経済侵略史	昭和19・5・20	
1959	粤漢鉄道の回収代償金と湖北、湖南、広東三省の阿片税	井村薫雄	改訂増補欧米の対支経済侵略史	昭和19・5・20	
1960	西北地方（陝西省及び甘粛両省）の農業状態	井村薫雄	改訂増補欧米の対支経済侵略史	昭和19・5・20	罌粟栽培と苛税
1961	封建的隷属関係を強いられる支那の農民と魔酔薬の服用	井村薫雄	改訂増補欧米の対支経済侵略史	昭和19・5・20	
1962	戦時中の四川省に於ける阿片生産の削限	井村薫雄	改訂増補欧米の対支経済侵略史	昭和19・5・20	
1963	蒋政権天水行営主任程潜の演説（中央の雅片罰金）	中保与作	改訂増補最近支那共産党史	昭和15・2・15発行、同19・6・15改訂増補発行	
1964	陝甘寧辺区の阿片栽培及び密売をめぐる共産党と国民党の相剋	中保与作	改訂増補最近支那共産党史	昭和15・2・15発行、同19・6・15改訂増補発行	陝西土産公司
1965	中国共産政府の思想政策（日本人及び林則徐に対する評価）	中保与作	改訂増補最近支那共産党史	昭和15・2・15発行、同19・6・15改訂増補発行	
1966	陝甘寧辺区政府の財政収入（烟畝罰款／阿片税）	中保与作	改訂増補最近支那共産党史	昭和15・2・15発行、同19・6・15改訂増補発行	
1967	潘齢泉（皋カ）	外務省情報部	現代支那人名鑑	大正14・3・10	査勘烟禁大員
1968	梅兆熙	外務省情報部	現代支那人名鑑	大正14・3・10	阿片専売

1969	方碩輔	外務省情報部	現代支那人名鑑	大正14・3・10	武昌土薬統税幇弁／蘇皖第五省禁煙事宜
1970	褚輔成	外務省情報部	現代支那人名鑑	大正14・3・10	嘉秀両邑禁烟局総董
1971	趙椿年	外務省情報部	現代支那人名鑑	大正14・3・10	土薬膏捐総局提調
1972	趙憲章	外務省情報部	現代支那人名鑑	大正14・3・10	黒竜江省禁煙大員
1973	張鎮芳	外務省情報部	現代支那人名鑑	大正14・3・10	禁煙局総弁
1974	張　錦	外務省情報部	現代支那人名鑑	大正14・3・10	阿片視察
1975	張　漢	外務省情報部	現代支那人名鑑	大正14・3・10	湖北禁煙局長
1976	陳啓明	外務省情報部	現代支那人名鑑	大正14・3・10	鴉片烟公司
1977	陳嘉庚	外務省情報部	現代支那人名鑑	大正14・3・10	閩南煙苗禁種大会会長
1978	陳之麟	外務省情報部	現代支那人名鑑	大正14・3・10	福建禁烟局長
1979	陳開程	外務省情報部	現代支那人名鑑	大正14・3・10	阿片輸入
1980	陳培錕	外務省情報部	現代支那人名鑑	大正14・3・10	禁煙局総弁
1981	梁　誠	外務省情報部	現代支那人名鑑	大正14・3・10	鴉片会議清国代表
1982	陸建章	外務省情報部	現代支那人名鑑	大正14・3・10	煙禁免官ノ励行
1983	劉麟瑞	外務省情報部	現代支那人名鑑	大正14・3・10	禁烟幇弁
1984	林炳章	外務省情報部	現代支那人名鑑	大正14・3・10	福建去毒社長

番号	題目	編著者	掲載書誌	刊行年月日	備考
1985	王　瑚	外務省情報部	現代支那人名鑑	大正14・3・10	甘粛全省禁煙専使
1986	王九齢	外務省情報部	現代支那人名鑑	大正14・3・10	唐継虞（ママ）ノ阿片事件ニ責任ヲ負フ
1987	楊覲東	外務省情報部	現代支那人名鑑	大正14・3・10	禁烟局文案
1988	楊景文	外務省情報部	現代支那人名鑑	大正14・3・10	厦門禁烟分所長
1989	楊寿翔	外務省情報部	現代支那人名鑑	大正14・3・10	去毒社副社長
1990	黄廷元	外務省情報部	現代支那人名鑑	大正14・3・10	閩南煙苗禁種大会副会長
1991	郭甲三	外務省情報部	現代支那人名鑑	大正14・3・10	昌図府戒烟会々長
1992	溥　偉	外務省情報部	現代支那人名鑑	大正14・3・10	禁煙大臣
1993	袁祚廙	外務省情報部	現代支那人名鑑	大正14・3・10	禁烟局総弁
1994	程儀洛	外務省情報部	現代支那人名鑑	大正14・3・10	阿片考査事宜
1995	兪紹瀛	外務省情報部	現代支那人名鑑	大正14・3・10	福建全省禁烟局総弁
1996	蕭展舒	外務省情報部	現代支那人名鑑	大正14・3・10	禁煙査緝処長
1997	章景楓	外務省情報部	現代支那人名鑑	大正14・3・10	福建禁烟局総弁
1998	沈秉堃	外務省情報部	現代支那人名鑑	大正14・3・10	護理雲貴総督トシテ阿片禁止後ノ財政策ヲ確立
1999	申鑑堂	外務省情報部	現代支那人名鑑	大正14・3・10	沙市禁煙査緝処長

2000	馮華川	外務省情報部	現代支那人名鑑	大正14・3・10	鴉片烟公司買弁
2001	梅兆熙	外務省情報部	改訂現代支那人名鑑	昭和3・10・15	阿片専売
2002	梅光培	外務省情報部	改訂現代支那人名鑑	昭和3・10・15	国民政府財政部禁烟処長
2003	潘齢皐	外務省情報部	改訂現代支那人名鑑	昭和3・10・15	甘粛省査勘烟禁大員
2004	方碩輔	外務省情報部	改訂現代支那人名鑑	昭和3・10・15	武昌土葯統税帮弁／蘇皖第五省禁煙事宜
2005	包世傑	外務省情報部	改訂現代支那人名鑑	昭和3・10・15	皖北烟苗検査特派員
2006	辺守靖	外務省情報部	改訂現代支那人名鑑	昭和3・10・15	国際禁烟局支局議長
2007	杜竹宣	外務省情報部	改訂現代支那人名鑑	昭和3・10・15	阿片禁止宣伝文ノ執筆／阿片栽培状態視察
2008	唐海安	外務省情報部	改訂現代支那人名鑑	昭和3・10・15	南京国民政府財政部代理禁烟処長
2009	褚輔成	外務省情報部	改訂現代支那人名鑑	昭和3・10・15	嘉秀両区禁煙局総董
2010	趙椿年	外務省情報部	改訂現代支那人名鑑	昭和3・10・15	土薬膏捐総局提調
2011	趙憲章	外務省情報部	改訂現代支那人名鑑	昭和3・10・15	黒竜江省禁烟大員
2012	刁敏謙	外務省情報部	改訂現代支那人名鑑	昭和3・10・15	巴里阿片禁止会議支那代表
2013	張鎮芳	外務省情報部	改訂現代支那人名鑑	昭和3・10・15	禁煙局総弁
2014	張　錦	外務省情報部	改訂現代支那人名鑑	昭和3・10・15	阿片視察
2015	張星桂	外務省情報部	改訂現代支那人名鑑	昭和3・10・15	禁煙公所文案

番号	題目	編著者	掲載書誌	刊行年月日	備考
2016	陳啓明	外務省情報部	改訂現代支那人名鑑	昭和3・10・15	香港鴉片烟公司支配人兼組合員
2017	陳嘉庚	外務省情報部	改訂現代支那人名鑑	昭和3・10・15	閩南煙苗禁種大会会長
2018	陳之麟	外務省情報部	改訂現代支那人名鑑	昭和3・10・15	福建禁烟局長／福州万国禁烟協会副会長
2019	陳開程	外務省情報部	改訂現代支那人名鑑	昭和3・10・15	阿片輸入（徳成）ヲ営ム
2020	陳培錕	外務省情報部	改訂現代支那人名鑑	昭和3・10・15	福建禁烟局総弁
2021	李鴻基	外務省情報部	改訂現代支那人名鑑	昭和3・10・15	南京国民政府禁烟所長
2022	李開侁	外務省情報部	改訂現代支那人名鑑	昭和3・10・15	陝西湖南ニ阿片禁止令施行ヲ命ゼラル
2023	李維周	外務省情報部	改訂現代支那人名鑑	昭和3・10・15	禁烟総局総弁
2024	梁　誠	外務省情報部	改訂現代支那人名鑑	昭和3・10・15	海牙鴉片会議清国代表
2025	陸建章	外務省情報部	改訂現代支那人名鑑	昭和3・10・15	煙禁免官ヲ励行
2026	劉冠雄	外務省情報部	改訂現代支那人名鑑	昭和3・10・15	福建阿片栽培調査
2027	劉麟瑞	外務省情報部	改訂現代支那人名鑑	昭和3・10・15	禁烟帮弁
2028	劉玉麟	外務省情報部	改訂現代支那人名鑑	昭和3・10・15	上海国際阿片会議支那代表
2029	林炳章	外務省情報部	改訂現代支那人名鑑	昭和3・10・15	福建去毒社長
2030	王九齢	外務省情報部	改訂現代支那人名鑑	昭和3・10・15	唐継虞（ママ）ノ阿片事件ノ責任ヲ負フ

2031	王　瑚	外務省情報部	改訂現代支那人名鑑	昭和3・10・15	甘粛全省禁煙専使
2032	王廼斌	外務省情報部	改訂現代支那人名鑑	昭和3・10・15	阿片税徴集局局長
2033	王　杜	外務省情報部	改訂現代支那人名鑑	昭和3・10・15	吉林禁烟局副局長
2034	王文豹	外務省情報部	改訂現代支那人名鑑	昭和3・10・15	内務部禁烟局参事
2035	王雲五	外務省情報部	改訂現代支那人名鑑	昭和3・10・15	江蘇、江西、安徽禁烟特別委員
2036	顔恵慶	外務省情報部	改訂現代支那人名鑑	昭和3・10・15	海牙亜片会議支那全権
2037	顔伯平	外務省情報部	改訂現代支那人名鑑	昭和3・10・15	禁煙大臣
2038	楊　枝	外務省情報部	改訂現代支那人名鑑	昭和3・10・15	芝罘阿片禁止会名誉会長
2039	楊覲東	外務省情報部	改訂現代支那人名鑑	昭和3・10・15	禁烟局文案
2040	楊景文	外務省情報部	改訂現代支那人名鑑	昭和3・10・15	厦門禁烟分所長
2041	楊寿翔	外務省情報部	改訂現代支那人名鑑	昭和3・10・15	去毒社副社長
2042	宋寿恒	外務省情報部	改訂現代支那人名鑑	昭和3・10・15	麻酔剤反対聯盟会長
2043	鄔挺生	外務省情報部	改訂現代支那人名鑑	昭和3・10・15	寧波禁煙局局長
2044	黄廷元	外務省情報部	改訂現代支那人名鑑	昭和3・10・15	閩南煙苗禁種大会副会長
2045	郭甲三	外務省情報部	改訂現代支那人名鑑	昭和3・10・15	昌図府戒烟会会長
2046	厳鶴齢	外務省情報部	改訂現代支那人名鑑	昭和3・10・15	国際聯盟阿片会議幹事

番号	題目	編著者	掲載書誌	刊行年月日	備考
2047	阮忠植	外務省情報部	改訂現代支那人名鑑	昭和3・10・15	吉林勘煙大員
2048	溥　偉	外務省情報部	改訂現代支那人名鑑	昭和3・10・15	禁煙大臣
2049	武炳虞	外務省情報部	改訂現代支那人名鑑	昭和3・10・15	綏遠禁烟局善後総局坐弁
2050	高清和	外務省情報部	改訂現代支那人名鑑	昭和3・10・15	錦府禁煙専司
2051	伍連徳	外務省情報部	改訂現代支那人名鑑	昭和3・10・15	「ヘーグ」万国戒烟公会ニ出席
2052	袁祚廙	外務省情報部	改訂現代支那人名鑑	昭和3・10・15	天津禁烟局総弁
2053	程　克	外務省情報部	改訂現代支那人名鑑	昭和3・10・15	陝西省漢中道尹ニ在任中阿片栽培ニ反対
2054	程儀洛	外務省情報部	改訂現代支那人名鑑	昭和3・10・15	陝西阿片考査事宜
2055	靳　志	外務省情報部	改訂現代支那人名鑑	昭和3・10・15	海牙国際阿片会議代表随員
2056	兪紹瀛	外務省情報部	改訂現代支那人名鑑	昭和3・10・15	福建全省禁烟局総弁
2057	施肇基	外務省情報部	改訂現代支那人名鑑	昭和3・10・15	寿府阿片会議支那代表
2058	蒋介石	外務省情報部	改訂現代支那人名鑑	昭和3・10・15	禁烟研究委員会委員
2059	蕭展舒	外務省情報部	改訂現代支那人名鑑	昭和3・10・15	沙市禁煙査緝処長
2060	章景楓	外務省情報部	改訂現代支那人名鑑	昭和3・10・15	福建禁烟局総弁
2061	車慶雲	外務省情報部	改訂現代支那人名鑑	昭和3・10・15	陝西禁烟局督弁

2062	朱兆莘	外務省情報部	改訂現代支那人名鑑	昭和3・10・15	国際聯盟阿片諮問委員会委員／寿府国際阿片会議支那特派全権
2063	沈秉堃	外務省情報部	改訂現代支那人名鑑	昭和3・10・15	護理雲貴総督トシテ阿片禁止後ノ財政策ヲ確立
2064	申鑑堂	外務省情報部	改訂現代支那人名鑑	昭和3・10・15	沙市禁煙査緝処長
2065	馮華川	外務省情報部	改訂現代支那人名鑑	昭和3・10・15	鴉片烟公司買弁
2066	馮玉祥	外務省情報部	改訂現代支那人名鑑	昭和3・10・15	河南督軍トナリ阿片吸飲ヲ厳禁
2067	薛篤弼	外務省情報部	改訂現代支那人名鑑	昭和3・10・15	陝西禁烟局長代理
2068	鄒敏初	外務省情報部	改訂現代支那人名鑑	昭和3・10・15	武漢政府財政部禁烟処長
2069	烏卓然	外務省情報部	現代中華民国満洲国人名鑑	昭和7・12・22	寧波禁煙局長
2070	袁　晋	外務省情報部	現代中華民国満洲国人名鑑	昭和7・12・22	福建禁煙査緝処長
2071	閻玉衡	外務省情報部	現代中華民国満洲国人名鑑	昭和7・12・22	奉天ニテ拒毒会ニ携ハル
2072	王雲五	外務省情報部	現代中華民国満洲国人名鑑	昭和7・12・22	江蘇、江西、安徽各省禁煙特派員
2073	王九齢	外務省情報部	現代中華民国満洲国人名鑑	昭和7・12・22	唐継堯ノ阿片事件ニ其責ヲ負フ
2074	王景岐	外務省情報部	現代中華民国満洲国人名鑑	昭和7・12・22	中華拒毒会主席
2075	王継藩	外務省情報部	現代中華民国満洲国人名鑑	昭和7・12・22	国民政府禁烟委員会秘書兼総務司長
2076	王廼斌	外務省情報部	現代中華民国満洲国人名鑑	昭和7・12・22	東三省阿片税徴集局長
2077	金廷蓀	外務省情報部	現代中華民国満洲国人名鑑	昭和7・12・22	阿片業ノ元締

番号	題目	編著者	掲載書誌	刊行年月日	備考
2078	胡毓威	外務省情報部	現代中華民国満洲国人名鑑	昭和7・12・22	国民政府禁煙委員会委員兼総務処長
2079	伍連徳	外務省情報部	現代中華民国満洲国人名鑑	昭和7・12・22	国民政府禁煙委員会委員／国際阿片会議支那代表
2080	黄嘉恵	外務省情報部	現代中華民国満洲国人名鑑	昭和7・12・22	中国去毒会秘書長
2081	施肇基	外務省情報部	現代中華民国満洲国人名鑑	昭和7・12・22	寿府国際阿片会議支那全権／“Geneva Opium Conferences”
2082	朱兆莘	外務省情報部	現代中華民国満洲国人名鑑	昭和7・12・22	国際阿片会議支那全権
2083	朱文黼	外務省情報部	現代中華民国満洲国人名鑑	昭和7・12・22	「ジュネーヴ」国際阿片会議支那代表部専門委員
2084	舒雙全	外務省情報部	現代中華民国満洲国人名鑑	昭和7・12・22	河南禁煙局長
2085	章元善	外務省情報部	現代中華民国満洲国人名鑑	昭和7・12・22	天津麻酔剤廃止協会書記長
2086	焦易堂	外務省情報部	現代中華民国満洲国人名鑑	昭和7・12・22	国民政府禁煙委員会委員
2087	鄒敏初	外務省情報部	現代中華民国満洲国人名鑑	昭和7・12・22	武漢国民政府財政部禁烟処長
2088	薛篤弼	外務省情報部	現代中華民国満洲国人名鑑	昭和7・12・22	陝西禁烟局長代理
2089	宋発祥	外務省情報部	現代中華民国満洲国人名鑑	昭和7・12・22	河北禁煙局長
2090	鈕永建	外務省情報部	現代中華民国満洲国人名鑑	昭和7・12・22	国民政府禁煙委員会副委員長
2091	張一麐〔麐カ〕	外務省情報部	現代中華民国満洲国人名鑑	昭和7・12・22	蘇州拒毒会主席委員
2092	張　寅	外務省情報部	現代中華民国満洲国人名鑑	昭和7・12・22	上海仏租界ニテ阿片売買ノ仲介ヲナス

2093	張載陽	外務省情報部	現代中華民国満洲国人名鑑	昭和7・12・22	浙江禁煙局長
2094	張之江	外務省情報部	現代中華民国満洲国人名鑑	昭和7・12・22	国民政府禁煙委員会委員長
2095	陳之麟	外務省情報部	現代中華民国満洲国人名鑑	昭和7・12・22	福建禁煙局長／福州万国禁煙協会副会長
2096	陳培錕	外務省情報部	現代中華民国満洲国人名鑑	昭和7・12・22	福建全省禁煙局総弁
2097	程　克	外務省情報部	現代中華民国満洲国人名鑑	昭和7・12・22	陝西省漢中道尹ニ在任中阿片栽培ニ反対
2098	杜竹軒	外務省情報部	現代中華民国満洲国人名鑑	昭和7・12・22	禁煙運動ニ従事シ又阿片栽培状態視察ノ為ニ支那各地ヲ遊歴
2099	杜　鏞（字月笙）	外務省情報部	現代中華民国満洲国人名鑑	昭和7・12・22	阿片商ノ元締トナリ同興公司ヲ経営
2100	唐海安	外務省情報部	現代中華民国満洲国人名鑑	昭和7・12・22	国民政府財政部代理禁煙処長
2101	唐乃康	外務省情報部	現代中華民国満洲国人名鑑	昭和7・12・22	浙江禁煙局長
2102	辺守靖	外務省情報部	現代中華民国満洲国人名鑑	昭和7・12・22	天津禁烟局支局長
2103	包世傑	外務省情報部	現代中華民国満洲国人名鑑	昭和7・12・22	皖北烟苗検査特派員
2104	彭樹仁	外務省情報部	現代中華民国満洲国人名鑑	昭和7・12・22	中国拒毒会国際宣伝科主任
2105	喩宗沢	外務省情報部	現代中華民国満洲国人名鑑	昭和7・12・22	雲南全省禁煙局総弁
2106	余文燦	外務省情報部	現代中華民国満洲国人名鑑	昭和7・12・22	浙江禁煙局長
2107	楊光注	外務省情報部	現代中華民国満洲国人名鑑	昭和7・12・22	寿府国際阿片会議支那代表秘書
2108	羅運炎	外務省情報部	現代中華民国満洲国人名鑑	昭和7・12・22	国民政府禁煙委員会委員／著書「阿片問題」

番号	題目	編著者	掲載書誌	刊行年月日	備考
2109	李基鴻	外務省情報部	現代中華民国満洲国人名鑑	昭和7・12・22	国民政府禁煙委員会委員
2110	李登輝	外務省情報部	現代中華民国満洲国人名鑑	昭和7・12・22	国民政府禁煙委員会委員
2111	劉之竜	外務省情報部	現代中華民国満洲国人名鑑	昭和7・12・22	国民政府禁煙委員会副委員長
2112	劉瑞恆	外務省情報部	現代中華民国満洲国人名鑑	昭和7・12・22	国民政府禁煙委員会委員長
2113	湯佐栄	外務省情報部	現代中華民国満洲国人名鑑	昭和7・12・22	熱河禁煙善後管理局総弁
2114	溥　偉	外務省情報部	現代中華民国満洲国人名鑑	昭和7・12・22	禁煙大臣
2115	宝　熙	外務省情報部	現代中華民国満洲国人名鑑	昭和7・12・22	総理禁煙事務大臣
2116	李維周	外務省情報部	現代中華民国満洲国人名鑑	昭和7・12・22	黒竜江省禁煙総局総弁
2117	劉廷選	外務省情報部	現代中華民国満洲国人名鑑	昭和7・12・22	河南禁烟総局会弁／綏遠禁煙善後総局総弁
2118	中華民国国民政府組織系統及重要職員表	外務省情報部	現代中華民国満洲国人名鑑	昭和7・12・22	禁煙委員会（委員長）劉瑞恒
2119	印光法師	外務省情報部	現代中華民国満洲帝国人名鑑	昭和12・10・25	戒煙の良法を印刷発行
2120	烏卓然	外務省情報部	現代中華民国満洲帝国人名鑑	昭和12・10・25	寧波禁煙局長
2121	袁　晋	外務省情報部	現代中華民国満洲帝国人名鑑	昭和12・10・25	福建禁煙査緝処長
2122	袁励宸	外務省情報部	現代中華民国満洲帝国人名鑑	昭和12・10・25	安徽全省禁煙局長
2123	閻玉衡	外務省情報部	現代中華民国満洲帝国人名鑑	昭和12・10・25	奉天にて拒毒会の事業に携る

番号	氏名	出典	書名	日付	役職・備考
2124	王維藩	外務省情報部	現代中華民国満洲帝国人名鑑	昭和12・10・25	国民政府禁烟委員会秘書長／禁烟委員会委員兼総務処々長
2125	王雲五	外務省情報部	現代中華民国満洲帝国人名鑑	昭和12・10・25	江蘇、江西、安徽各省禁烟特派員
2126	王九齡	外務省情報部	現代中華民国満洲帝国人名鑑	昭和12・10・25	唐継堯の阿片事件に其責を負ふ
2127	王景岐	外務省情報部	現代中華民国満洲帝国人名鑑	昭和12・10・25	中華拒毒会主席
2128	王継藩	外務省情報部	現代中華民国満洲帝国人名鑑	昭和12・10・25	国民政府禁烟委員会秘書兼総務司長
2129	王勁聞	外務省情報部	現代中華民国満洲帝国人名鑑	昭和12・10・25	京師禁烟公所稽査員／内城戒烟局坐弁
2130	王廼斌	外務省情報部	現代中華民国満洲帝国人名鑑	昭和12・10・25	東三省阿片税徴集局長
2131	魏軍藩	外務省情報部	現代中華民国満洲帝国人名鑑	昭和12・10・25	四川禁烟総局総弁
2132	金廷蓀	外務省情報部	現代中華民国満洲帝国人名鑑	昭和12・10・25	阿片業の元締
2133	胡毓威	外務省情報部	現代中華民国満洲帝国人名鑑	昭和12・10・25	国民政府禁烟委員会委員兼総務処長
2134	顧学裘	外務省情報部	現代中華民国満洲帝国人名鑑	昭和12・10・25	著書『鴉片』
2135	伍連徳	外務省情報部	現代中華民国満洲帝国人名鑑	昭和12・10・25	禁烟委員会委員／国際阿片会議支那代表
2136	呉燕紹	外務省情報部	現代中華民国満洲帝国人名鑑	昭和12・10・25	吏部主事禁煙公所収発所々長
2137	孔昭焱	外務省情報部	現代中華民国満洲帝国人名鑑	昭和12・10・25	北平市禁煙委員会委員
2138	黄嘉恵	外務省情報部	現代中華民国満洲帝国人名鑑	昭和12・10・25	中国拒毒会秘書長
2139	蔡汝棟	外務省情報部	現代中華民国満洲帝国人名鑑	昭和12・10・25	阿片反対同盟実行委員

番号	題目	編著者	掲載書誌	刊行年月日	備考
2140	史賛銘	外務省情報部	現代中華民国満洲帝国人名鑑	昭和12・10・25	禁烟委員会委員
2141	施肇基	外務省情報部	現代中華民国満洲帝国人名鑑	昭和12・10・25	寿府国際阿片会議支那全権／著書“Addresses' Geneva Opium Conferences”
2142	謝維麟	外務省情報部	現代中華民国満洲帝国人名鑑	昭和12・10・25	ジュネーヴ阿片会議中国代表団専門委員
2143	朱兆莘	外務省情報部	現代中華民国満洲帝国人名鑑	昭和12・10・25	国際阿片会議支那全権
2144	朱文黼	外務省情報部	現代中華民国満洲帝国人名鑑	昭和12・10・25	ジュネーヴ国際阿片会議支那代表部専門委員
2145	舒雙全	外務省情報部	現代中華民国満洲帝国人名鑑	昭和12・10・25	河南禁煙局長
2146	章元善	外務省情報部	現代中華民国満洲帝国人名鑑	昭和12・10・25	天津麻酔剤廃止協会書記長
2147	焦易堂	外務省情報部	現代中華民国満洲帝国人名鑑	昭和12・10・25	国民政府禁煙委員会委員
2148	鍾可託	外務省情報部	現代中華民国満洲帝国人名鑑	昭和12・10・25	国民政府禁煙委員会委員兼査験処々長
2149	上官悟塵	外務省情報部	現代中華民国満洲帝国人名鑑	昭和12・10・25	河南省会戒烟所副所長
2150	鄒敏初	外務省情報部	現代中華民国満洲帝国人名鑑	昭和12・10・25	武漢国民政府財政部禁烟処長
2151	薛篤弼	外務省情報部	現代中華民国満洲帝国人名鑑	昭和12・10・25	陝西禁烟局長代理
2152	宋発祥	外務省情報部	現代中華民国満洲帝国人名鑑	昭和12・10・25	河北禁煙局長
2153	宋伯康	外務省情報部	現代中華民国満洲帝国人名鑑	昭和12・10・25	湖南禁烟委員会幹事
2154	孫寿恆	外務省情報部	現代中華民国満洲帝国人名鑑	昭和12・10・25	禁煙公所文牘長

2155	戴秉衡	外務省情報部	現代中華民国満洲帝国人名鑑	昭和12・10・25	上海阿片吃飲反対協会書記／国民政府阿片禁止委員会に勤務、阿片に関する著述あり
2156	鈕永建	外務省情報部	現代中華民国満洲帝国人名鑑	昭和12・10・25	国民政府禁煙委員会副委員長
2157	張一麐〔麐カ〕	外務省情報部	現代中華民国満洲帝国人名鑑	昭和12・10・25	蘇州拒毒会主席委員
2158	張　寅	外務省情報部	現代中華民国満洲帝国人名鑑	昭和12・10・25	上海仏租界にて阿片売買の仲介保護をなす
2159	張開璉	外務省情報部	現代中華民国満洲帝国人名鑑	昭和12・10・25	重慶行営禁煙委員総会委員
2160	張載陽	外務省情報部	現代中華民国満洲帝国人名鑑	昭和12・10・25	浙江禁煙局長
2161	張之江	外務省情報部	現代中華民国満洲帝国人名鑑	昭和12・10・25	国民政府禁煙委員会委員長
2162	張樹声	外務省情報部	現代中華民国満洲帝国人名鑑	昭和12・10・25	禁煙委員会委員
2163	張維屏	外務省情報部	現代中華民国満洲帝国人名鑑	昭和12・10・25	全国禁煙委員会科長
2164	陳之麟	外務省情報部	現代中華民国満洲帝国人名鑑	昭和12・10・25	福建禁煙局長／福州万国禁煙会協会副会長
2165	陳樹南	外務省情報部	現代中華民国満洲帝国人名鑑	昭和12・10・25	阿片問題に就いて研究著作／阿片問題委員
2166	陳炳光	外務省情報部	現代中華民国満洲帝国人名鑑	昭和12・10・25	国民政府禁煙委員会委員
2167	程　克	外務省情報部	現代中華民国満洲帝国人名鑑	昭和12・10・25	陝西省漢中道尹に在任中阿片栽培に反対
2168	程　潜	外務省情報部	現代中華民国満洲帝国人名鑑	昭和12・10・25	四川行営禁烟総会常務委員
2169	田雄飛	外務省情報部	現代中華民国満洲帝国人名鑑	昭和12・10・25	国民政府禁烟委員会委員
2170	杜竹軒	外務省情報部	現代中華民国満洲帝国人名鑑	昭和12・10・25	禁煙運動に従事し又阿片栽培状態視察の為に支那各地を遊歴す

番号	題目	編著者	掲載書誌	刊行年月日	備考
2171	杜　鏞（月笙）	外務省情報部	現代中華民国満洲帝国人名鑑	昭和12・10・25	阿片商の元締となり同興公司を経営し、上海仏租界青幇の首領として頗る勢力を有す
2172	唐海安	外務省情報部	現代中華民国満洲帝国人名鑑	昭和12・10・25	国民政府財政部代理禁煙処長
2173	唐乃康	外務省情報部	現代中華民国満洲帝国人名鑑	昭和12・10・25	浙江禁煙局長
2174	鄧哲煕	外務省情報部	現代中華民国満洲帝国人名鑑	昭和12・10・25	禁煙委員会副委員長
2175	任可澄	外務省情報部	現代中華民国満洲帝国人名鑑	昭和12・10・25	全国禁烟委員会委員
2176	辺守靖	外務省情報部	現代中華民国満洲帝国人名鑑	昭和12・10・25	天津禁烟局支局長
2177	包世傑	外務省情報部	現代中華民国満洲帝国人名鑑	昭和12・10・25	皖北烟苗検査特派員
2178	彭樹仁	外務省情報部	現代中華民国満洲帝国人名鑑	昭和12・10・25	中国拒毒会国際宣伝科主任
2179	喩宗沢	外務省情報部	現代中華民国満洲帝国人名鑑	昭和12・10・25	雲南全省禁煙局総弁
2180	余文燦	外務省情報部	現代中華民国満洲帝国人名鑑	昭和12・10・25	浙江禁煙局長
2181	楊光注	外務省情報部	現代中華民国満洲帝国人名鑑	昭和12・10・25	寿府国際阿片会議支那代表秘書
2182	羅運炎	外務省情報部	現代中華民国満洲帝国人名鑑	昭和12・10・25	国民政府禁烟委員会委員／著書『阿片問題』
2183	李基鴻	外務省情報部	現代中華民国満洲帝国人名鑑	昭和12・10・25	国民政府禁煙委員会委員／禁烟総会主任秘書
2184	李登輝	外務省情報部	現代中華民国満洲帝国人名鑑	昭和12・10・25	国民政府禁煙委員会委員
2185	劉之竜	外務省情報部	現代中華民国満洲帝国人名鑑	昭和12・10・25	国民政府禁煙委員会副委員長

2186	劉志謙	外務省情報部	現代中華民国満洲帝国人名鑑	昭和12・10・25	直隷禁烟局会弁
2187	劉瑞恆	外務省情報部	現代中華民国満洲帝国人名鑑	昭和12・10・25	禁烟委員会長
2188	梁長樹	外務省情報部	現代中華民国満洲帝国人名鑑	昭和12・10・25	禁烟運動に活躍
2189	路邦道	外務省情報部	現代中華民国満洲帝国人名鑑	昭和12・10・25	甘粛禁烟特派員
2190	黄煜之	外務省情報部	現代中華民国満洲帝国人名鑑	昭和12・10・25	吉林樺皮廠私種罌粟調査員
2191	湯佐栄	外務省情報部	現代中華民国満洲帝国人名鑑	昭和12・10・25	熱河禁煙善後管理局総弁
2192	溥　偉	外務省情報部	現代中華民国満洲帝国人名鑑	昭和12・10・25	禁煙大臣
2193	宝　熙	外務省情報部	現代中華民国満洲帝国人名鑑	昭和12・10・25	総理禁煙事務大臣
2194	李維周	外務省情報部	現代中華民国満洲帝国人名鑑	昭和12・10・25	禁煙総局総弁
2195	劉廷選	外務省情報部	現代中華民国満洲帝国人名鑑	昭和12・10・25	河南禁烟総局会弁／綏遠禁煙善後総局総弁
2196	中華倹徳儲蓄会	天海謙三郎	中華民国実業名鑑	昭和9・11・29	禁酒禁煙ノ資ヲ貯蓄
2197	日清講和談判		対支回顧録　上巻	昭和11・4・1018発行、同年7・1018訂正三版発行	台湾に関する李鴻章の発言
2198	支那政情の概観		対支回顧録　上巻	昭和11・4・1018発行、同年7・1018訂正三版発行	明治三十九年、鴉片禁止令
2199	岸田吟香		対支回顧録　下巻	昭和11・4・1018発行、同年7・1018訂正三版発行	
2200	鄭永昌		対支回顧録　下巻	昭和11・4・1018発行、同年7・1018訂正三版発行	
2201	水野　遵		対支回顧録　下巻	昭和11・4・1018発行、同年7・1018訂正三版発行	

番号	題目	編著者	掲載書誌	刊行年月日	備考
2202	樺山資紀		対支回顧録 下巻	昭和11・4・10発行、同年7・18訂正三版発行	
2203	島 弘毅		対支回顧録 下巻	昭和11・4・10発行、同年7・18訂正三版発行	
2204	向 郁		対支回顧録 下巻	昭和11・4・10発行、同年7・18訂正三版発行	
2205	大原里賢		対支回顧録 下巻	昭和11・4・10発行、同年7・18訂正三版発行	
2206	福島安正		対支回顧録 下巻	昭和11・4・10発行、同年7・18訂正三版発行	
2207	石本鏆太郎		対支回顧録 下巻	昭和11・4・10発行、同年7・18訂正三版発行	
2208	宗方小太郎		対支回顧録 下巻	昭和11・4・10発行、同年7・18訂正三版発行	
2209	岡 千仞		対支回顧録 下巻	昭和11・4・10発行、同年7・18訂正三版発行	
2210	荒尾 精		対支回顧録 下巻	昭和11・4・10発行、同年7・18訂正三版発行	
2211	権太親吉		対支回顧録 下巻	昭和11・4・10発行、同年7・18訂正三版発行	
2212	後藤新平		対支回顧録 下巻	昭和11・4・10発行、同年7・18訂正三版発行	
2213	佐々木春尾		対支回顧録 下巻	昭和11・4・10発行、同年7・18訂正三版発行	
2214	倉谷箕蔵		対支回顧録 下巻	昭和11・4・10発行、同年7・18訂正三版発行	
2215	坂本与之助		対支回顧録 下巻	昭和11・4・10発行、同年7・18訂正三版発行	
2216	松本菊熊		対支回顧録 下巻	昭和11・4・10発行、同年7・18訂正三版発行	

2217	石本権四郎		対支回顧録　下巻	昭和11・4・18発行、同年7・10訂正三版発行	
2218	大内丑之介		対支回顧録　下巻	昭和11・4・18発行、同年7・10訂正三版発行	
2219	満洲吉林省政府独立の宣言		続対支回顧録　上巻	昭和17・4・25	淵　治
2220	川島浪速		続対支回顧録　下巻	昭和16・12・20	
2221	青木　喬		続対支回顧録　下巻	昭和16・12・20	
2222	土井市之進		続対支回顧録　下巻	昭和16・12・20	
2223	貴志弥治郎		続対支回顧録　下巻	昭和16・12・20	
2224	菊池武夫		続対支回顧録　下巻	昭和16・12・20	
2225	藤田栄助		続対支回顧録　下巻	昭和16・12・20	
2226	曲尾辰二郎		続対支回顧録　下巻	昭和16・12・20	

東亜同文書院
著録　編刊

阿片資料集成　目次

番号	題目	編著者	掲載書誌	刊行年月日	備考
2227	山東旅行叢話	山田謙吉	支那研究 第3号	大正11・5・16	阿片問題
2228	支那郵便制度 (二)	馬場鍬太郎	支那研究 第6号	大正12・7・20	印花税票／禁制品
2229	東支鉄道を中心とする露支関係の過去及現在 (其二)	和田喜八	支那研究 第11号	大正15・9・10	李鴻章から朝鮮の一高官に宛てた書面
2230	支那に内乱の止まらざるに就ての経済的考察	熊野正平	支那研究 第13号	昭和2・3・15	阿片輸入の悪影響
2231	崑山県徐公橋郷区社会状況調査報告書	趙叔愚 久保田正三訳	支那研究 第13号	昭和2・3・15	
2232	THE OUTLOOK OF THE CHINESE ECONOMIC CONDITION.	PAQUAN S. HSU.	支那研究 第13号	昭和2・3・15	
2233	嘉陵江を中心とする東部四川の農業及び農民生活状態	川戸愛雄	支那研究 第14号	昭和2・7・13	
2234	主要中国雑誌新聞記事索引 (昭和2年6月～昭和2年9月)		支那研究 第15号	昭和2・12・30	
2235	支那国治外法権に関する調査委員会の報告書 (Report of the Commission on Extra-territoriality in China) 内容に就いて	馬場鍬太郎	支那研究 第16号	昭和3・4・1	嗎啡治罪法／販売罌粟種子罪刑令／朱〔或いは宋か〕鉄夫事件
2236	主要中国雑誌新聞記事索引 (昭和2年10月～昭和3年1月)		支那研究 第16号	昭和3・4・1	
2237	支那に於ける「貿易」の観念	小竹文夫	支那研究 第17号	昭和3・7・1	鴉片戦争
2238	仏領印度支那に於ける鉄道の現況	山本治	支那研究 第17号	昭和3・7・1	手荷物商品の種類及び其の価格
2239	主要中国雑誌新聞記事索引 (民国17年2月～民国17年5月) 〔昭和3年2～5月〕		支那研究 第17号	昭和3・7・1	
2240	上海の沿革	小竹文夫	支那研究 第18号	昭和3・12・30	鴉片の輸入／南京条約／租界
2241	上海における同郷団体及び同業団体	大谷孝太郎	支那研究 第18号	昭和3・12・30	烟帮／先春公所

2242	上海の貿易	小竹文夫	支那研究　第18号	昭和3・12・30	鴉片の輸入額
2243	上海の売笑婦	彭阿木	支那研究　第18号	昭和3・12・30	吹／租界／嗎啡
2244	主要中国雑誌新聞記事索引（民国17年6月～民国17年9月）〔昭和3年6～9月〕		支那研究　第18号	昭和3・12・30	
2245	上海における同郷団体及び同業団体（承前）	大谷孝太郎	支那研究　第19号	昭和4・5・21	寧波旅滬同郷会
2246	上海に於ける倉庫業	穂積文雄	支那研究　第19号	昭和4・5・21	保税制度
2247	上海の英国亜細亜学会北支那支会図書館	小竹文夫	支那研究　第19号	昭和4・5・21	江海関発行の各種報告
2248	主要中国雑誌新聞記事索引（民国17年10月～民国18年1月）〔昭和3年10月～昭和4年1月〕		支那研究　第19号	昭和4・5・21	
2249	自然環境と支那社会（一）	小竹文夫	支那研究　第20号	昭和4・7・15	鴉片輸入の根本動機
2250	支那鉄道発達初期に於ける布設の沿革並に新旧両派の争闘	馬場鍬太郎	支那研究　第20号	昭和4・7・15	洋薬税釐
2251	華語破音弁	熊野正平	支那研究　第20号	昭和4・7・15	嗜好
2252	主要中国雑誌新聞記事索引（民国18年2月～民国18年5月）〔昭和4年2月～昭和4年5月〕		支那研究　第20号	昭和4・7・15	
2253	客家に就いての研究	彭阿木	支那研究　第21号	昭和5・1・15	
2254	主要中国雑誌新聞記事索引（民国18年6月～民国18年9月）〔昭和4年6月～昭和4年9月〕		支那研究　第21号	昭和5・1・15	
2255	支那鉄道外交史論稿	馬場鍬太郎	支那研究　第22号	昭和5・5・18	英人の阿片輸入／阿片戦争／芝罘条約／望厦条約／通商及訴訟手続に関する英支両国間の補足条約／黄埔条約
2256	清朝時代に於ける銀・銭比価の変動に就きて	小竹文夫	支那研究　第22号	昭和5・5・18	英人の鴉片輸入
2257	上海の一考察（社会悪に就きて）	彭阿木	支那研究　第22号	昭和5・5・18	戒煙丸／煙館／妓院／租界

番号	題目	編著者	掲載書誌	刊行年月日	備考
2258	客家の研究（続）	彭阿木	支那研究 第23号	昭和5・7・30	客家の山歌
2259	主要中国雑誌新聞記事索引（民国18年10月～民国19年5月）〔昭和4年10月～昭和5年5月〕		支那研究 第23号	昭和5・7・30	
2260	主要中国雑誌新聞記事索引（民国19年6月～民国19年9月）〔昭和5年6月～昭和5年9月〕		支那研究 第24号	昭和5・12・25	
2261	支那鉄道会計統計	馬場鍬太郎	支那研究 第25号	昭和6・3・28	禁烟調験委員会
2262	主要中国雑誌新聞記事索引（民国19年10月～民国20年1月）〔昭和5年10月～昭和6年1月〕		支那研究 第25号	昭和6・3・28	
2263	陰陽哲学を現代に生かしめば（各論三）—陰陽相待性原理と生物進化論—	李淇	支那研究 第26号	昭和6・7・5	モルヒネ
2264	主要中国雑誌新聞記事索引（民国20年2月～民国20年5月）〔昭和6年2月～昭和6年5月〕		支那研究 第26号	昭和6・7・5	
2265	支那における「外国租界」（Concessions and Settlements）問題（一）	植田捷雄	支那研究 第27号	昭和6・12・10	阿片戦争の原因
2266	主要中国雑誌新聞記事索引（民国20年5月～民国20年8月）〔昭和6年5月～昭和6年8月〕		支那研究 第27号	昭和6・12・10	
2267	リヒアルド・ヴィルヘルムの支那経済心理の紹介 Chinesische Wirtschafts-psychologie von Richard Wilhelm.	内田直作	支那研究 第28号	昭和7・7・10	苦力貧民
2268	主要中国雑誌新聞記事索引（民国20年9月～民国20年12月）〔昭和6年9月～昭和6年12月〕		支那研究 第28号	昭和7・7・10	
2269	支那における「外国租界」（Concessions and Settlements）問題（三）	植田捷雄	支那研究 第29号	昭和7・12・28	上海仏国専管租界
2270	明末より清の中葉末に至る外国銀の支那流入	小竹文夫	支那研究 第29号	昭和7・12・28	英米人の鴉片輸入
2271	主要中国雑誌新聞記事索引（民国21年1月～民国21年6月）〔昭和7年1月～昭和7年6月〕		支那研究 第29号	昭和7・12・28	
2272	支那現行地方行政制度	馬場鍬太郎	支那研究 第30号	昭和8・4・5	省政府民政庁／県長考試暫行条例／県長任用法／郷、鎮の公民となる資格／市参議院選挙の規定

2273	客家歇後語に就て	彭阿木	支那研究　第30号	昭和8・4・5	猫抓糍巴／売子孫食煙
2274	主要中国雑誌新聞記事索引（民国21年7月～民国21年12月）〔昭和7年7月～昭和7年12月〕		支那研究　第31号	昭和8・6・25	
2275	マックス・ウエーバーの支那宗教観	内田直作	支那研究　第32号	昭和8・12・13	支那人に特有な陶酔手段
2276	主要中国雑誌新聞記事索引（民国22年1月～民国22年4月）〔昭和8年1月～昭和8年4月〕		支那研究　第32号	昭和8・12・13	
2277	支那貿易に関する統計的一研究（一）	福田省三	支那研究　第33号	昭和9・3・30	支那貿易の一般的観察
2278	主要中国雑誌新聞記事索引（民国22年5月～民国22年8月）〔昭和8年5月～昭和8年8月〕		支那研究　第33号	昭和9・3・30	
2279	支那貿易に関する統計的一研究（二完）	福田省三	支那研究　第34号	昭和9・6・20	支那貿易の個別的観察
2280	主要中国雑誌新聞記事索引（民国22年9月～民国22年12月）〔昭和8年9月～昭和8年12月〕		支那研究　第34号	昭和9・6・20	
2281	支那対外貿易発達過程の考察（三）	内田直作	支那研究　第35号	昭和9・12・20	明代前期、南洋諸国との朝貢貿易／烏香（阿片）
2282	支那移民に就て（一）	福田省三	支那研究　第35号	昭和9・12・20	仏領印度支那の商業
2283	主要中国雑誌新聞記事索引（民国23年1月～民国23年4月）〔昭和9年1月～昭和9年4月〕		支那研究　第35号	昭和9・12・20	
2284	支那移民に就て（二）	福田省三	支那研究　第36号	昭和10・3・30	回教徒馬来人／英領馬来に於ける苦力貿易
2285	主要中国雑誌新聞記事索引（民国23年5月～民国23年8月）〔昭和9年5月～昭和9年8月〕		支那研究　第36号	昭和10・3・30	
2286	主要中国雑誌新聞記事索引（民国23年9月～民国23年12月）〔昭和9年9月～昭和9年12月〕		支那研究　第37号	昭和10・6・28	
2287	英領香港論　—特にその政治的地位について—	植田捷雄	支那研究　第38号	昭和10・11・20	南京条約／香港領有の動機
2288	主要中国雑誌新聞記事索引（民国24年1月～民国24年3月）〔昭和10年1月～昭和10年3月〕		支那研究　第38号	昭和10・11・20	

番号	題目	編著者	掲載書誌	刊行年月日	備考
2289	自由貿易港としての英領植民地香港（一）	内田直作	支那研究　第39号	昭和11・1・22	英国阿片業者の自由貿易運動／阿片は香港政庁の専売品
2290	主要中国雑誌新聞記事索引（民国24年4月～民国24年6月）〔昭和10年4月～昭和10年6月〕		支那研究　第39号	昭和11・1・22	
2291	自由貿易港としての英領植民地香港（二）	内田直作	支那研究　第40号	昭和11・3・26	鴉片の密貿易地
2292	主要中国雑誌新聞記事索引（民国24年7月～民国24年9月）〔昭和10年7月～昭和10年9月〕		支那研究　第40号	昭和11・3・26	
2293	租借地論（八）	植田捷雄	支那研究　第41号	昭和11・6・26	所謂「旧制度」による青島海関の権利義務
2294	我観満蒙宗教	林哲夫	支那研究　第41号	昭和11・6・26	在理教の全国理教勧戒烟酒会／天主教信者の築き上げた小八家子／蘇聯の宗教思想
2295	主要中国雑誌新聞記事索引（民国24年10月～民国24年12月）〔昭和10年10月～昭和10年12月〕		支那研究　第41号	昭和11・6・26	
2296	主要中国雑誌新聞記事索引（民国25年1月～民国25年3月）〔昭和11年1月～昭和11年3月〕		支那研究　第42号	昭和11・11・28	
2297	支那移民に就て（五）	福田省三	支那研究　第43号	昭和12・1・28	蘭領東印度に於ける支那人の阿片請負、及び支那契約苦力の状態
2298	リヒアルド ウキルヘルム 支那農業経済心理の研究	内田直作訳	支那研究　第43号	昭和12・1・28	支那当初の阿片問題
2299	主要中国雑誌新聞記事索引（民国25年4月～民国25年6月）〔昭和11年4月～昭和11年6月〕		支那研究　第43号	昭和12・1・28	
2300	租借地論（十一）	植田捷雄	支那研究　第44号	昭和12・3・13	関東州租借地の阿片専売収入／膠州湾租借地の阿片消費税／威海衛租借地の阿片専売税
2301	リヒアルド ウキルヘルム 支那工商業経済心理の研究—手工業、商業、交通—	内田直作訳	支那研究　第44号	昭和12・3・13	支那貿易貸借の受動性
2302	主要中国雑誌新聞記事索引（民国25年7月～民国25年9月）〔昭和11年7月～昭和11年9月〕		支那研究　第44号	昭和12・3・13	
2303	主要中国雑誌新聞記事索引（民国25年10月～民国25年12月）〔昭和11年10月～昭和11年12月〕		支那研究　第45号	昭和12・6・25	

2304	一経済学徒の眼に映じたる現代支那の姿 —現代支那の経済的考察—	穂積文雄	支那研究　第46号	昭和13・3・15	英人の阿片貿易と阿片戦争／南京条約と北京条約
2305	買弁制度の研究　（一）	内田直作	支那研究　第47号	昭和13・7・10	阿片貿易業者の洋行開設
2306	支那対外ボイコットの研究　（一） —支那対外貿易の非合理性の特質—	内田直作	支那研究　第47号	昭和13・7・10	阿片戦争の主要因
2307	萌芽期、支那銀行業の勃興	宮下忠雄	支那研究　第47号	昭和13・7・10	麦加利銀行（Chartered Bank of India, Australia and China.）
2308	占領地区の工作と過去の共産地区	太田英一	支那研究　第47号	昭和13・7・10	江西省政府の三ヶ年計画
2309	清史稿正誤表	小竹文夫	支那研究　第48号	昭和13・12・18	嗎啡と莫啡鴉
2310	主要中国雑誌新聞記事索引（民国26年1月～民国26年7月）〔昭和12年1月～昭和12年7月〕		支那研究　第48号	昭和13・12・18	
2311	華僑の海外移住と支那政府	福田省三	支那研究　第49号	昭和14・1・31	苦力貿易
2312	主要中国雑誌新聞記事索引（民国27年7月～民国27年9月）〔昭和13年7月～昭和13年9月〕		支那研究　第49号	昭和14・1・31	
2313	洋行制度の研究 —在支大海外貿易商社を中心として—	内田直作	支那研究　第50号	昭和14・3・31	英国商社の阿片輸入
2314	現代支那経済の地域的構造	太田英一	支那研究　第50号	昭和14・3・31	農産物の分布状態
2315	主要中国雑誌新聞記事索引（民国27年7月～民国27年9月）〔昭和13年7月～昭和13年9月〕		支那研究　第50号	昭和14・3・31	
2316	在支英国商社怡和洋行の発展史的分析　（一） —洋行制度の個別的研究—	内田直作	支那研究　第51号	昭和14・6・15	阿片貿易による巨額の商業利潤
2317	主要中国雑誌新聞記事索引（民国28年1月～民国28年3月）〔昭和14年1月～昭和14年3月〕		支那研究　第51号	昭和14・6・15	
2318	在支英国商社怡和洋行の発展史的分析　（二）完 —洋行制度の個別的研究—	内田直作	支那研究　第52号	昭和14・11・30	『阿片による支那征服』から『銀行と鉄道による支那征服』へ
2319	主要中国雑誌新聞記事索引（民国28年4月～民国28年6月）〔昭和14年4月～昭和14年6月〕		支那研究　第52号	昭和14・11・30	

番号	題目	編著者	掲載書誌	刊行年月日	備考
2320	支那各地民情論（未定稿）	小竹文夫	支那研究 第53号	昭和15・2・29	江蘇省各県風俗の比較
2321	主要中国雑誌新聞記事索引（民国28年7月～民国28年9月）〔昭和14年7月～昭和14年9月〕		支那研究 第53号	昭和15・2・29	
2322	蒋政権の国民工役法	成宮嘉造	支那研究 第54号	昭和15・4・10	禁煙委員会
2323	蒋政権の非常時期難民対策立法	成宮嘉造	支那研究 第55号	昭和15・5・23	墾殖難民の資格
2324	支那に於る会計師制度に就いて	堀江義広	支那研究 第55号	昭和15・5・23	会計師註冊章程に規定する会計師の資格
2325	主要中国雑誌新聞記事索引（民国29年1月～民国29年3月）〔昭和15年1月～昭和15年3月〕		支那研究 第55号	昭和15・5・23	
2326	主要中国雑誌新聞記事索引（民国29年4月～民国29年6月）〔昭和15年4月～昭和15年6月〕		支那研究 第56号	昭和15・11・10	
2327	東亜関係文献目録（華文之部）（民国29年7月～民国29年9月）〔昭和15年7月～昭和15年9月〕		支那研究 第57号	昭和16・1・1	
2328	東亜関係文献目録（日文之部）（昭和15年7月～昭和15年9月）		支那研究 第57号	昭和16・1・1	
2329	東亜関係文献目録（華文之部）（民国29年10月～民国29年12月）〔昭和15年10月～昭和15年12月〕		支那研究 第58号	昭和16・3・5	
2330	東亜関係文献目録（欧文之部）（December, 1940 ～ January, 1941）		支那研究 第58号	昭和16・3・5	
2331	支那に於ける近代商業の概観 —内外貿易に於ける商品と配給機構を中心として—	太田英一	支那研究 第59号	昭和16・6・5	阿片戦争の商業史的意義／商品を通じて観た内外貿易の動態
2332	東亜関係文献目録（華文之部）（民国30年1月～民国30年3月）〔昭和16年1月～昭和16年3月〕		支那研究 第59号	昭和16・6・5	
2333	支那の国民経済に付いて	太田英一	支那研究 第60号	昭和16・11・25	清朝の税源
2334	上海に於ける犯罪（上） —主としてその特相に於いて—	飛石初次	支那研究 第60号	昭和16・11・25	阿片関係犯罪

2335	支那海関制度に付て	支那国際制度研究会	支那研究　第60号	昭和16・11・25	阿片戦争
2336	東亜関係文献目録（華文之部）（民国30年4月～民国30年6月）〔昭和16年4月～昭和16年6月〕		支那研究　第60号	昭和16・11・25	
2337	東亜関係文献目録（欧文之部）（May, 1941 ～ September, 1941）		支那研究　第60号	昭和16・11・25	
2338	支那の国民経済に付いて（続）	太田英一	支那研究　第61号	昭和17・1・25	共産地区経済（罌粟栽培の禁止）
2339	上海に於ける犯罪（下）—主としてその特相に於いて—	飛石初次	支那研究　第61号	昭和17・1・25	阿片関係犯罪
2340	内国通過税としての初期釐金税に関する若干の考察（一）	国際制度研究会	支那研究　第62号	昭和17・3・20	阿片の輸入
2341	東亜関係文献目録（日文之部）（昭和16年10月～昭和16年12月）		支那研究　第62号	昭和17・3・20	
2342	江都県県政概況	成宮嘉造	支那研究　臨時号（研究旅行研究報告輯　第三輯）	昭和17・5・15	保甲制度／禁烟行政
2343	江蘇省に於ける法院・監獄に関する諸問題	飛石初次	支那研究　臨時号（研究旅行研究報告輯　第三輯）	昭和17・5・15	阿片関係犯罪
2344	近時中国方志攷　—南京接収書庫及び本学図書館所蔵江蘇省地方志目の比較調査を中心として—	五味一	支那研究　臨時号（研究旅行研究報告輯　第三輯）	昭和17・5・15	城固続修県志の体例
2345	中国保安処分制度論（二）—中国法に対する一批判—	飛石初次	東亜研究　第63号	昭和17・7・30	阿片及び阿片類似品吸引者に対する禁戒処分
2346	中英貿易政策史の一節　—マカートニー使節をめぐる考察—	国際制度研究会	東亜研究　第63号	昭和17・7・30	英国の対中国阿片貿易
2347	中国領事裁判論	国際制度研究会	東亜研究　第64号	昭和17・12・30	阿片戦争
2348	東亜関係文献目録（日文之部）（昭和17年7月～昭和17年9月）		東亜研究　第65号	昭和18・3・18	
2349	東亜関係文献目録（華文之部）（民国31年7月～民国31年9月）〔昭和17年7月～昭和17年9月〕		東亜研究　第65号	昭和18・3・18	
2350	満洲国強制監査批判	近沢弘治	東亜研究　第66・67号	昭和18・8・15	阿片問題

番号	題目	編著者	掲載書誌	刊行年月日	備考
2351	東亜関係文献目録（日文之部）（昭和17年10月～昭和17年12月）		東亜研究　第66・67号	昭和18・8・15	
2352	東亜関係文献目録（華文之部）（民国31年10月～民国31年12月）（昭和17年10月～昭和17年12月）（日文之部）（昭和18年1月～昭和18年3月）		東亜研究　第66・67号	昭和18・8・15	
2353	東亜関係文献目録（欧文之部）（October, 1942 ～ December, 1942）		東亜研究　第66・67号	昭和18・8・15	
2354	東亜文献目録（日文之部）（昭和18年4月～昭和18年8月）		東亜研究　第68号	昭和19・3・30	
2355	東亜関係文献目録（華文之部）（民国32年9月～民国32年12月）（昭和18年9月～昭和18年12月）		東亜研究　第69号	昭和19・7・30	
2356	東亜文献目録（日文之部）（昭和19年1月～昭和19年3月）		東亜研究　第70号	昭和19・10・15	
2357	跑街的	板東末三・内藤熊喜・神津助太郎・御園生深造	清国商業慣習及金融事情	明治37・6	阿片屋
2358	取引上ノ習慣	板東末三・内藤熊喜・神津助太郎・御園生深造	清国商業慣習及金融事情	明治37・6	阿片商
2359	上海ニ於ケル寧波帮及び潮州帮	板東末三・内藤熊喜・神津助太郎・御園生深造	清国商業慣習及金融事情	明治37・6	阿片舗
2360	上海ニ於ケル行桟（桟房）	板東末三・内藤熊喜・神津助太郎・御園生深造	清国商業慣習及金融事情	明治37・6	
2361	上海ニ於ケル茶舘	板東末三・内藤熊喜・神津助太郎・御園生深造	清国商業慣習及金融事情	明治37・6	阿片商人
2362	漢口ニ於ケル商帮及ビ其商勢	板東末三・内藤熊喜・神津助太郎・御園生深造	清国商業慣習及金融事情	明治37・6	
2363	漢口ニ於ケル阿片ノ取引習慣	板東末三・内藤熊喜・神津助太郎・御園生深造	清国商業慣習及金融事情	明治37・6	
2364	上海ニ於ケル銭荘ト阿片商	大原信・片山精一・玉林従純・高橋茂太郎・佐藤恒三	清国商業慣習及金融事情	明治37・6	
2365	漢口ニ於ケル平兌	大原信・片山精一・玉林従純・高橋茂太郎・佐藤恒三	清国商業慣習及金融事情	明治37・6	

2366	支那と欧洲諸国との海路貿易の沿革	馬場鍬太郎	支那経済地理誌 交通全編	大正11・9・2初版、昭和3・9・25六版(訂正増補)	阿片船 Opium Clippers
2367	躉船（Hulk）	馬場鍬太郎	支那経済地理誌 交通全編	大正11・9・2初版、昭和3・9・25六版(訂正増補)	
2368	沅江本支流の水運と貴州、四川、雲南の阿片	馬場鍬太郎	支那経済地理誌 交通全編	大正11・9・2初版、昭和3・9・25六版(訂正増補)	
2369	贛江本流の水運	馬場鍬太郎	支那経済地理誌 交通全編	大正11・9・2初版、昭和3・9・25六版(訂正増補)	阿片の禁止
2370	川漢予定鉄道	馬場鍬太郎	支那経済地理誌 交通全編	大正11・9・2初版、昭和3・9・25六版(訂正増補)	土薬股
2371	粤漢鉄道収回借款	馬場鍬太郎	支那経済地理誌 交通全編	大正11・9・2初版、昭和3・9・25六版(訂正増補)	湖北、湖南、広東、三省土薬釐税
2372	書信及び小包中の禁制品	馬場鍬太郎	支那経済地理誌 交通全編	大正11・9・2初版、昭和3・9・25六版(訂正増補)	阿片、莫爾比湼、哥加乙湼
2373	度支部、筦権司、税務処	馬場鍬太郎	支那経済地理誌 制度全編	昭和3・1・12発行、同8・4・1四版発行	土薬統税／土薬税／洋薬税
2374	支那の衛生行政	馬場鍬太郎	支那経済地理誌 制度全編	昭和3・1・12発行、同8・4・1四版発行	禁煙弁法
2375	禁煙大臣	馬場鍬太郎	支那経済地理誌 制度全編	昭和3・1・12発行、同8・4・1四版発行	戒煙所
2376	嗎啡治罪法	馬場鍬太郎	支那経済地理誌 制度全編	昭和3・1・12発行、同8・4・1四版発行	
2377	衆議院議員の選挙人資格	馬場鍬太郎	支那経済地理誌 制度全編	昭和3・1・12発行、同8・4・1四版発行	
2378	民国内務部の衛生行政	馬場鍬太郎	支那経済地理誌 制度全編	昭和3・1・12発行、同8・4・1四版発行	限制薬用鴉片嗎啡等品営業章程／衛生試験所
2379	広東省政府の施政方針	馬場鍬太郎	支那経済地理誌 制度全編	昭和3・1・12発行、同8・4・1四版発行	禁烟条例の頒布
2380	国民政府の特別機関	馬場鍬太郎	支那経済地理誌 制度全編	昭和3・1・12発行、同8・4・1四版発行	禁煙監督署／禁煙総処
2381	支那法規の普遍的適用性の欠缺	馬場鍬太郎	支那経済地理誌 制度全編	昭和3・1・12発行、同8・4・1四版発行	暫行新刑律及嗎啡治罪法／死刑を規定せる麻酔剤禁止法規

番号	題目	編著者	掲載書誌	刊行年月日	備考
2382	阿片戦争と領事裁判権	馬場鍬太郎	支那経済地理誌 制度全編	昭和3・1・12発行 同8・4・1四版発行	顧維鈞／"The Status of Aliens in China"
2383	督察禁煙処（所）	馬場鍬太郎	支那経済地理誌 制度全編	昭和3・1・12発行 同8・4・1四版発行	
2384	清末に於ける新式陸軍の兵士募集規定	馬場鍬太郎	支那経済地理誌 制度全編	昭和3・1・12発行 同8・4・1四版発行	
2385	呉佩孚氏及びギルバード氏の（地方軍閥）裁兵案	馬場鍬太郎	支那経済地理誌 制度全編	昭和3・1・12発行 同8・4・1四版発行	
2386	ガツラーフ（Gutzlaff, Karl Friedrich August）	馬場鍬太郎	支那経済地理誌 制度全編	昭和3・1・12発行 同8・4・1四版発行	阿片船／通訳官
2387	白蓮教、在理教、回教	馬場鍬太郎	支那経済地理誌 制度全編	昭和3・1・12発行 同8・4・1四版発行	禁煙
2388	清代財政の概略、及び民国財政の概略	馬場鍬太郎	支那経済地理誌 制度全編	昭和3・1・12発行 同8・4・1四版発行	
2389	英清天津条約に依る通過税制度	馬場鍬太郎	支那経済地理誌 制度全編	昭和3・1・12発行 同8・4・1四版発行	輸入阿片
2390	釐金局の組織及釐金徴収制度	馬場鍬太郎	支那経済地理誌 制度全編	昭和3・1・12発行 同8・4・1四版発行	洋薬釐／土薬釐／上海の釐金制度
2391	江海関（上海海関）の組織	馬場鍬太郎	支那経済地理誌 制度全編	昭和3・1・12発行 同8・4・1四版発行	管洋薬暨関桟処
2392	洋薬税釐（阿片釐金税）	馬場鍬太郎	支那経済地理誌 制度全編	昭和3・1・12発行 同8・4・1四版発行	
2393	英清天津条約による通過税の制度	馬場鍬太郎	支那経済地理誌 制度全編	昭和3・1・12発行 同8・4・1四版発行	芝罘条約／英清阿片条約（一九一一）
2394	阿片洋薬釐税	馬場鍬太郎	支那経済地理誌 制度全編	昭和3・1・12発行 同8・4・1四版発行	
2395	印花税	馬場鍬太郎	支那経済地理誌 制度全編	昭和3・1・12発行 同8・4・1四版発行	阿片税釐の代補
2396	麦加利銀行（Chartered Bank of India, Australia and China）	馬場鍬太郎	支那経済地理誌 制度全編	昭和3・1・12発行 同8・4・1四版発行	喳叮銀行／阿片商の手形割引

2397	罌粟（阿片）栽培禁止後の四川省、陝西省、山西省、山東省	馬場鍬太郎	支那重要商品誌	大正13・7・30発行、昭和3・5・30四版（訂正増補）	
2398	大　麻	馬場鍬太郎	支那重要商品誌	大正13・7・30発行、昭和3・5・30四版（訂正増補）	
2399	阿片栽培禁止以後における小麦の栽培	馬場鍬太郎	支那重要商品誌	大正13・7・30発行、昭和3・5・30四版（訂正増補）	
2400	阿片の密輸出	馬場鍬太郎	支那重要商品誌	大正13・7・30発行、昭和3・5・30四版（訂正増補）	火腿（Hams）の缶詰
2401	中国より何処に往く（上海点描）	清水董三	新支那の断面	昭和4・7・10	
2402	「私土」・「土荘」	彭盛木訳補	支那経済記事解説（付）金融商業用語	昭和9・5・30発行、同10・8・1改訂再版	
2403	黄土高原地帯の地理的特相	馬場鍬太郎	支那経済の地理的背景	昭和11・6・1	罌粟の栽培
2404	巴蜀盆地の地理的特相	馬場鍬太郎	支那経済の地理的背景	昭和11・6・1	罌粟の栽培
2405	西南高原地帯の地理的特相	馬場鍬太郎	支那経済の地理的背景	昭和11・6・1	罌粟の栽培
2406	蔓船（Hulk）	馬場鍬太郎	支那水運論　附満洲国水運	昭和11・12・15	輸入鴉片の収容と販売／長江航路
2407	万　県	馬場鍬太郎	支那水運論　附満洲国水運	昭和11・12・15	阿片の大集散地
2408	宜　昌	馬場鍬太郎	支那水運論　附満洲国水運	昭和11・12・15	莫大な阿片税収
2409	涪州（涪陵）	馬場鍬太郎	支那水運論　附満洲国水運	昭和11・12・15	阿片集散の大市場
2410	沅江本支流の水運	馬場鍬太郎	支那水運論　附満洲国水運	昭和11・12・15	貴州、四川、雲南阿片の通路
2411	鎮　遠	馬場鍬太郎	支那水運論　附満洲国水運	昭和11・12・15	阿片の大集散地
2412	富　錦	馬場鍬太郎	支那水運論　附満洲国水運	昭和11・12・15	罌粟の栽培

番号	題目	編著者	掲載書誌	刊行年月日	備考
2413	煙草（鴉片）・貿易関係論文3点		中国物産ニ関スル資料目録 第一編	昭和11・9・30	中国之煙禍／中国鴉片流禍的概観／清代鴉片戦争前之中西沿海通商
2414	西南の山岳高原地方及び四川盆地の農業作物	上田信三	現代支那講座 第一講 地理・歴史	昭和14・4・5	罌粟の栽培
2415	旧支那（鴉片戦争前後）の動揺	小竹文夫	現代支那講座 第一講 地理・歴史	昭和14・4・5	
2416	支那人の上海租界内雑居	馬場鍬太郎	現代支那講座 第一講 地理・歴史	昭和14・4・5	阿片吸飲
2417	欧米先進資本主義国の対支那阿片貿易	春宮千鉄	現代支那講座 第二講 政治・法制・外交	昭和14・5・10	
2418	中華民国刑法に規定する禁戒処分と鴉片ノ罪	松井利明	現代支那講座 第二講 政治・法制・外交	昭和14・5・10	戒煙所／禁煙治罪暫行条例／禁毒治罪暫行条例
2419	広東政府の財政収支状況	太田英一	現代支那講座 第三講 財政・金融	昭和14・6・10	阿片税
2420	南京政府の地方財政における附加税の増徴	太田英一	現代支那講座 第三講 財政・金融	昭和14・6・10	鴉片の栽培
2421	国民党政府戦時財政政策の批判	太田英一	現代支那講座 第三講 財政・金融	昭和14・6・10	阿片税
2422	罌粟栽培の地理的分布とその市場販売率	久重福三郎	現代支那講座 第四講 産業（一） 農業	昭和14・7・10	
2423	阿片戦争の原因	戸田義郎	現代支那講座 第五講 産業（二） 貿易	昭和14・8・10	
2424	支那に於ける阿片吸飲の慣習	久保田正三	現代支那講座 第五講 産業（二） 貿易	昭和14・8・10	
2425	支那対外貿易の趨勢、及び輸入商品構成の変化（一八六八～一九三八）	内田直作	現代支那講座 第五講 産業（二） 貿易	昭和14・8・10	何炳賢「中国対外貿易」
2426	支那の対香港貿易	内田直作	現代支那講座 第五講 産業（二） 貿易	昭和14・8・10	密貿易
2427	青幇（秘密結社）	野崎駿平	現代支那講座 第六講 社会・文化	昭和14・9・10	杜月笙／阿片窟／上海仏租界／蒋介石

2428	阿片館	影山巍	現代支那講座　第六講　社会・文化	昭和14・9・10	鼠
2429	回々教、基督教、在理教、全国理善勧戒煙酒会	林哲夫	現代支那講座　第六講　社会・文化	昭和14・9・10	禁煙／阿片禁止運動
2430	陝西ニ於ケル鴉片ノ栽培	北支饑饉地方調査第五班（戊）	北支大饑饉調査報告省	刊年不明	陳樹藩
2431	禁戒処分	飛石初次	浙江司法状況視察報告	昭和18・10・6	戒煙所
2432	蕪湖県商会各業登記統計表	秋山安正	東亜同文書院大学東亜調査報告書　昭和十四年度	昭和15・7・30	土膏
2433	国策会社「南興公司」（本店、台北市）	後藤熙喜	東亜同文書院大学東亜調査報告書　昭和十四年度	昭和15・7・30	
2434	漢口に於ける対日感情	光岡義男	東亜同文書院大学東亜調査報告書　昭和十四年度	昭和15・7・30	售吸所
2435	山西に於ける対日感情	岡島永蔵	東亜同文書院大学東亜調査報告書　昭和十四年度	昭和15・7・30	賭博抽煙所
2436	湖北省に於ける新教宣教師の社会活動	古賀六郎	東亜同文書院大学東亜調査報告書　昭和十四年度	昭和15・7・30	阿片禁止
2437	Strait Settlement（英国直轄植民地―シンガポール、ペナン、マラッカ）に於ける日貨ボイコット状態	河合祝男	東亜同文書院大学東亜調査報告書　昭和十四年度	昭和15・7・30	阿片税
2438	日本軍占領後の漢口に於ける貨幣金融事情	上野有造	東亜同文書院大学東亜調査報告書　昭和十五年度	昭和16・6・5	阿片（宣撫用物資）戒煙税
2439	河北省定県に於ける財政官吏の更迭状況	斎藤保夫	東亜同文書院大学東亜調査報告書　昭和十五年度	昭和16・6・5	阿片吸飲者
2440	広州市歳入の一環としての地方行政収入	谷本忍	東亜同文書院大学東亜調査報告書　昭和十五年度	昭和16・6・5	公営售吸所証書費／禁煙委員会特許証書費／禁煙委員会售膏手続費／没収售吸所保証金
2441	包頭に於ける当舗の研究（人的組織に内含される紀律的方面）	荒木茂 森精一	東亜同文書院大学東亜調査報告書　昭和十六年度	昭和17・11・30	復盛全当舗の舗規表
2442	南昌県歳入の一環としての事業収入	尾形明	東亜同文書院大学東亜調査報告書　昭和十六年度	昭和17・11・30	阿片益金
2443	江蘇省崑山県の施政（禁煙禁毒）	久保田太郎	東亜同文書院大学東亜調査報告書　昭和十六年度	昭和17・11・30	蘇州地方戒煙局崑山県事務所／戒煙所

番号	題目	編著者	掲載書誌	刊行年月日	備考
2444	古北口外の土薬税子卡	第5期生	踏破録	学友会会報第6・7号	
2445	熱河の農産物（阿片）	第5期生	踏破録	学友会会報第6・7号	
2446	平石・楽付近（広東省北江流域）における阿片の毒	第5期生	踏破録	学友会会報第6・7号	
2447	広東人の習俗（船中の吃煙）	第5期生	踏破録	学友会会報第6・7号	
2448	大和県城（安徽省）の亜片小売店	第5期生	踏破録	学友会会報第6・7号	
2449	熱河の物産（阿片）	第6期生	禹域鴻爪	明治42	
2450	人夫と阿片	第6期生	禹域鴻爪	明治42	
2451	ホルスタインの一夜（阿片の臭）	第6期生	禹域鴻爪	明治42	
2452	南江西における禁烟	第6期生	禹域鴻爪	明治42	
2453	平陽府城（山西省）の阿片乞食	第6期生	禹域鴻爪	明治42	
2454	阿片臭い霍州（山西省）の旅宿	第6期生	禹域鴻爪	明治42	
2455	倒れし挑夫に宝丹を給す	第6期生	禹域鴻爪	明治42	
2456	巡兵の鴉片、土薬局、及び三原城外の呉家（資産家）	第7期生	一日一信	明治43・5・28	
2457	護兵と鴉片	第7期生	一日一信	明治43・5・28	
2458	阿片の商人、阿片を吸ふ婦人・船夫	第7期生	一日一信	明治43・5・28	

2459	轎夫の吸煙、知県の吃煙、舟中の阿片	第7期生	一日一信	明治43・5・28
2460	轎夫の吸煙	第7期生	一日一信	明治43・5・28
2461	舟中の鴉片	第7期生	一日一信	明治43・5・28
2462	仏兵の吸煙	第7期生	一日一信	明治43・5・28
2463	挑夫・巡査の吸煙、土薬統捐局と阿片税	第8期生	旅行記念志	明治44・6・30
2464	支那婦人船中の喫煙	第8期生	旅行記念志	明治44・6・30
2465	阿片中毒の苦力	第8期生	旅行記念志	明治44・6・30
2466	道台・知県の吸煙、飯屋の阿片吸者	第8期生	旅行記念志	明治44・6・30
2467	洋棚の爺の喫煙	第9期生	孤帆双蹄	明治45・5・18
2468	客桟の室内に阿片の香	第9期生	孤帆双蹄	明治45・5・18
2469	禁煙公所	第9期生	孤帆双蹄	明治45・5・18
2470	阿片でも呑んでおる様な知県	第9期生	孤帆双蹄	明治45・5・18
2471	船夫の喫煙	第9期生	孤帆双蹄	明治45・5・18
2472	禁煙公所	第9期生	孤帆双蹄	明治45・5・18
2473	衙役、兵士、苦力の吸煙	第9期生	孤帆双蹄	明治45・5・18
2474	阿片貿易の港淡水	第9期生	孤帆双蹄	明治45・5・18

番号	題目	編著者	掲載書誌	刊行年月日	備考
2475	宿の主人の吸煙	第9期生	孤帆双蹄	明治45・5・18	
2476	禁烟公司	第10期生	楽此行	大正2・6・11	
2477	阿片の禁止と興化の土匪、泉州人民の阿片使用	第10期生	楽此行	大正2・6・11	
2478	支那人の吸煙、教師の鴉片中毒	第10期生	楽此行	大正2・6・11	
2479	苦力と鴉片屋	第10期生	楽此行	大正2・6・11	
2480	路傍にての吸煙と吸煙具の販売	第11期生	沐雨櫛風	大正3・6・22	
2481	船夫の吸煙	第11期生	沐雨櫛風	大正3・6・22	
2482	吸煙者の監禁	第11期生	沐雨櫛風	大正3・6・22	
2483	澳門の阿片吸飲所と阿片吸飲税	第12期生	同舟渡江	大正4・6・23	
2484	苦力の吃烟、阿片隊商の往来(滇黔街道)、挑夫・護兵・衙役の吸煙、鴉片の栽培禁止と密輸出	第12期生	同舟渡江	大正4・6・23	
2485	雲南亜片の運搬と叙州	第12期生	同舟渡江	大正4・6・23	
2486	戒煙所	第12期生	同舟渡江	大正4・6・23	
2487	戒烟公所	第12期生	同舟渡江	大正4・6・23	
2488	東清鉄道客車内のモルヒ子商人	第13期生	暮雲暁色	大正5・6・18	
2489	衛河沿岸の鴉片の植付	第14期生	風餐雨宿	大正6・6・10	

2490	啊片禁止法の実行、挑夫と啊片	第14期生	風餐雨宿	大正6・6・10
2491	啊片・モルヒ子を売る某国（日本）人	第14期生	風餐雨宿	大正6・6・10
2492	瑞昌の薬煙	第14期生	風餐雨宿	大正6・6・10
2493	阿片に関する知事の禁令、纏足と阿片に毒殺せられし支那	第15期生	利渉大川	大正7・6・25
2494	貴州に於ける鴉片禁絶	第15期生	利渉大川	大正7・6・25
2495	禁煙を諭す閻督軍の達示	第16期生	虎風竜雲	大正8・6・10
2496	夜の広東	第16期生	虎風竜雲	大正8・6・10
2497	支那の道楽「吃喝嫖賭」	第16期生	虎風竜雲	大正8・6・10
2498	阿片呑みの挑夫	第18期生	粤射隴游	大正10・6・26
2499	モルヒネの密売をやる不逞の徒	第18期生	粤射隴游	大正10・6・26
2500	包頭附近の阿片の産出と吸煙	第18期生	粤射隴游	大正10・6・26
2501	天津劇場の阿片喫煙者	第18期生	粤射隴游	大正10・6・26
2502	亜片の密輸出入を防ぐ為におこなふ車中の荷物検査	第18期生	粤射隴游	大正10・6・26
2503	五害の一、到る所喫煙者	第19期生	虎穴竜頷	大正11・7・20
2504	船中の吸煙	第19期生	虎穴竜頷	大正11・7・20
2505	阿片中毒者、苦力（挑夫）の吃煙	第19期生	虎穴竜頷	大正11・7・20

番号	題目	編著者	掲載書誌	刊行年月日	備考
2506	県衙門小使の阿片でも飲んだやうな呆顔	第19期生	虎穴竜頷	大正11・7・20	
2507	老爺の吸煙	第19期生	虎穴竜頷	大正11・7・20	
2508	地主張某の吸煙	第19期生	虎穴竜頷	大正11・7・20	
2509	客桟の主人の吸煙	第19期生	虎穴竜頷	大正11・7・20	
2510	舟中の客とモヒ	第19期生	虎穴竜頷	大正11・7・20	
2511	車中で阿片の密輸取締のための荷物検査、揚子江上の阿片船	第19期生	虎穴竜頷	大正11・7・20	
2512	在福州台湾人の吸煙、阿片問題の紛糾と英国人の香港来島	第19期生	虎穴竜頷	大正11・7・20	
2513	阿片栽培の禁止と棉花産額の増加	第19期生	虎穴竜頷	大正11・7・20	
2514	護兵の喫煙、鴉片売りの商人、大官と阿片、苦力の吸煙	第20期生	金声玉振	大正12・7・20	
2515	煙館（阿片吸煙所）、轎子を止めての阿片の検査	第20期生	金声玉振	大正12・7・20	
2516	戒煙薬、体格の勝るゝ苦力	第20期生	金声玉振	大正12・7・20	
2517	挑夫の吃煙、中国を禍する阿片	第20期生	金声玉振	大正12・7・20	
2518	禁煙同盟会の讃助会員	第20期生	金声玉振	大正12・7・20	
2519	苦力の吸煙、何れの鎮店にも汚ない煙館	第20期生	金声玉振	大正12・7・20	
2520	山西閻督軍の告諭（国民須知）、三戒（吸煙・纏足・賭博）、他省の禁烟局の役人	第20期生	金声玉振	大正12・7・20	

2521	鴉片を鍋で作る老人、挑夫の吸煙	第20期生	金声玉振	大正12・7・20
2522	船中で阿片を売る、常徳に多い阿片の愛吃者、密輸入と荷物検査、雲南・貴州・四川督軍の軍資金、禁煙令の無効、頽廃せる宜昌の町	第20期生	金声玉振	大正12・7・20
2523	揚子江上の阿片船、阿片の吸烟者の多い四川省	第20期生	金声玉振	大正12・7・20
2524	土匪と阿片、「烟」と書いた軒行燈	第21期生	彩雲光霞	大正13・12・25
2525	阿片を吸む苦力、街上で阿片の売買、将校の仕事は阿片飲み、司令部で阿片を吸う隊長	第21期生	彩雲光霞	大正13・12・25
2526	陝西省の阿片	第21期生	彩雲光霞	大正13・12・25
2527	城壁の警句、三戒（閻錫山の国民教養策）、十戒俚言（第一、戒煙丹）、戒告販売吸食洋煙金丹歌、警句入りの町（吃阿片の風の彌蔓）	第21期生	彩雲光霞	大正13・12・25
2528	阿片と事件	第21期生	彩雲光霞	大正13・12・25
2529	三戒（閻錫山の国民教養策）	第21期生	彩雲光霞	大正13・12・25
2530	阿片喫みらしい代理県知事、响水流域の罌粟畑	第22期生	乗雲騎月	大正15・3・12
2531	県知事室の阿片吸寝台、烟屋に阿片を吸ひに這入る巡羅兵、床子に身を横たへて阿片を吸ふ県知事	第22期生	乗雲騎月	大正15・3・12
2532	見渡す限りの罌粟畑、至る所に阿片吸店	第22期生	乗雲騎月	大正15・3・12
2533	台湾海峡を行く船中での支那人の吸煙	第22期生	乗雲騎月	大正15・3・12
2534	安南人の吸烟	第22期生	乗雲騎月	大正15・3・12
2535	旅館の隣部屋で吸烟、戸数二十軒の町に阿片吸引所、護兵の吸煙、阿片の禁止掲示（湖南）	第22期生	乗雲騎月	大正15・3・12
2536	北ボルネオ、サンダカンを有名ならしむる博弈と阿片と女郎	第22期生	乗雲騎月	大正15・3・12

番号	題目	編著者	掲載書誌	刊行年月日	備考
2537	護兵の吸煙、音に聞いた陝西の罌粟の栽培	第22期生	乗雲騎月	大正15・3・12	
2538	阿片を輸入する北海港（広東省）、旅館内の吸煙者、阿片吸飲処と軍閥、阿片をのむ扶子	第22期生	乗雲騎月	大正15・3・12	
2539	阿片吸入の禁止（山西省）	第22期生	乗雲騎月	大正15・3・12	
2540	阿片の調査	第22期生	乗雲騎月	大正15・3・12	
2541	罌粟の栽培（熱河）	第22期生	乗雲騎月	大正15・3・12	
2542	鴉片と林則徐	第23期生	黄塵行	昭和2・4・20	
2543	東川県（雲南省）知事の阿片の饗応、大通で阿片の売買、護兵・苦力と阿片、政治も軍事も教育も阿片の力	第23期生	黄塵行	昭和2・4・20	
2544	旅館内隣室の客の吸煙	第23期生	黄塵行	昭和2・4・20	
2545	長江の船旅（阿片の香ひ）、宜昌の船頭と阿片	第23期生	黄塵行	昭和2・4・20	
2546	督軍と阿片	第23期生	黄塵行	昭和2・4・20	
2547	阿片、モルヒネを売る石家荘の邦商	第23期生	黄塵行	昭和2・4・20	
2548	阿片の集散の許されない今日の徐州	第23期生	黄塵行	昭和2・4・20	
2549	阿片の密輸入に備える平陸（山西省）の荷物検査	第23期生	黄塵行	昭和2・4・20	
2550	荷物の点検、鴉片モルヒネの密輸入の警戒	第24期生	漢華	昭和3・3・1	
2551	禁煙局の設置、阿片の栽培、印花税票の貼布	第24期生	漢華	昭和3・3・1	

2552	煙館、罌粟の栽培、モルヒネを扱う日本人	第24期生	漢華	昭和3・3・1
2553	罌粟の栽培	第24期生	漢華	昭和3・3・1
2554	船中で鴉片を吸ふ台湾人	第24期生	漢華	昭和3・3・1
2555	邦人のモルヒネ密輸業者	第24期生	漢華	昭和3・3・1
2556	大片（阿片）の饗応、阿片を売る日本人	第24期生	漢華	昭和3・3・1
2557	船中の吸煙、飯店楼上の吸煙、英国の香港領有、阿片戦争と沙面租界	第24期生	漢華	昭和3・3・1
2558	土匪と阿片とで知られた雲南、阿片の饗応	第25期生	線を描く	昭和4・3・1
2559	阿片の密輸入者を巡警が撃殺	第25期生	線を描く	昭和4・3・1
2560	車中阿片の煙	第25期生	線を描く	昭和4・3・1
2561	船中の吸煙	第25期生	線を描く	昭和4・3・1
2562	阿片の栽培	第25期生	線を描く	昭和4・3・1
2563	モルヒネ療養所	第25期生	線を描く	昭和4・3・1
2564	阿片と土匪、馬夫の吸煙、荒茫たる阿片畑、旅宿の阿片窟、大家族の吸煙	第25期生	線を描く	昭和4・3・1
2565	林則徐の鴉片事件	第26期生	足跡	昭和5・2・24
2566	広東の花船（フラワーボート）の一種（吸煙船）	第26期生	足跡	昭和5・2・24
2567	雲南人の最も悪い習慣である吸煙、罌粟の栽培、人道上の大問題	第26期生	足跡	昭和5・2・24

番号	題目	編著者	掲載書誌	刊行年月日	備考
2568	領導の鴉片吸飲、雲南省の鴉片は支那第一	第26期生	足跡	昭和5・2・24	
2569	鴉片を売買して居る所、茶館での吸煙、客接待用の吸煙器、重慶の癮者	第26期生	足跡	昭和5・2・24	
2570	禁制品（亜片）を売買する日本人	第26期生	足跡	昭和5・2・24	
2571	阿片吸飲者らしい県長、三站（瑷琿の南西）の宿の吸煙、哈爾浜号上の阿片吸飲者	第26期生	足跡	昭和5・2・24	
2572	阿片、モルヒネを密売する日本人	第26期生	足跡	昭和5・2・24	
2573	阿片の取引の盛んであった大黒河や、ブラゴエチエンスク	第26期生	足跡	昭和5・2・24	
2574	船中の吸煙	第26期生	足跡	昭和5・2・24	
2575	宜昌は鴉片の町、国民政府と鴉片税	第27期生	東南西北	昭和6・3・5	
2576	合川の宿に阿片の臭、苦力の喫煙、至る処に煙館	第27期生	東南西北	昭和6・3・5	
2577	陸へ上って阿片を吸ふ船長と機関長、宿の部屋に阿片の臭、挑夫の吸煙、馬賊と阿片	第27期生	東南西北	昭和6・3・5	
2578	電柱や墻壁の警句とその実行（山西省）	第27期生	東南西北	昭和6・3・5	
2579	罌粟の栽培	第27期生	東南西北	昭和6・3・5	
2580	サハリヤン（大黒河）の阿片館、阿片館税	第28期生	千山万里	昭和7・6・1	
2581	鴉片以外の禁煙会（北平戒烟会）	第28期生	千山万里	昭和7・6・1	
2582	徐州と阿片、日本人の亜片の密売	第28期生	千山万里	昭和7・6・1	

2583	天津の鴉片窟	第28期生	千山万里	昭和7・6・1
2584	南国の阿片喫煙者（安南）	第28期生	千山万里	昭和7・6・1
2585	包頭の阿片、阿片窟と阿片器具を売る店	第28期生	千山万里	昭和7・6・1
2586	鴉片を売る店、担夫と亜片、大規模な阿片窟、阿片に税を掛ける禁烟局、苦力と烟館、船中で阿片密輸者を検べる禁烟局の官吏	第28期生	千山万里	昭和7・6・1
2587	海拉爾のモルヒネ密輸業者	第28期生	千山万里	昭和7・6・1
2588	阿片やヘロインを密売する日本人、張家口の阿片の取引、山西阿片と並び称せらるゝ熱河阿片	第29期生	北斗之光	昭和8・3・5
2589	阿片、モルヒネの密売買を業とする鮮人	第29期生	北斗之光	昭和8・3・5
2590	敉来密（黒竜江綏東設治局治）附近の阿片栽培	第29期生	北斗之光	昭和8・3・5
2591	ハルビンの歓楽境と阿片吸入への道、張学良と阿片	第29期生	北斗之光	昭和8・3・5
2592	新立屯（奉天省黒山県北）の阿片取引、朝鮮人のモヒ密売、公然か黙認の阿片栽培	第30期生	亜細亜の礎	昭和9・3・1
2593	張作相の別荘（女と阿片）、監獄と阿片、阿片中毒患者の感化院	第30期生	亜細亜の礎	昭和9・3・1
2594	鴉片の密売をする邦人	第30期生	亜細亜の礎	昭和9・3・1
2595	鴉片零売所の村長達と校長	第30期生	亜細亜の礎	昭和9・3・1
2596	罌粟の栽培、阿片専売と日本商人	第30期生	亜細亜の礎	昭和9・3・1
2597	阿片の売買を想像させる薬屋の規模	第30期生	亜細亜の礎	昭和9・3・1
2598	村長会議の調査煙地案、罌粟の栽培	第30期生	亜細亜の礎	昭和9・3・1

番号	題目	編著者	掲載書誌	刊行年月日	備考
2599	阿片とモルヒネを生業とする数戸、罌粟の栽培	第30期生	亜細亜の礎	昭和9・3・1	
2600	間島に於ける阿片の取締と売買、生産と消費、及び密輸入	第30期生	亜細亜の礎	昭和9・3・1	
2601	佳木斯の煙館、鴉片の栽培	第30期生	亜細亜の礎	昭和9・3・1	
2602	阿片臭い船中、富錦と云ふ所は阿片と賭博の街	第30期生	亜細亜の礎	昭和9・3・1	
2603	一面坡（吉林省延寿県南）の阿片の輸出	第30期生	亜細亜の礎	昭和9・3・1	
2604	罌粟の栽培	第30期生	亜細亜の礎	昭和9・3・1	
2605	罌粟の栽培	第30期生	亜細亜の礎	昭和9・3・1	
2606	阿片に中毒した公安分局長	第30期生	亜細亜の礎	昭和9・3・1	
2607	芥子の栽培	第30期生	亜細亜の礎	昭和9・3・1	
2608	阿片の栽培	第30期生	亜細亜の礎	昭和9・3・1	
2609	県公署の官吏の吸煙	第30期生	亜細亜の礎	昭和9・3・1	
2610	到る処で鴉片を吸ふ満洲国人	第30期生	亜細亜の礎	昭和9・3・1	
2611	宗教の阿片化	第30期生	亜細亜の礎	昭和9・3・1	
2612	熱河の阿片栽培	第30期生	亜細亜の礎	昭和9・3・1	
2613	阿片戦争と香港の領有	第30期生	亜細亜の礎	昭和9・3・1	

2614	寧夏平原の罌粟栽培、馬鴻逵の阿片対策、西安監獄内の吸煙	第31期生	出盧征雁	昭和10・2・20
2615	関中平原の罌粟栽培、旅館内に阿片の臭、飲食店の阿片窟	第31期生	出盧征雁	昭和10・2・20
2616	阿片の町だつた宜昌、船中の吸煙、阿片密輸者を探る禁烟局の官吏、重慶の阿片館、重慶の阿片と上海	第31期生	出盧征雁	昭和10・2・20
2617	承徳の阿片問題	第31期生	出盧征雁	昭和10・2・20
2618	赤峰の阿片専売公署	第31期生	出盧征雁	昭和10・2・20
2619	穆稜県の阿片栽培、虎林県の煙溝と煙匪	第31期生	出盧征雁	昭和10・2・20
2620	額穆県の匪賊と罌粟の栽培	第31期生	出盧征雁	昭和10・2・20
2621	鎮東県の阿片窟	第31期生	出盧征雁	昭和10・2・20
2622	竜鎮県の匪賊と阿片	第31期生	出盧征雁	昭和10・2・20
2623	帰化城・包頭附近の罌粟栽培	第32期生	翔陽譜	昭和11・2・28
2624	旧習（吸煙）から抜け切らぬ民衆、阿片中毒の飲食店主	第32期生	翔陽譜	昭和11・2・28
2625	阿片中毒らしい運城塩池の警備隊長	第32期生	翔陽譜	昭和11・2・28
2626	農夫苦力と阿片	第32期生	翔陽譜	昭和11・2・28
2627	民船中にて阿片検査所の検査	第32期生	翔陽譜	昭和11・2・28
2628	汕頭の阿片事情	第32期生	翔陽譜	昭和11・2・28
2629	船中の吸煙、広西省の阿片制限、広西省各都市の特別区（鴉片、賭博、私娼の許可区）	第32期生	翔陽譜	昭和11・2・28

番号	題目	編著者	掲載書誌	刊行年月日	備考
2630	苦力と鴉片（仏領印度支那）、護兵の吸煙、阿片の密輸者（雲南省）	第32期生	翔陽譜	昭和11・2・28	
2631	阿片零売所、モヒ中毒の日本の女	第32期生	翔陽譜	昭和11・2・28	
2632	鴉片吸飲者のやうな県長	第32期生	翔陽譜	昭和11・2・28	
2633	罌粟の栽培と重税、阿片の採収と匪賊王国	第32期生	翔陽譜	昭和11・2・28	
2634	鴉片専売局、鴉片をのむ薄暗い部屋、車中阿片の臭気	第32期生	翔陽譜	昭和11・2・28	
2635	鴉片の栽培、阿片専売署	第32期生	翔陽譜	昭和11・2・28	
2636	アヘン・モルヒネ・ヘロインの密買売を業とする朝鮮人、冀東政府の阿片税収入	第33期生	南腔北調	昭和12・1・30	
2637	鴉片、ヘロインの密売をする済南の邦人	第33期生	南腔北調	昭和12・1・30	
2638	鴉片は綏遠の富、罌粟の栽培	第33期生	南腔北調	昭和12・1・30	
2639	罌粟の栽培	第33期生	南腔北調	昭和12・1・30	
2640	罌粟の栽培、宿で阿片を吸ふ爺さん	第33期生	南腔北調	昭和12・1・30	
2641	船中の吸煙	第33期生	南腔北調	昭和12・1・30	
2642	船中の吸煙	第33期生	南腔北調	昭和12・1・30	
2643	船中の吸煙、鴉片の栽培	第33期生	南腔北調	昭和12・1・30	
2644	鴉片吸飲者の少なくなつた広東（蒋政権下）、鴉片の売買と宜昌、新生活運動と禁煙	第34期生	嵐吹け吹け	昭和13・2・28	

2645	鴉片密輸根性と天津の日本人	第34期生	嵐吹け吹け	昭和13・2・28
2646	鴉片の中継港として栄えた宜昌、鴉片の集散大市場であつた涪州、鴉片取締の税関吏（重慶）	第34期生	嵐吹け吹け	昭和13・2・28
2647	台湾人の経営する厦門の阿片窟	第34期生	嵐吹け吹け	昭和13・2・28
2648	黒河の生命だつた阿片	第34期生	嵐吹け吹け	昭和13・2・28
2649	コカインの密売をする日本人	第35期生	靖亜行	昭和14・4・1
2650	罌粟の栽培、主な租税は鴉片に掛ける税金（豊鎮）	第35期生	靖亜行	昭和14・4・1
2651	西北貿易で運ばれる阿片は蒙疆の資源	第36期生	大旅行紀	昭和15・4・23
2652	罌粟の栽培、新民会の青年訓練所院に鴉片癮者	第36期生	大旅行紀	昭和15・4・23
2653	鴉片の栽培	第36期生	大旅行紀	昭和15・4・23
2654	九江に於ける阿片問題	第36期生	大旅行紀	昭和15・4・23
2655	此の世の姿とは思はれぬ阿片癮者	第36期生	大旅行紀	昭和15・4・23
2656	阿片公許の澳門、談話室（阿片吸飲所）	第36期生	大旅行紀	昭和15・4・23
2657	シヨロン（仏領印度支那）に阿片の臭	第36期生	大旅行紀	昭和15・4・23
2658	鴉片売買に基づく海峡植民地の歳入とシンガポール要塞の建設費	第36期生	大旅行紀	昭和15・4・23
2659	阿片を吸ふ隣室の女、包頭の対西北貿易（阿片等）、罌粟の栽培、蒙疆政府の阿片政策	第38期生	大陸遍路	昭和17・3
2660	罌粟の栽培	第38期生	大陸遍路	昭和17・3

番号	題目	編著者	掲載書誌	刊行年月日	備考
2661	戒煙所と書いた杭州の阿片窟	第38期生	大陸遍路	昭和17・3	
2662	厦門の阿片窟	第38期生	大陸遍路	昭和17・3	
2663	罌粟の栽培、清化鎮の阿片	第40期生	大陸紀行	昭和18・4・25	
2664	阿片戦争の敗因	第40期生	大陸紀行	昭和18・4・25	
2665	罌粟の栽培、鴉片品質の検査法	第40期生	大陸紀行	昭和18・4・25	
2666	罌粟の栽培	第40期生	大陸紀行	昭和18・4・25	
2667	阿片癮者の田舎人	第40期生	大陸紀行	昭和18・4・25	
2668	罌粟の栽培	第40期生	大陸紀行	昭和18・4・25	
2669	蒙古流民の吸煙	第40期生	大陸紀行	昭和18・4・25	
2670	支那侵略の手段としての阿片	第40期生	大陸紀行	昭和18・4・25	
2671	罌粟の栽培	第40期生	大陸紀行	昭和18・4・25	
2672	郵政条例	馬場鍬太郎	支那郵便制度	大正12・5・30	
2673	郵政事務（印花税票）	馬場鍬太郎	支那郵便制度	大正12・5・30	
2674	書信及小包中禁制品	馬場鍬太郎	支那郵便制度	大正12・5・30	

東亜同文会
東亜同文書院 阿片資料集成 CD-ROM版

2005年5月15日 第1刷発行

編 者 谷 光 隆©

発 行 愛知大学東亜同文書院大学記念センター
〒441–8522 豊橋市町畑町1の1
TEL(0532)47–4139 FAX(0532)47–4196
http://www.aichi-u.ac.jp/institution/05.html

発 売 株式会社あるむ
〒460–0012 名古屋市中区千代田3–1–12 第三記念橋ビル
TEL(052)332–0861 FAX(052)332–0862
http://www.arm-p.co.jp E-mail:arm@a.email.ne.jp

印刷／東邦印刷工業所 製本／㈱渋谷文泉閣

ISBN 4–901095–52–8 C3022